ThéoTeX
Site internet : theotex.org
Courriel : theotex@gmail.com

© ThéoTeX
Édition : BoD — Books on Demand
12/14 rond-point des Champs-Élysées, 75008 Paris
Impression : BoD, Norderstedt, Allemagne
ISBN : 978-2-322-20340-6
Dépôt légal : janvier 2020

L'Art des Vers

Auguste Dorchain

1921

ThéoTEX
— 2020 —

I
Versification et Poésie

La plus haute dignité de l'homme est dans l'aspiration. L'heure à laquelle il se sent le plus noblement un homme est celle où, se détachant de son étroite personnalité, il aspire à une vie supérieure dont sa conscience ne lui fournit que des éléments confus encore, dont ses sens ne lui révèlent dans le monde qu'une grossière ébauche, — à une vie où il y aurait plus d'ordre et plus de lumière, plus de joie, plus d'harmonie et plus d'amour. C'est de ce besoin que sont nés tous les arts, par lesquels l'artiste exprime pour lui d'abord, suscite et satisfait ensuite, chez les autres, cette aspiration sublime. Ainsi naquirent l'architecture, la statuaire, la peinture, la musique, la poésie enfin, dont on peut dire que, dans son sens le plus large, elle n'est pas à proprement parler un art, étant plutôt, caché au fond de tous les arts, ce principe d'aspiration lui-même, mais qui devient pourtant un art distinct, et le plus grand de tous, lorsqu'elle prend pour organe le Verbe ordonné selon des lois fixes et certaines, c'est-à-dire lorsqu'elle se confond avec ce dont je dois vous entretenir à cette place : l'Art des Vers.

L'Art des Vers ! Essaierai-je de le définir ? A quoi bon ! J'aime mieux vous en faire sentir, par un exemple, toute la grandeur, toute la portée.

Recueillez-vous une minute; fermez l'oreille aux bruits qui montent de la rue; oubliez quelques soucis médiocres; laissez tomber au fond de vous, comme une lie, tout ce qui, depuis votre réveil, — lecture d'un inutile journal ou d'un vain livre, conversation oiseuse, visite frivole, — a pu vous encombrer, vous salir, vous disperser au moins l'esprit. Puis, allez à votre bibliothèque; prenez, sur un rayon, les *Orientales* de Victor Hugo; ouvrez-les à la trente-septième pièce, et, avec lenteur, en articulant chaque syllabe, en respectant les points et les virgules comme vous feriez des pauses et des soupirs d'une musique notée, lisez ce poème en deux strophes : *Extase.*

> J'étais seul près des flots, par une nuit d'étoiles;
> Pas un nuage aux cieux, sur les mers pas de voiles;
> Mes yeux plongeaient plus loin que le monde réel,
> Et les bois, et les monts, et toute la nature,
> Semblaient interroger dans un confus murmure
> Les flots des mers, les feux du ciel.
>
> Et les étoiles d'or, légions infinies,
> A voix haute, à voix basse, avec mille harmonies,
> Disaient, en inclinant leurs couronnes de feu;
> Et les flots bleus, que rien ne gouverne et n'arrête,
> Disaient, en recourbant l'écume de leur crête :
> — C'est le Seigneur, le Seigneur Dieu!

Qui sommes-nous, à présent, et où sommes-nous? Pourquoi ce frisson qui nous a traversé le cœur, cette larme lumineuse qui nous est montée aux yeux? Par quel miracle nous sentons-nous, tout à la fois, descendus à de telles profondeurs en nous-mêmes, et montés à de telles hauteurs loin de nous-mêmes?... De par l'incantation du poète, en effet, voici d'abord que les mots, — mots si simples, si fatigués par un long usage : flots, cieux, étoiles, monts, bois... qui n'appelaient plus à notre esprit que l'idée sèche et terne des choses, — ont repris tout à coup leur entière vertu évocatoire, leur pouvoir d'éveiller en nous des émotions et des images, en même temps que des représentations abstraites. Un voile — le voile de l'accoutumance — a été comme tiré, qui nous cachait la beauté du monde ; et il semble que nous nous retrouvions devant ce spectacle avec des yeux et un cœur vierges, tant ce que notre subconscient avait retenu de nos impressions anciennes est remonté tout à coup à notre conscience dans une plénitude et une fraîcheur de découverte.

Ce n'est pas tout : voici qu'en même temps, le poète nous arrache à la vie terrestre et nous plonge dans la vie solidaire de la création. Cent fois, peut-être, devant la mer et le ciel, nous avions agité en nous l'énigme de l'univers, nous demandant si ces lames qui déferlent et ces étoiles qui gravitent, depuis des millions de siècles et pour des millions de siècles encore, obéissent, ou non, à une cause intelligente, pour des fins intelligentes. Même si, dans un sens ou dans l'autre, nous avions incliné notre raison devant les raisonnements des philosophes, c'avait été sans cet élan et cette volupté que donne seul un acte d'amour, un acquiescement de tout l'être. Mais, ce soir, le poète regarde avec nous les mêmes astres et les mêmes vagues ; il ne décrit pas, il ne raisonne pas, il n'analyse pas : il voit, il sait, il croit... et aussitôt, ne fût-ce que pour une seconde, il nous ébranle et nous illumine d'un éclair de certitude par lequel nous connaissons, dépassant l'émotion purement humaine, la grande émotion cosmique et religieuse, celle-là même qu'il a ressentie : l'Extase.

Pour y atteindre et pour nous y conduire, que lui a-t-il fallu ? Une centaine de mots, en deux strophes. Composantes infimes, sublime résultante. Entre ceci et cela, qu'y a-t-il donc ? Rien que cette chose : l'Art des Vers.

De cet art, une partie seulement peut être enseignée d'une façon précise et complète : c'est celle qui, dans l'art d'écrire en général, correspondrait, en toute modestie, à la grammaire : c'est la versification ou prosodie. Les lois de la versification, en effet, — lois dont l'observation seule distingue le vers, fût-ce le moins lyrique, de la prose, fût-ce la plus harmonieuse, — sont depuis longtemps codifiées, dans ce qu'elles ont d'essentiel, d'après la tradition de quatre siècles de chefs-d'œuvre ; et, quels que soient le génie particulier du poète et la nature spéciale du poème, elles sont appliquées toujours. Je pourrai donc vous les enseigner, telles qu'elles m'ont été transmises, ou à peu près telles, car l'évolution d'une prosodie n'est jamais complètement terminée, et il se peut que je sois conduit à vous donner comme légitimes — non pour ébranler, mais pour fortifier, au contraire, le vers traditionnel — quelques-unes des libérations ou des contraintes nouvelles que l'on nous propose.

Mais tout l'art des vers n'est point dans ces règles dont le respect est la condition obligatoire, non la seule et suffisante cause de l'émotion poétique. Il y a d'autres éléments, mystérieux et incodifiables, que l'inspiration seule révèle à chaque poète, et pour chacun de ses poèmes. Ceux-là, que nul ne saurait vous enseigner par principes, je voudrais, du moins, vous en faire sentir la présence et l'action dans cette première causerie, afin de mieux circonscrire mon sujet pour les suivantes, et de vous donner dès aujourd'hui, fût-ce encore par un seul exemple, une idée de ce que devrait être un « art des vers » intégral, s'il était possible à quelqu'un de l'écrire.

Ne cherchons pas un autre texte que nos deux strophes de tout à l'heure, et relisons-les ensemble pour tâcher, cette fois, de saisir les raisons de l'enchantement extraordinaire qui en émane et qu'aucune prose, en si peu de mots et en si peu de lignes, ne serait capable de nous procurer jamais.

Déjà, dès après la première lecture, nous nous rendons compte, au moins vaguement, que le pouvoir exceptionnel de ce langage est dû à une musicalité supérieure à celle de la prose, je veux dire à une certaine symétrie de cadences, à un certain battement régulier du rythme, qui le rapproche de la mesure musicale. Et parce qu'il participe des mêmes causes, le vers participe des mêmes effets. La prose exprime entièrement et suggère à peine ; la musique exprime à peine et suggère infiniment : le vers, lui, à tout le pouvoir d'expression des mots, peut joindre, dans une certaine mesure, le pouvoir de suggestion des notes, l'égaler même quelquefois. Lui seul est à la fois pensée et mélodie. Aucun langage humain ne le surpasse.

Si, ayant senti cette régularité rythmique du vers, nous commençons à en faire l'analyse, nous nous rendons compte aisément qu'elle consiste en un nombre limité de syllabes dans chaque vers, en un partage symétrique de ces syllabes dans l'intérieur du vers, et en un retour des mêmes sons à la fin de deux vers qui se correspondent : numération, césure et rimes, dont les lois sont tout l'objet de la versification, du *métier* des vers.

Mais on peut supposer le même sujet traité par un autre auteur, jeté dans le même moule de strophe en des vers aussi correctement soumis à toutes ces règles de la prosodie que le sont ceux de Victor Hugo, sans qu'à aucun degré, pourtant, l'émotion poétique ne naisse. Et c'est ici que le mystère commence, ou, plutôt, l'impossibilité de formuler des règles qui permettraient à quiconque les observerait en ses vers de faire, par cela seul, naître cette émotion. Tout ce que nous pouvons, c'est essayer de retrouver les voies secrètes qu'un instinct mystérieux, à peine contrôlé par une volonté consciente, a fait suivre au génie pour en arriver où il nous mène. Essayons.

Et, d'abord, est-ce par la rareté, par l'inattendu des vocables qu'il cherche à nous ébranler les sens et la pensée ? Non, j'ai dit qu'il employait ici les mots les plus courants de la langue. Il sait, il est vrai, que ce sont précisément ceux-là qui peuvent, grâce à la magie du rythme, reprendre leur signification la plus vaste.

Est-ce par la hardiesse des coupes dans le vers, par cette désarticulation apparente dont il a su tirer ailleurs de si extraordinaires effets ? Non, car pour exprimer ici cette sorte de respiration universelle, il lui faut un rythme aussi simple que le battement d'un cœur, que le soulèvement et l'abaissement d'une poitrine. Et il s'en tient donc aux coupes les plus classiques.

Est-ce par l'exceptionnelle qualité des rimes ? Non plus, car il se garderait bien d'arrêter l'attention sur un signe de virtuosité quelconque. Les rimes sont, prises en elles-mêmes, des plus banales, et plusieurs ne sont pas même ce que l'on appelle des rimes riches.

Et sans aucun de ces secours, en douze vers, le poète a su faire tenir le sentiment de l'immense, exprimer ce qui touche presque à l'ineffable. Le miracle n'en paraîtra que plus grand. Mais, puisque le secret n'en est pas là, poursuivons notre recherche et reprenons les vers un à un :

J'étais seul près des flots, par une nuit d'étoiles.

En ce premier vers, qu'on ne saurait imaginer d'une simplicité plus parfaite, tout, déjà, est évoqué et posé : l'homme, le lieu, l'heure. Et ce vers, ralenti au milieu par une large pause, prolongé infiniment comme par un point d'orgue, grâce au dernier mot, « étoiles », est si grand qu'il pourrait faire, à lui seul, équilibre à tous les développements dont il plairait au poète de le faire suivre. Mais supposez, une minute, qu'il ait ainsi commencé la pièce :

Près des flots, j'étais seul, sous un ciel étoilé.

Ce serait le même sens, et, pourtant, il n'y aurait plus rien là, absolument plus rien de ce qui est la poésie. *Flots* et *étoiles* sont les deux mots essentiels de la pièce, ceux dont l'apposition ou l'opposition vont former toute l'architecture du poème ; or, dans le vers du maître seulement, *flots* est à l'hémistiche, à la place en vue, et la virgule qui suit semble séparer les deux éléments, la mer et le ciel. Dans la seconde moitié du vers supposé, sur quatre mots il y en a deux, *sous* et *un*, qui sont parmi les plus sourds de la langue ; et le dernier mot, *étoilé*, outre qu'il termine sèchement le vers, par une cassure nette, présente deux fois à l'oreille le son de *é* bref, ce qui diminue encore sa qualité musicale et le rend d'autant moins moelleux, d'autant plus martelé. Dans la seconde moitié du vers de Victor Hugo, au contraire, grâce à l'*e* muet de *une*, et à la délicieuse allitération formée par les *n* de deux consonnes qui se suivent — u*ne* nuit, — écoutez comme la voix glisse avec douceur, pour s'appuyer seulement, pour s'épanouir sur la seconde syllabe d'é*toi*les, et s'éteindre enfin en se prolongeant sur la syllabe muette qui termine le mot et le vers après avoir caressé l'oreille par la succession de six sonorités différentes.

> J'étais seul près des flots, par une nuit d'étoiles.

Comparez !

Passons au second vers. Le poète va-t-il chercher à préciser, par un détail, par une chose vue et dépeinte, le tableau que forme le premier vers ? Un autre n'y aurait pas manqué. Lui, c'est tout le contraire qu'il fait : il n'ajoute pas un trait à son indication déjà toute schématique, il en efface :

> Pas un nuage aux cieux, sur les mers pas de voiles.

Car il veut nous mener, le plus vite possible, du concret à l'abstrait, des choses extérieures aux intérieures, pour nous conduire enfin des intérieures aux supérieures. Et notez, en passant, l'élégance de ce second vers, parallèle au premier par la virgule médiane et par la correspondance des objets, mais parallèle par renversement, pourrait-on dire, puisque, ici, le ciel est dans le premier hémistiche et la mer dans le second : parallélisme de deux gammes dont l'une, montante, serait jouée de la main gauche, l'autre, descendante, de la main droite.

> Mes yeux plongeaient plus loin que le monde réel,

ce monde réel déjà réduit à sa plus simple expression par le vers précédent. Quel est ici, le mot essentiel ? C'est *plus loin*, et vous voyez que le poète l'a placé à l'endroit du vers qui est nécessairement le plus accentué, à l'hémistiche.

Et, maintenant, le poète veut évoquer toutes ces voix qu'il entend de l'âme, précisément parce qu'il a dépassé le monde sensible… Mais il est déjà au quart de son poème ; comment, sans en détruire les justes proportions, les fera-t-il chanter toutes, en peu de mots ?…

> Et les bois, et les monts, et toute la nature…

Cette conjonction *et*, répétée *trois* fois, par l'indéfini qu'elle donne à l'énumération, y aura suffi : deux fois dans la première moitié du vers, pour des voix particulières, une fois dans la seconde, pour le chœur entier… Je crois voir le chef d'orchestre faisant partir, d'un signe à gauche, les violons, puis d'un signe à droite, les cuivres, et, d'un geste plus large, enfin, des deux mains étendues, déchaînant à la fois tous les instruments de l'orchestre.

Les déchaînant ? Les appelant plutôt, non dans toute leur force, mais dans toute leur douceur, en sourdine. Car ce sont, ici, des voix qui chantent dans le silence et comme en ajoutant encore à la majesté du silence :

> Et les bois, et les monts, et toute la nature,
> Semblaient interroger dans un confus murmure…

Et ici, instinctivement, le poète a employé des mots où trois syllabes de suite sont formées avec la lettre *u*, celle qu'il est impossible de chanter sur une note haute et forte, celle qu'on ne peut prononcer autrement que les lèvres serrées, et sans presque donner de son !

> Semblaient interroger dans un confus murmure
> Les flots des mers, les feux du ciel.

Essayez un peu d'allonger ce dernier vers pour le mettre à la mesure des autres, par exemple, de dire :

> Les flots profonds des mers, les feux légers du ciel.

O surprise ! il semble qu'en y ajoutant ces épithètes, au lieu de l'allonger, vous l'ayez raccourci ! Il est plus long par la durée, il est plus petit pour l'imagination, pour la pensée ; car il n'éveille plus, disjoint ainsi par des mots parasites, aucune idée de grandeur. Tel qu'il était, au contraire, concentré, réduit aux quatre substantifs parallèles qui sont l'armature de la strophe, voyez comme il boucle cette strophe en rattachant le dernier vers au premier, et comme il la conclut en la concentrant !

Mais nous en sommes déjà à la moitié du poème ; et le sujet n'en est qu'à son exposition ; et le poète n'a plus que six vers pour le conduire à son terme, quand il y faudrait, pourrait-on croire, plusieurs strophes encore. Nullement. Six vers suffiront. Voyez : le poète n'a pas laissé retomber le mouvement initial ; il a bien mis un point à la fin de la première strophe ; mais voici qu'il repart avec cette conjonction *et*, conjonction qui enchaîne la seconde strophe à la première, et qui, en deçà même du point final de celle-ci, va rejoindre le vers où, déjà, elle se trouvait trois fois,

> Et les bois, et les monts, et toute la nature,

pour ne plus faire, des deux strophes, qu'une seule phrase musicale destinée à s'élargir et à croître jusqu'à la fin en sonorité et en majesté :

> Et les étoiles d'or, légions infinies,
> A voix haute, à voix basse, avec mille harmonies…

Dans ce second vers, le poète, par une opération naturelle à la poésie, a fait une transposition d'un sens à un autre : il a transposé l'impression visuelle en une impression auditive. Aux bois et aux monts qui les interrogent, les flots et les astres doivent répondre : il leur faut donc une voix. Les astres brillent à des degrés divers, selon leur éloignement ou leur grandeur, et ils forment, là-haut, des groupements qu'on appelle des constellations : eh bien, les scintillements plus ou moins intenses des étoiles vont devenir des voix plus ou moins sonores, et les mille figures des constellations deviendront mille harmonies perceptibles, non plus aux yeux, mais à l'oreille :

> Et les étoiles d'or, légions infinies,
> A voix haute, à voix basse, avec mille harmonies,
> Disaient, en inclinant leur couronne de feu…

Que disaient-elles ? Est-ce que leur réponse va remplir les trois vers qui nous restent ? Non, la réponse des flots serait oubliée et, de plus, l'équilibre entier du poème serait rompu. Le poète l'a senti : par une inspiration géniale, par une hardiesse sans exemple, il arrête un instant ici sa phrase, il la suspend comme dans le vide, il va, descendant des cieux vers la mer, recueillir à son tour la réponse des vagues, et alors seulement, il la réunit à celle des étoiles dans un unisson prodigieux, — au moyen de ce simple mot de rappel : « *Disaient* » — pour les balancer ensemble, fumées confondues de deux encensoirs, vers Celui dont, par un suprême artifice, il retarde encore de dire le nom jusque dans le dernier vers même, afin que, de ce dernier vers, ce nom soit le dernier mot, comme il est, à ses yeux, le dernier mot de la création et de l'humanité :

> Et les flots bleus, que rien ne gouverne et n'arrête,
> **Disaient**, en recourbant l'écume de leur crête :
> — C'est le Seigneur, le Seigneur **Dieu**!

Tel est le mystère du génie. Aucun chemin tracé sur une carte, et que je puisse vous montrer du doigt, ne mène à de pareilles cimes. On peut voir seulement après coup, je le répète, par quelle route le poète est passé pour nous y conduire, guidé par une logique transcendante et qui se joue des ordinaires procédés logiques. C'est un de ces itinéraires que je viens de parcourir avec vous sur les pas d'un grand maître. Si vous m'y avez suivi jusqu'au bout avec attention, il me semble que déjà vous aurez avancé quelque peu, non dans la connaissance, mais dans l'amour de l'art des vers et dans le désir d'en entreprendre l'étude. Et, moi-même, je me sentirais un peu rassuré à la pensée que cette partie mystérieuse de notre art dont je ne pourrai vous instruire par des préceptes, je saurai peut-être, du moins, vous en communiquer l'intuition par des exemples, si vous conveniez que, par celui-ci, j'ai déjà commencé de le faire.

II
La Poésie et la Vie

J'ai voulu vous montrer d'abord par quel miracle l'art des vers réalise pleinement et fixe éternellement cette aspiration sublime de l'âme humaine, la Poésie. Bientôt je commencerai, de cet art, à vous enseigner les règles certaines et précises, tout en essayant de vous communiquer en chemin, par la beauté des exemples, l'instinct des lois mystérieuses qui ne peuvent être réduites en formules et en préceptes. Aujourd'hui, laissez-moi vous dire pourquoi j'ai entrepris cet ouvrage, et ce que j'en attends pour vous tous qui le lirez, si vous voulez bien le lire avec l'attention, avec la piété que je saurai mettre à l'écrire.

J'en attends pour vous, ô mes chers lecteurs, et, par surcroît, pour moi-même, un élargissement et un ennoblissement, une consolation, une pacification, une illumination de tous les jours de la vie. En quelque obscurité de condition que le hasard vous ait fait naître, à quelque médiocrité de fortune que vous vous trouviez attachés, je vous promets, — si, par l'initiation à leur art, vous arrivez à comprendre, à pénétrer, à vous assimiler pleinement le génie des poètes, — je vous promets de vous ouvrir des sources de joie, grâce auxquelles plus d'un éclat vous paraîtra pâle et plus d'une grandeur petite. Car, en étant à même de communier ainsi avec les poètes, vous aurez atteint, vous aurez égalé la vie supérieure que les plus nobles esprits et les plus grands cœurs de tous les siècles auront vécue aux heures les plus hautes et les plus généreuses de leur passage parmi les hommes. Écoutez Lamartine, à la huitième vision de la *Chute d'un Ange* :

> Il est, parmi les fils les plus doux de la femme,
> Des hommes dont les sens obscurcissent moins l'âme,
> Dont le cœur est mobile et profond comme l'eau,
> Dont le moindre contact fait frissonner la peau,
> Dont la pensée, en proie à de sacrés délires,
> S'ébranle au doigt divin, chante comme des lyres,
> Mélodieux échos semés dans l'univers
> Pour comprendre sa langue et noter ses concerts...
> Ceux-là, fuyant la foule et cherchant les retraites,
> Ont avec le désert des amitiés secrètes ;
> Sur les grèves des flots en égarant leurs pas,
> Ils entendent des voix que nous n'entendons pas :
> Ils savent ce que dit l'étoile dans sa course,
> La foudre au firmament, le rocher à sa source,
> La vague au sable d'or qui semble l'assoupir,
> Le bulbul à l'aurore et le cœur au soupir.
> Les cornes des béliers rayonnent sur leurs têtes.
> Écoutez-les prier, car ils sont vos prophètes :
> Sur l'écorce, ou la pierre, ou l'airain, écrivez
> Leurs hymnes les plus saints pour l'avenir gravés ;
> Chargez-en des enfants la mémoire fragile,
> Comme d'un vase neuf on parfume l'argile ;
> Et que le jour qui meurt dise aux jours remontants
> Le cri de tous les jours, la voix de tous les temps !
> C'est ainsi que de Dieu l'invisible statue,
> De force et de grandeur et d'amour revêtue
> Par tous ces ouvriers dont l'esprit est la main,
> Grandira d'âge en âge aux yeux du genre humain,

> Et que la terre, enfin, dans son divin langage,
> De pensée en pensée achèvera l'image !

Oui, voilà bien à quelle plénitude de vie vous vous trouverez associés par le commerce intime avec les poètes. Au milieu de ces vers admirables, il en est un, bien simple, que je n'ai pu transcrire sans que de chers souvenirs me remontassent au cœur, c'est celui-ci :

> Chargez-en des enfants la mémoire fragile !

Et ce qu'il me rappelle, c'est l'éveil en moi du sens poétique, c'est la révélation de la Poésie telle qu'elle me fut faite, en mon plus jeune âge, sur les genoux maternels. Et j'ai tant dû à cette initiation première qu'en essayant d'initier autrui à tout ce que contient le langage des vers, il me semblera que c'est une dette que je paye. Oh ! le « Petit oreiller » de la tendre Marceline Desbordes-Valmore !...

> Cher petit oreiller, doux et chaud sous ma tête,
> Plein de plume choisie, et blanc, et fait pour moi,
> Quand on a peur du vent, des loups, de la tempête,
> Cher petit oreiller, que je dors bien sur toi !...

Que de fois il fallut que ma mère me les répétât, ces doux vers, jusqu'à la prière finale :

> Donne à l'enfant perdu, que sa mère abandonne,
> Un petit oreiller qui le fera dormir !

Et lorsque je les sus par cœur, ce me fut encore une récompense que de les lui entendre redire, si j'avais été sage. Et ce fut la clé d'or qui m'ouvrit à jamais la porte des rêves. A présent, Corneille peut venir, avec le *Cid*, soulever d'enthousiasme héroïque le petit collégien qui pleurait de tristesse derrière les barreaux de sa prison. Et vous pourrez lui donner bientôt les *Méditations* de Lamartine ; il les cachera, comme un trésor volé, dans le fond de son pupitre, d'où il les tirera, vingt fois par jour, pour les lire, relire et apprendre, pour transformer en mélancolie délicieuse et consolée sa morne détresse de tout à l'heure. Et quand il sera devenu un homme, — et ici je ne parle plus de moi, mais de vous peut-être, — quand il se demandera comment il a échappé à certaines souillures, protégé contre les vents mauvais la pure flamme de l'amour, élevé dans son cœur un autel à la pitié, gardé l'espérance, évité un peu de mal, fait un peu de bien, il vous dira qu'il le doit surtout aux poètes. Les autres enseignent, mais l'oreille peut les entendre sans que l'esprit les écoute et que le cœur les croie : eux, les poètes, par le magique pouvoir du rythme, ils appellent, ils retiennent, ils insinuent, ils pénètrent. Comme une religion par le moyen des mythes, la Poésie prend des idées et les transforme en sentiments par le moyen des images, lesquelles sont des actions commencées, comme les actions sont des images réalisées ; car, entre l'idée pure et l'action, il y a un abîme que l'ébranlement de la sensibilité peut combler seul. Et c'est pourquoi la Poésie, souveraine maîtresse des images, est, pour ceux qui la comprennent et qui l'aiment, la souveraine maîtresse de la vie intérieure, prête à se réaliser en actes.

Les anciens le connaissaient bien, le pouvoir éducatif et comme religieux de la Poésie. Rappelez-vous ce que dit Platon au troisième livre de sa *République*, où, selon l'habitude des Grecs, il appelle « musique » la réunion de tous les arts du rythme : poésie, musique et danse : « La musique est la partie principale de l'éducation, parce que le nombre et l'harmonie s'introduisant de bonne heure dans l'âme du jeune homme, s'en emparant, y font entrer à leur suite la grâce, la beauté et la vertu. Et cela, dès l'âge le plus tendre, avant que d'être éclairé des lumières de la raison ; et, quand la raison sera venue, il s'attachera à elle aussitôt par le rapport secret que cet art aura mis entre la raison et lui. »

Et Pindare a dit en une de ses odes : « La Poésie fait la paix dans le cœur de l'homme et dans le monde. Elle désarme Arès et éteint le feu du ciel ; elle endort l'aigle même sur l'égide de Zeus, que baigne un nuage d'harmonie. » Magnifique image de cette vertu pacifiante de la Poésie qui fait de l'amour jusques avec de la haine, et du calme jusques avec de la colère, en les ordonnant par la vertu d'une harmonieuse cadence. Et c'est encore un parfait symbole de la Poésie éducatrice et pacifiante, que ce temple d'Éphèse évoqué par Victor Hugo dans son poème des *Sept Merveilles du Monde* :

> Moi, le temple, je suis législateur d'Éphèse ;
> Le peuple, en me voyant, comprend l'ordre et s'apaise ;
> Mes degrés sont les mots d'un code ; mon fronton
> Pense comme Thalès, parle comme Platon ;
> Mon portique serein, pour l'âme qui sait lire,
> A la vibration pensive d'une lyre ;
> Mon péristyle semble un précepte des cieux ;
> Toute loi vraie étant un rythme harmonieux,
> Nul homme ne me voit sans qu'un dieu l'avertisse ;
> Mon austère équilibre enseigne la justice ;
> Je suis la vérité bâtie en marbre blanc ;
> Le beau, c'est, ô mortels, le vrai plus ressemblant ;
> Venez donc à moi, foule, et, sur mes saintes marches,
> Mêlez vos cœurs, jetez vos lois, posez vos arches :
> Hommes, devenez tous frères en admirant !...

Dans ces vers profonds et superbes, le beau n'est pas seulement devenu le vrai, il est devenu le bien ; il s'est transmué en justice, en fraternité, en amour.

Oui, les chefs-d'œuvre sont les vrais éducateurs des peuples ; leurs plus vrais législateurs, ce sont, et surtout ce devraient être leurs poètes, en qui l'on retrouverait, tout le reste fût-il détruit, l'essentiel de ce qui aurait été pensé, senti, voulu, agi par la race. Toute la Grèce est dans Homère ; Dante et Pétrarque ont fait l'Italie ; et quant à Shakespeare, écoutez ce qu'en dit le grand Anglais Carlyle :

« Si l'on nous demandait : « Voulez-vous abandonner votre empire indien où votre Shakespeare ? », réellement ce serait une grave question. Des personnages officiels répondraient sans doute en langage officiel ; mais nous, pour notre part, ne serions-nous pas forcés de répondre : « Empire indien ou pas d'empire indien, nous ne pouvons faire sans Shakespeare. L'empire indien s'en ira, en tout cas, quelque jour ; mais ce Shakespeare ne s'en va pas, il dure à jamais pour nous ; nous ne pouvons abandonner notre Shakespeare... Nous pouvons l'imaginer comme rayonnant en haut sur toutes les nations d'Anglais dans mille ans d'ici. De Paramatta, de New-York, en quelque lieu que soient des hommes anglais et des femmes anglaises, ils se diront les uns aux autres : « Oui, ce Shakespeare est à nous ; nous l'avons produit, nous parlons et pensons par lui... » Oui, vraiment, c'est une grande chose, pour une nation, que d'arriver à avoir une voix articulée, que de produire un homme qui exprimera mélodieusement ce que son cœur à elle pense [a]. »

Eh bien ! nous aussi nous les avons, nos Homère, nos Dante,

---

a. Les *Héros*, traduction J.-B. Izoulet.

nos Pétrarque et nos Shakespeare, qui expriment et qui exaltent
« mélodieusement » le génie particulier de notre race, qui sont
notre lien national et qui, de plus, par un rare privilège, sont plus
qu'aucuns poètes du monde les miroirs de l'homme universel et
les annonciateurs de l'humanité future.

Or, quel culte leur vouons-nous ? Hélas !…

Il n'est pas d'humble « fraülein » qui, en quittant l'Allemagne
pour aller servir, n'emporte dans sa malle l'*Hermann* et *Dorothée*
de Goethe, ou les poésies de Schiller. Il n'est presque pas de maison anglaise où il n'y ait un Shakespeare ; et plus d'une pauvre
« miss », venue en France pour élever nos enfants, rouvre chaque
soir son Tennyson, et, par les *Idylles du Roi* ou la *Princesse*, reste
en communication consolante avec l'âme de sa patrie, et avec un
peu d'idéal.

Connaissons-nous bien, nous qui avons étudié, qui sommes
des savants presque, tout ce que renferme de consolation et de
joie, d'héroïsme et d'amour, le trésor de Corneille et de Racine,
d'André Chénier, de Lamartine et de Victor Hugo, sans vouloir
parler des vivants ? Dans combien de bibliothèques bourgeoises
ne chercherait-on pas en vain un Alfred de Musset, un Leconte
de Lisle, un Sully Prudhomme ? Il est des villes entières où l'on
ne trouverait pas un seul volume des poètes modernes, à côté
des vieux classiques jamais rouverts depuis le collège… Quant au
peuple, il ne sait même pas les noms des uns ni des autres !

Et pourtant, on lit… Mais que lit-on, pour que l'obscénité
monte, pour que la haine grandisse, pour que la volonté se dissolve,
pour que la notion de l'amour se déprave, pour que le sens du
bien et du mal aille en s'émoussant ?

Nul recours que dans les poètes, en qui, pendant des siècles, se sont concentrées les tendresses, les puretés, les énergies, les espérances de notre race, avec le pouvoir de les répandre, au moindre appel, sur la multitude des âmes.

Eh bien ! cette vertu de concentration et ce pouvoir d'expansion, la Poésie le doit à ces lois magiques, à cet art des vers sans la connaissance duquel les vers ne sont que des lignes inégales et vaguement sonores. Pour qui ne connaît point cet art, les vers semblent même, ô erreur ! avoir entravé la pensée ; pour qui le connaît, au contraire, ils l'ont délivrée, ils ont — et ils le pouvaient seuls — ouvert à son libre vol les perspectives infinies.

Apprenons ensemble l'art des vers. Le chemin que nous aurons à suivre sera quelquefois aride ; mais vous savez, à présent, à quels jardins enchantés il peut nous conduire : partons.

III

Le Rythme Poétique : Le Vers entre la Musique et la Prose

Avant de vous enseigner les règles précises et en quelque sorte mécaniques de la versification, je voudrais pourtant encore vous faire comprendre qu'elles ne sont point une création arbitraire des métriciens, ou, comme on disait autrefois, des « législateurs du Parnasse », mais que c'est sur des lois profondes, sur des besoins essentiels de l'esprit que notre art fonde sa certitude et sa dignité. Après, vous supporterez moins impatiemment, je l'espère, ce que l'étude de ces règles pourra présenter d'un peu aride, et, surtout, vous serez pour jamais en garde contre l'insanité de certaines réformes que quelques-uns voudraient introduire dans notre prosodie traditionnelle et qui ne tendraient à rien moins qu'à la détruire.

Si j'essaye de définir ce qu'est la versification, ce qu'est le vers, je ne trouve rien de mieux que d'emprunter les termes de ma définition aux deux ou trois formules assez proches l'une de l'autre, que Sully Prudhomme nous en a données dans les diverses pages qui composent son *Testament Poétique*, et je dirai : La versification est l'art de faire bénéficier le plus possible le langage des qualités de la musique, c'est-à-dire dans toute la mesure compatible avec la claire intelligence du sens : le vers est donc un verbe musical qui soulève et soutient la pensée sur les ailes du rythme, mais en excluant la note pour ne pas s'identifier au chant, où l'expression intellectuelle est détrônée par l'expression émotionnelle.

On voit assez, par là, ce qui distingue les vers de la musique. On voit moins bien, peut-être, ce qui les distingue de la prose ; car, enfin, la prose aussi peut être soulevée et soutenue par un rythme, c'est-à-dire par une succession de cadences flatteuses à l'oreille et qui ajoutent un plaisir musical au plaisir de l'entendement. Plus un écrivain véritable a de choses émues ou élevées à nous dire, plus sa phrase tend à se rythmer, à se dérouler avec mélodie. Soit, mais elle se déroule — et cela en est le caractère essentiel — en rythmes inégaux et perpétuellement variables, qui procurent à l'oreille un seul plaisir : celui d'une surprise incessamment renouvelée.

Certes, ce plaisir musical, dans sa parfaite concordance avec le développement de la pensée, est déjà considérable ; il n'est pourtant pas la jouissance *la plus musicale possible* que puisse donner le langage, celle que vous annonçait la définition de tout à l'heure comme étant le privilège de la seule forme versifiée. La versification seule, en effet, dans tous les pays du monde, et depuis qu'il y a des poètes, peut donner, à l'esprit et à l'oreille, cette double jouissance : *la surprise dans la sécurité*, jouissance causée elle-même par la réalisation de la variété dans l'unité, de la liberté dans la discipline. Et comment cela ? En soumettant le langage, ainsi que fait la musique, non plus à des rythmes incessamment variables, mais à des rythmes égaux. En musique, l'élément de sécurité sera fourni par le battement régulier de la mesure, à laquelle l'esprit et l'ouïe s'abandonneront, se confieront avec délices pour jouir d'autant mieux des surprises de la mélodie. En versification, la *sécurité* viendra du nombre régulier des syllabes du vers, du retour régulier de la rime, tandis que la variété des rimes au bout du vers et les souples modulations des syllabes accentuées ou atones dans l'intérieur du vers, apporteront au lecteur, joint à cette sécurité délicieuse, l'enchantement d'une perpétuelle *surprise*.

Est-ce un besoin puéril et artificiel, ce désir de sécurité, satisfait par le rythme des vers, qui s'ajoute au désir de surprise si complètement satisfait déjà par la prose ? Des prosateurs orgueilleux et peu sensibles à la poésie voudraient bien nous le faire croire. Ils traiteraient volontiers d'enfantillage cette attente de la mesure égale et de l'écho de la rime… Elle est, au contraire, comme je le laissais prévoir en commençant, la manifestation d'une des tendances les plus essentielles de l'esprit, celle qui, par exemple, dans le monde de la pesanteur, nous fait chercher l'équilibre, dans le monde de la vision, la symétrie ; celle aussi qui, dans tout le domaine de l'art et de la pensée, nous pousse à circonscrire, à ordonner, à harmoniser l'objet de notre création ou de notre étude pour *jouir ou comprendre davantage, avec un moindre effort*. Le rythme poétique étant, nous le verrons bientôt, un de ces moyens d'atteindre, par le moindre effort, aux plus hauts sommets de l'exaltation humaine, l'homme n'a rien inventé dont il ait le droit de se montrer plus fier.

D'où vient-il, ce rythme poétique ? Quelles sont-elles, ces cadences régulières qui constituent le vers français ? Ce sont, tout simplement, quelques-unes des innombrables cadences de la prose, mais choisies et régularisées, à l'exclusion des autres, parce qu'elles flattaient plus particulièrement l'oreille, soit en elles-mêmes, soit par leur répartition, soit par leur assemblage entre elles.

Voulez-vous assister, en théorie, à la naissance du vers français, issu de la prose ? Je vous ai dit, tout à l'heure, que le prosateur, dans l'émotion ou l'élévation de la pensée, avait une tendance à rythmer davantage ses périodes ; j'aurais pu ajouter que parfois même, inconsciemment, il les rapprochait de tout ce qui constitue le rythme poétique. Vous en jugerez par deux exemples, pris chez deux de nos plus grands écrivains en prose ; je tirerai l'un de Michelet, l'autre de Jean-Jacques Rousseau.

Voici le passage de Michelet où, dans son livre de *L'Amour*, il fait parler à la veuve l'âme de l'époux disparu. Chose étrange ! pour exprimer, par des caresses verbales, une infinie et mélancolique tendresse, il fait, sans le vouloir, parler cette Ombre aimante, soit en vers blancs, en vers non rimés, soit en cadences qui sonneront comme des vers si on les prononce à la façon de la prose, c'est-à-dire en glissant sur les *e* muets, ceux que j'indiquerai en italique :

« C'est trop veiller, c'est trop pleurer, chérie !... (Vers de 10 syllabes.) Les étoiles pâlissent (6) ; dans un moment, c'est le matin (8). Repose enfin. La moitié de toi-même (10), dont l'absenc*e* te trouble et que tu cherches en vain (12), et dans tes chambres vid*es* et dans ta couche veuve (12), ell*e* te parlera dans les songes (8). »

Mais voici mieux encore : un paragraphe entier composé de six vers très réguliers, tous de huit syllabes :

« Oh ! que j'avais donc à te dire ! — Et vivant, je t'ai dit si peu... — Au premier mot, Dieu m'a repris. — A peine ai-je eu le temps de dire : — « J'aime. » Pour te verser mon cœur, — j'ai besoin de l'éternité. »

Et je décomposerai en quatre vers, pour les yeux, le paragraphe suivant, formé de vers de 10, 7 et 12 syllabes :

> Un doux concert commençait entre nous
> Qui sanctifiait la terre.
> En nous, d'un double cœur, l'harmoniste céleste
> Venait de faire un divin instrument.

Remarquez le rapprochement des deux derniers, 12 et 10 syllabes, qui forment ensemble une si heureuse cadence.

Que manque-t-il donc à ces lignes rythmées de Michelet pour qu'elles soient tout à fait des vers ? Rien que la rime, par qui le rythme poétique est plus fortement marqué, affirmé, pour le moindre effort de la mémoire.

La rime ? C'est elle que nous allons voir s'ébaucher à son tour dans la prose de Jean-Jacques, dans une phrase d'une admirable cadence, que je tire de *la Nouvelle Héloïse*. Et, pour que vous goûtiez mieux cette phrase, je transcrirai d'abord celles qui la précèdent et qui en éclairent le sens :

« Vos feux, je l'avoue, ont soutenu l'épreuve de la possession, celle du temps, celle de l'absence et des peines de toute espèce ; ils ont vaincu tous les obstacles, hors le plus puissant de tous, qui est de n'en avoir plus à vaincre et de se nourrir uniquement d'eux-mêmes. L'univers n'a jamais vu de passion soutenir cette épreuve : quel droit avez-vous d'espérer que la vôtre l'eût soutenue ? »

Écoutez maintenant :

« Le temps eût joint, au dégoût d'une longue *possession*, le progrès de l'âge et le déclin de la beauté : il semble se fixer en votre faveur par votre *séparation* ; vous serez toujours, l'un pour l'autre, à la fleur des *ans*; vous vous verrez sans cesse tels que vous vous vîtes en vous *quittant*; et vos cœurs, unis jusqu'au tombeau, prolongeront dans une illusion charmante votre jeunesse avec vos amours. »

Voyez comme les deux premiers rappels de sonorités : *possession* et *séparation*, sont placés à deux endroits où le sens et la ponctuation exigent que le lecteur respire. Voyez, ensuite, comme les deux autres homophonies : *ans* et *quittant*, sont symétriquement placées à la fin de deux membres de phrase sensiblement égaux. Et jugez si Jean-Jacques — lequel, vous le savez, ne couchait jamais une phrase sur le papier sans l'avoir fait passer vingt fois par l'épreuve de son oreille — n'a pas voulu, à quatre reprises, grâce à ces sortes de rimes, nous rendre plus sensible, avec un effort moindre, la merveilleuse architecture sonore de sa période, et comme retenir ainsi, comme suspendre, pour mieux exciter notre attente, le déroulement adorable de sa mélodie.

[Et remarquons-y ce vers de douze syllabes, si délicieusement coupé à la façon romantique, en 4 + 6 + 2.

Prolongeront | dans une illusion | charmante.]

Voilà donc, trouvés d'instinct par les prosateurs, les éléments qui constitueront, chez les poètes, la forme versifiée. Toutefois, chez les prosateurs, l'usage de ces rythmes poétiques et de ces rappels de sons, celui même de cadences plus éloignées du vers, mais encore volontairement musicales, n'est agréable que s'il est discret et rare. A l'état de procédé, appliqué à tout un ouvrage, cette recherche devient vite insupportable. La « prose poétique » est un genre bâtard. Les *Incas* de Marmontel sont illisibles. Le *Télémaque* lui-même porte la peine d'avoir été écrit ainsi. De Chateaubriand, nous admirons plus que jamais les *Mémoires d'Outre-Tombe*, dont le grand style n'est lyrique que par intermittence ; mais nous ne goûtons plus que quelques chapitres des *Martyrs*, et nous ne lisons plus du tout les *Natchez*, où le lyrisme en prose est continu. Et que dirions-nous s'il nous fallait entreprendre la lecture de l'*Ipsiboë*, du vicomte d'Arlincourt, ou du *Tristan le Voyageur*, de M. de Marchangy ? Croyons-en là-dessus, comme sur beaucoup d'autres choses, Victor Hugo :

> Prends garde à Marchangy ! La prose poétique
> Est une ornière où geint le vieux Pégase étique.
> Tout autant que le vers, certes, la prose a droit
> A la juste cadence, au rythme divin ; soit ;
> Pourvu que, sans singer le mètre, la cadence
> S'y cache et que le rythme austère s'y condense.
> La prose en vain essaie un essor assommant.
> Le vers s'envole au ciel tout naturellement ;
> Il monte ; il est le vers ; je ne sais quoi de frêle
> Et d'éternel, qui chante et plane et bat de l'aile ;
> Il se mêle, farouche et l'éclair dans les yeux,
> A toutes ces lueurs du ciel mystérieux
> Que l'aube frissonnante emporte dans ses voiles
> Quand même on la ferait danser jusqu'aux étoiles,
> La prose, c'est toujours le **sermo pedestris**.
> Tu crois être Ariel et tu n'es que Vestris.

Que dites-vous, en passant, de ce chapitre d'Art poétique emprunté aux *Quatre Vents de l'Esprit* ? Il manquait à celui de Boileau, mais je crois qu'il n'y pourrait pas être intercalé sans dommage pour les vers, excellents, mais plus pleins de sagesse que de lyrisme, du bon Nicolas.

Oui, la prose est faite avant tout pour la marche, non pour le vol, et les procédés lyriques ne doivent point s'y étaler avec affectation, plutôt s'y cacher, comme l'écrit Victor Hugo. Mais prenez à la prose ces accidentelles cadences lyriques, et faites-en des vers en les régularisant, répétant et assemblant ; prenez-lui ces accidentelles rencontres de mots sonnant de même, pour en constituer de franches rimes ; ajoutez, enfin, celles-ci à celles-là, — et vous aurez le plus magnifique, le plus souple, le plus complet instrument d'expression qui ait été mis jamais, dans aucune langue, à la disposition des poètes. Il pourra leur servir à voler aussi haut qu'ils le voudront, et à marcher aussi, pour peu qu'ils le veuillent. Il ne sera pas seulement le verbe de l'ode sublime ou de l'épopée, mais aussi celui de la poésie légère et du conte familier. Il rendra plus joyeux le rire de la comédie, plus tragique la terreur ou la pitié du drame. Il fera plus définitives, et plus transmissibles, jusqu'aux formules où se concentrent l'expérience de la vie et les décrets du bon sens ; car où il n'y aura plus transfiguration et aspiration, il y aura, grâce à lui, beauté encore, parce qu'il aura introduit, dans les moindres choses, une image, un reflet de l'harmonie et de l'ordre universels.

Les lois de ce langage merveilleux, le vers, dont vous savez à présent l'origine profonde et les affinités avec les langages voisins, la musique et la prose, c'est dans notre prochain entretien que nous commencerons de les étudier ensemble.

IV
Les Éléments constitutifs du Vers
et
l'Accent Tonique

De notre première causerie, vous avez retenu que la fonction du vers était de communiquer au langage parlé le plus grand pouvoir musical dont il soit susceptible.

Vous avez compris que ce pouvoir exceptionnel était obtenu en ajoutant, — comme fait la mesure dans la musique, — un élément de *sécurité* pour l'oreille et pour l'esprit, à cet élément de *surprise* qui est seul donné par le langage ordinaire, et que cet élément de sécurité était dû à l'emploi systématique, dans la versification, d'un petit nombre de cadences régulières, substitué à l'emploi capricieux des rythmes innombrables et irréguliers de la prose.

Enfin, vous avez commencé de voir que cette régularisation du rythme était assurée par le nombre fixe des syllabes donné au vers et par le retour de la rime. Elle l'est, de plus, dans les vers les plus longs, par l'usage de la césure, repos de la voix à l'intérieur de ces vers, destiné à en rendre la cadence plus sensible encore à l'oreille.

Nombre fixe de syllabes, rime, césure : trois procédés qui concourront merveilleusement à créer et à satisfaire, tout ensemble, l'attente de l'oreille, à lui donner, avec un moindre effort de la mémoire auditive, cette joie du retour attendu, ce plaisir de l'identité retrouvée par où la poésie se rapproche encore de la musique, où tout, en effet, conspire à cette satisfaction, depuis le refrain de la vieille romance jusqu'au « leitmotive » du nouveau drame lyrique, aussi bien que les transformations et variations d'un même thème dans la sonate ou dans la symphonie.

Nous allons étudier, successivement, ces trois procédés qui assurent la fixité, l'unité du vers français. Mais, avant d'entamer cette étude et pour l'entière clarté de tout ce qui va suivre, il faut que je vous montre brièvement ce qui, sous ces éléments mécaniques, extérieurs et comme visibles, est ce que l'on pourrait appeler l'essence profonde, l'âme cachée du rythme en général et du rythme poétique en particulier, dans notre langue.

Au cours de notre précédent entretien, j'ai, pour ne pas m'attarder à une définition plus précise, appelé rythme « une cadence agréable à l'oreille », sans chercher d'où cet agrément pouvait venir. Une phrase de Cicéron nous le dira très clairement : « Il n'y a pas de rythme de ce qui est continu : dans les gouttes d'eau qui tombent, nous pouvons, parce qu'il y a des intervalles entre elles, noter un rythme ; dans le fleuve qui coule, nous ne le pouvons point. » Pour qu'il y ait rythme, il faut donc qu'il y ait discontinuité. Comment se manifestera-t-elle dans le langage ? Sera-ce seulement par la séparation des phrases, des membres de phrases et des mots ? Non, ce sera aussi, ce sera d'abord par la différence de prononciation des syllabes, prononciation inégale en *durée* ou inégale en *intensité*.

Dans les langues anciennes, dans le latin, par exemple, c'est principalement la durée respective des syllabes qui détermine l'inégalité, donc, le rythme : certaines syllabes sont longues, les autres sont brèves ; celles-ci se prononcent deux fois plus vite que celles-là ; une longue vaut donc deux brèves, comme, en musique, une blanche vaut deux noires ; et ainsi, le vers latin sera tout naturellement formé d'une certaine combinaison de *pieds*, c'est-à-dire de mesures quasi musicales, égales entre elles en durée, mais composées diversement de longues et de brèves, comme une mesure musicale le serait, soit de deux blanches, soit d'une blanche suivie de deux noires, soit de deux noires suivies d'une blanche, etc. Cette valeur différente des syllabes en durée est ce qu'on appelle leur *quantité métrique* ou, tout simplement, leur *quantité*.

Scander un vers latin ou grec, c'est, en le lisant, marquer ces mesures, ces pieds composés de syllabes longues (—) et de syllabes brèves (◡). Ainsi, prenons le grand vers de Lucrèce et de Virgile, l'hexamètre, c'est-à-dire le vers de six mesures. Trois éléments le constituent tout comme notre vers à nous, mais avec ces différences, qui sont des équivalences :

1° Au lieu du nombre fixe de syllabes, il a le nombre fixe de pieds ;

2° La césure consiste, non comme pour notre alexandrin classique, par exemple, en un repos de la voix à la sixième syllabe, mais dans l'obligation de placer au commencement du troisième pied une syllabe qui soit la dernière d'un mot dont le début se trouve au pied précédent.

3° Au lieu que la fin du vers soit indiquée par une rime, elle l'est par l'emploi obligatoire, à la cinquième mesure, du pied de trois syllabes nommé dactyle, composé d'une longue et de deux brèves (— ⏑ ⏑), et à la sixième, d'un pied de deux syllabes, soit un spondée, composé de deux longues (— —) soit un trochée composé d'une longue et d'une brève (— ⏑).

Cela rappelé, — que je tenais à dire pour montrer que dans toutes les langues, le vers n'existe que fondé sur un certain nombre d'appuis fixes pour l'oreille, — scandons les trois premiers vers de la première *Églogue* de Virgile :

> Tityre, | tu patu | læ recu | bans sub | tegmine | fagi
> — ⏑ ⏑ | — ⏑ ⏑ | — ⏑ ⏑ | — — | — ⏑ ⏑ | — —
> Silves- | trem tenu | i mu- | sam medi | taris a | vena ;
> — — | — ⏑ ⏑ | — — | — ⏑ ⏑ | — ⏑ ⏑ | — —
> Nos patri- | æ fi | nes et | dulcia | linquimus | arva.
> — ⏑ ⏑ | — — | — — | — ⏑ ⏑ | — ⏑ ⏑ | — ⏑

Vous allez voir pourquoi j'ai fait cette petite incursion dans la prosodie latine.

Le vers français pouvait-il être, comme le vers latin, un vers mesuré, métrique ? Cela revient à nous demander ceci : dans notre langue, les syllabes ont-elles une *quantité* ? Les unes se prononcent-elles, toujours, deux fois plus rapidement ou deux fois plus lentement que les autres ? Non, certes : rien de plus incertain, de plus variable, chez nous, que la quantité des syllabes ; ce n'est point de là que naît le rythme, même dans notre prose ; et, à plus forte raison, ne pourrait-on point appuyer, là-dessus, un système de versification. Quelques érudits, pleins de grec et de latin et trompés par des analogies chimériques, — tel le poète Baïf, au seizième siècle, — l'ont en vain tenté : ils bâtissaient sur un sable toujours croulant et fuyant. Ils oubliaient, du reste, que notre langue était sortie, non du latin de Virgile ou d'Horace, mais du latin de décadence, où la quantité était déjà si oubliée que les vers s'y faisaient, non plus d'après la prosodie des poètes du siècle d'Auguste, en *mesurant* les syllabes, mais d'après un système très approchant du nôtre et qui est devenu le nôtre : 1° en les *comptant* ; 2° en y établissant des points de repère, au moyen des *accents toniques* (nous allons voir ce que c'est) ; et 3° quelquefois même, en les *rimant* : ainsi, dans le *Dies iræ* liturgique :

> **Di**es i**ræ**, **di**es **il**la
> **Sol**vet **sæ**clum **in** fa**vil**la,
> **Tes**te **Da**vid **cum** Si**byl**la !
>
> **Quan**tus **tre**mor est fu**tu**rus,
> **Quan**do **Ju**dex est ven**tu**rus,
> **Cun**cta **stric**te dis**cus**surus !

J'ai parlé d'*accent tonique*, et souligné, dans ces six vers, les syllabes sur lesquelles il porte. Si vous vous rappelez l'air chanté à l'église sur ces paroles, vous constaterez que ces syllabes sont celles où la voix *appuie le plus fortement*, et non pas toujours celles qui ont le plus de durée. Les syllabes toniques, par rapport aux syllabes atones (celles sur lesquelles la voix *glisse* au lieu de les *frapper*), ne sont donc pas comparables aux longues, en face des brèves : il ne s'agit plus de la durée, il s'agit de l'*intensité* différente du son des syllabes.

Mais, si vous n'avez pas présente à la mémoire cette musique, dont je ne vous ai parlé que parce qu'elle suit exactement la distinction des syllabes de ce texte en toniques et en atones, fiez-vous à la façon dont je les ai différenciées les unes des autres, et lisez seulement les vers en appuyant davantage sur les syllabes soulignées. Que constaterez-vous ? Un plaisir de l'oreille qui ne sera pas seulement celui donné par la longueur égale des vers (tous de huit syllabes), et celui procuré par le triple retour de la rime dans chaque strophe, mais un autre encore : celui qui résulte du balancement des syllabes accentuées, alternant avec les syllabes non accentuées.

Passons, maintenant, à notre langue. Toutes les fois que nous parlons, il arrive que, sans y penser, nous appuyons plus fortement sur certaines syllabes, plus faiblement sur certaines autres. Est-ce au hasard et par caprice individuel ? Non ; et, si l'on y regarde d'un peu près, on s'aperçoit aussitôt que l'on obéit, d'instinct, à une loi, qui est à la fois très rigoureuse et très simple, et qui se peut formuler en deux articles :

1° Dans les mots de plusieurs syllabes, l'accent tonique, c'est-à-dire le son de voix le plus intense, tombe toujours sur la dernière, quand elle n'est pas formée avec un *e* muet (es*poir*, nous vien*drons*), et sur l'*avant-dernière*, lorsque c'est avec un *e* muet que la dernière est formée (espé*ran*ce, ils *vien*nent).

2° Quant aux monosyllabes, — et notamment ceux qui, comme les articles, les pronoms, les prépositions, les temps des verbes auxiliaires, n'ont qu'une valeur purement grammaticale, — ils gardent ou perdent l'accent tonique, selon les cas, en se fondant, pour ainsi dire, au point de vue de la prononciation, avec le mot qu'ils précèdent ou avec celui qu'ils suivent. Ainsi dans : nous *som*mes, il vien*dra*, la lu*mi*ère, le so*leil*, il est par*ti*, les monosyllabes *nous, il, la, le, est* n'ont pas d'accent tonique parce qu'ils forment comme la première syllabe d'un mot composé. Mais ces mêmes monosyllabes reprendront leur accent quand je dirai : Y sommes-*nous*? — Vient-*il*? — Nous l'aimons tel qu'il *est*. — Amenez-*le*, parce qu'ils forment alors comme une syllabe finale.

Eh bien, c'est de l'obéissance instinctive à cette loi, d'une simplicité si grande, que naît le *rythme* du langage. En voulez-vous la preuve ? Prenons une phrase dont la cadence vous semble, dès le premier abord, flatteuse à l'oreille, celle-ci, par exemple, des *Maximes* de La Rochefoucauld : « Le soleil, ni la mort ne se peuvent regarder fixement. » Et essayez un peu de la prononcer en égalisant toutes les syllabes, sans porter plus fortement la voix sur les unes que sur les autres : « Le so-leil-ni-la-mort-ne-se-peu-vent-re-gar-der-fi-xe-ment. » C'est abominable : aucune cadence, plus trace de rythme ! Mais, au contraire, conformez-vous aux deux règles ci-dessus et lisez : « Le so*leil* ni la *mort* ne se *peu*vent regar*der* fixe*ment*. » Et toute la beauté musicale de la phrase, comme par enchantement, reparaîtra.

S'il en est ainsi dans la prose, jugez du rôle que l'accent tonique doit jouer dans les vers !

Il a joué d'abord, dans le vers français, au point de vue historique, le rôle de créateur, ni plus ni moins. Dans une langue balbutiante et où n'existait plus la *quantité* des syllabes, il fut le seul fondement du vers primitif, tel qu'il nous apparaît dans deux des plus vieux monuments de notre poésie : la *Vie de Saint-Léger* et la *Passion*, qui datent du dixième siècle. Qu'est-ce, en effet, que ce vers primitif ? Un assemblage de huit syllabes, dont la dernière est obligatoirement frappée d'un accent qui en détermine l'étendue pour l'oreille. Mais aussitôt, on cherche à frapper l'oreille davantage, à lui marquer, mieux encore, la mesure du vers, et l'on est tout naturellement conduit, de cette accentuation obligatoire de la dernière syllabe, à une ressemblance de son entre cette finale et celle du vers ou des vers qui suivent. Ce sera d'abord l'assonance, espèce d'ébauche de la rime, où le son n'est encore rappelé que par la similitude de la voyelle :

> Amies, zo dis Jhesus lo b**o**ns,
> Per quem trades in to bais**o**l ?
> Melz ti fura non fusses n**a**z
> Que me tradas per cobet**a**d.

« Ami, lui dit Jésus le bon — pourquoi me trahir dans ton baiser ? — Mieux vaudrait que tu ne fusses pas né — que de me trahir par convoitise. » (La Passion.)

Mais déjà, au milieu des simples assonances, on rencontrera de vraies rimes, plus ou moins parfaites ; ainsi, dans la *Vie de Saint-Léger* :

> Enviz lo fist, non voluntiers :
> Laisso rintrar in u moustier,
> Cio fud Lusos ut il intrat.
> Clerj' Ewrïu illo trovat.

Ce qui peut se traduire très exactement par :

> Malgré lui fit, non volontiers :
> Le laisse entrer dans un moutier[a],
> Ce fut à Lisieux qu'il entra.
> Clerc Ebroïn il y trouva.

Et, comme l'oreille était plus flattée par ces sons, beaucoup plus proches, donnés aux syllabes finales frappées de l'accent, la

---

[a]. *Moutier*, vieux mot pour un monastère ou un couvent (ThéoTEX).

rime véritable devait, un jour, détrôner définitivement la simple assonance.

Et voilà comment l'accent tonique fut le générateur du vers français, quant à deux de ses éléments constitutifs : la numération des syllabes et la rime. Mais je vous ai dit, tout à l'heure, que dans la constitution des vers les plus longs il y avait un troisième élément, la césure. Or, d'où est-elle née ? De l'accent tonique, encore.

A la fin du onzième siècle, en effet, lorsque apparurent les vers de dix et de douze syllabes, les poètes sentirent que, pour diminuer l'effort de la mémoire auditive, pour rendre le rythme plus perceptible, il était bon d'établir un port de voix, formant comme une sorte de repos, de halte, à la quatrième syllabe du vers de dix syllabes, à la sixième du vers de douze.

Sera-ce en décidant qu'un mot finirait à cette place ? Non : ce que, guidés par leur instinct musical, nos vieux poètes ont voulu, c'est que la quatrième syllabe du vers de dix syllabes ou la sixième du vers de douze fût une syllabe *accentuée*. Ils l'ont si bien voulu que, lorsque cette tonique tombait sur l'avant-dernière syllabe d'un mot, — donc d'un mot terminé par une syllabe formée avec un *e* muet, — cette muette n'entrait même pas dans le compte de syllabes du vers. Voici des exemples, où je mets entre parenthèses les syllabes muettes non comptées. Le premier, en vers de dix syllabes (4 + 6) est pris dans la plus fameuse de nos épopées, dans la *Chanson de Roland* :

> Li Empe**rer**(e) — de sun cheval descent,
> Sur l'herbe **ver**(te) — si c'est culchiez adenz,
> Turnet sun **vis** — vers le soleil levant,
> Recleimet **Deu** — mult escordusement.

Que je traduis, en respectant les particularités du rythme, et, pour cela, en remplaçant « Emperere » qui sous sa forme moderne, « empereur », n'aurait plus de syllabe muette finale, par « Charlemagne » :

> Lors Charle**ma**(gne) — de son cheval descend
> Dans l'herbe **ver**(te) — s'est couché sur les dents,
> Tourne ses **yeux** — vers le soleil levant,
> S'adresse à **Dieu** — du cœur, profondément

Autre exemple, en vers de douze syllabes (6 + 6), emprunté au *Pèlerinage de Charlemagne à Jérusalem* :

> Et dist li Empere(re) — « Gabez, bel nies Rollanz ! »
> « — Voluntiers, dist-il, **Si**(re), — tout à votre cumant. »

Traduction :

> Et lui dit Charle**ma**(gne) : — « Raillez, neveu Roland ! »
> — « Volontiers, dit-il, **Si**(re), — tout à votre agrément. »

Cette césure, où la syllabe muette qui suit la syllabe accentuée n'entre pas en compte, est ce qu'on appelait la *césure féminine*. L'oreille, en s'affinant, a senti que toutes les syllabes, dans l'intérieur du vers, devaient se prononcer et, par conséquent, compter dans le vers ; et la césure féminine a été abandonnée. Mais, du rôle prépondérant que l'accent tonique a joué dans la création de notre prosodie, il reste encore un témoignage dans tous nos vers dits féminins, ceux dont la rime est formée par un mot dont la dernière syllabe est muette.

> Ton bras est invaincu, mais non pas invinci(ble).

Pour compter ce vers de douze syllabes de CORNEILLE, ce n'est pas à la dernière syllabe (ble) qu'on s'arrête, mais à l'avant-dernière (ci), celle qui porte le dernier accent tonique.

Donc, en résumé, vous voyez que l'accent tonique a constitué toute l'armature du vers français, tout ce que j'ai appelé son élément de sécurité, d'unité, de discipline.

Est-ce tout ? Non, et je vous ai insinué déjà, dans la précédente causerie, qu'avec la diversité de son des rimes, l'accent tonique constituait, par l'intensité qu'il donne à certaines syllabes, les différenciant ainsi des syllabes voisines, cet élément de surprise et de variété dont l'union avec l'autre élément, la sécurité, est la raison d'être même de la forme versifiée et la cause de son merveilleux pouvoir.

Aujourd'hui, vous comprenez mieux pourquoi, et que, à côté des toniques obligatoires et fixes, — celle de la rime dans tous les vers et celle de la césure dans les vers les plus longs, — il y en a d'autres, qui s'opposent aux syllabes atones et qui donnent ainsi au vers, contenu pourtant dans sa mesure invariable, toutes les souplesses, toutes les libres modulations de la mélodie.

Dans les grands vers, le domaine de ce jeu libre des toniques sera l'intérieur de chaque fraction du vers — coupé par la césure obligatoire :

> Ariane, ma sœur, — de quel a**mour** bles**sée**
> Vous mou**rûtes** aux **bords** — où vous **fûtes** lais**sée** !

Dans l'intérieur des vers plus courts, où la seule tonique fixe est celle de la rime, ce domaine sera le vers tout entier, où il pourra créer, pour le ravissement de l'oreille, des césures facultatives et mobiles.

Voyez plutôt. Je vous citais, tout à l'heure, les deux premières strophes du *Dies iræ*. Ne serait-il pas piquant de voir ce que cette forme lyrique — vers de huit syllabes, rimant trois par trois, inventée par le grand poète franciscain Thomas de Célano, lequel mourut en 1255 — est devenue, juste six cents ans plus tard, entre les mains du délicieux maître Théodore de Banville, en cette « Odelette » datée de 1855 ? Ce n'est pas la même pensée, oh ! non : celle-ci vous paraîtra aussi pleine d'indulgence que l'autre était pleine de menace ; c'est pourtant le même air, mais joué ici *grazioso*, sur la lyre anacréontique, au lieu de l'être *maëstoso* sur la formidable trompette du Jugement dernier. Je n'y soulignerai plus toutes les toniques, j'y marquerai seulement les plus fortement accentuées, celles qui, déterminant un léger repos de la voix, formeront cette césure facultative et de place variable dont je vous parlais à l'instant. Lisez à haute voix ce menu chef-d'œuvre, digne d'Horace :

Jeune **hom**me sans mélancolie,
Blond comme un soleil d'Italie,
Garde **bien** ta belle folie.

C'est la **sagesse** ! Aimer le vin,
La beau**té**, le printemps divin,
Cela suf**fit**. Le reste est vain.

Sou**ris**, même au destin sévère :
Et quand re**vient** la primevère,
Jettes-en les **fleurs** dans ton verre.

Au **corps** sous la tombe enfermé
Que reste-**t-il** ? D'avoir aimé
Pendant deux ou trois mois de mai.

« Cher**chez** les effets et les causes, »
Nous **disent** les rêveurs moroses.
Des **mots** ! des **mots** ! ... Cueillons les roses !

N'avez-vous pas joui délicieusement de la mobilité de cette césure qui, rien que dans les quatre premiers vers, est successivement placée après la seconde, la première, la troisième, la quatrième syllabe ? Elle se trouve après la cinquième, dans le neuvième vers. Au douzième, il n'y a pour ainsi dire pas de césure du tout, si l'on peut mettre un appui léger, un demi-accent sur la dernière syllabe de « pendant » ; il faut dire le reste du vers en donnant une intensité égale à chacun des mots, car ce sont tous des monosyllabes, également accentués ou, si vous aimez mieux, également inaccentués, ce qui revient au même. Ce vers : *Pendant deux ou trois mois de mai*, qui glisse ainsi presque sans aucun port de voix, où le rythme n'est marqué que par le nombre exact des syllabes et par la rime, apporte un élément nouveau de surprise, de variété, à l'ensemble du petit poème. Et qu'il est heureux aussi le vers final, où il y a, au contraire, non plus une seule césure, comme dans tous les autres, mais deux, fortement marquées par une même tonique, répétée deux fois : « Des mots ! des mots ! » et plus fortement encore par la seconde, après laquelle se détachera, s'envolera dans toute sa légèreté, dans toute sa grâce, l'autre moitié du vers et la conclusion du poème : « Cueillons les roses ! »

Ah ! ici, nous constatons bien que la perfection du morceau est réalisée en partie par la mobilité des césures, mais aucune loi codifiable n'a décidé de leurs places diverses, et nous touchons à ce mystère que je vous ai signalé le jour où nous avons commencé de nous entretenir ensemble. N'importe ! Ce n'en est pas moins au moyen de ces accents, ainsi répartis d'instinct, que le poète nous a communiqué toutes les ondulations de sa sensibilité. Je n'avais donc pas tout dit, en disant que les accents toniques formaient l'armature, les organes permanents et générateurs du vers français, et je peux ajouter maintenant qu'ils en traduisent aussi la vie frémissante et mystérieuse.

Maintenant enfin, sûr d'être compris, je puis poser et résoudre, une question que je tiens, — on en verra la raison — pour capitale : Le vers français, bien que non décomposable en longues et en brèves, peut-il, comme les vers métriques, se scander ?

Oui, car s'il n'est point formé de mesures fondées sur la durée sonore des syllabes, il se décompose néanmoins en pieds, fondés sur l'intensité diverse des syllabes toniques et des syllabes atones qu'une oreille juste assemble d'elle-même en groupes sympathiques, non moins distincts les uns des autres que ne le sont les pieds des vers mesurés.

Employons, — par convention et en sachant bien qu'ils ne signifient pas la même chose, — les signes des longues et des brèves pour marquer les toniques et les atones, et nous scanderons ainsi les deux vers, cités plus haut, de Phèdre :

>   Aria | ne, ma sœur, | de quel amour | blessée
>   ⏑ ⏑ — | ⏑ ⏑ — | ⏑ ⏑ ⏑ — | ⏑ —
>   Vous mourû | tes aux bords | où vous fû | tes lais | sée !
>   ⏑ ⏑ — | ⏑ ⏑ — | ⏑ ⏑ — | ⏑ ⏑ | —

La notion de durée leur étant étrangère, nos pieds peuvent contenir un nombre très variable de syllabes. Un vers de la même tragédie sera ainsi scandé :

>   Dieux ! | que ne suis-je assise | à l'om | bre des forêts !
>   — | ⏑ ⏑ ⏑ ⏑ ⏑ ⏑ — | ⏑ — | ⏑ ⏑ ⏑ —

Le premier pied est monosyllabique, le second a cinq syllabes, le troisième deux, le quatrième quatre. Et j'aime, en passant, à prendre texte de cet alexandrin pour montrer quel merveilleux et nécessaire exercice, — il n'a du reste aucune place en aucun programme scolaire, même au Conservatoire, — est la scansion du vers français, qui exige la plus subtile collaboration de l'intelligence et de la sensibilité avec l'oreille.

L'oreille, seule consultée, aurait pu décomposer ce vers en cinq pieds, au lieu de quatre, et scander, — le mot *suis*-(je) étant, par lui-même, capable de porter un accent tonique — :

Dieux ! | que ne suis-je | assise | à l'om | bre des forêts !
— | ◡ ◡ — | ◡ — | ◡ — | ◡ ◡ ◡ —

comme elle l'eût fait très légitimement si le texte avait été :

Dieux ! | que ne suis-je | Œnone | à l'om | bre des forêts !
— | ◡ ◡ — | ◡ — | ◡ — | ◡ ◡ ◡ —

Mais l'intelligence et la sensibilité sont intervenues pour ne point accentuer ce monosyllabe, pour le considérer comme un simple proclitique, pour glisser sur lui et retenir l'accent tonique jusqu'à la dernière syllabe forte du mot essentiel, assise, donnant ainsi, par ce prolongement, la sensation même du long soupir de Phèdre accablée.

Est-ce à dire que, dans les pieds les plus étendus, composés soit de mots très longs, soit d'une suite de monosyllabes proclitiques, l'oreille ne cherche point légitimement, avant d'arriver à l'unique syllabe accentuée, quelque point d'appui intermédiaire, cherchant ainsi à éviter la monotonie d'un trop grand nombre d'atones consécutives ? Si. Elle le trouvera, ce point d'appui, non dans *l'accentuation*, indue, de quelque autre *voyelle* que la terminale, mais dans un tout autre élément de variété, dans *l'articulation* particulièrement vigoureuse de la *consonne initiale*, soit du mot très long, soit de l'un des mots très courts qui forment les pieds de grande étendue, articulation qui, en détachant cette consonne de la syllabe précédente, rompra la monotone égalité de débit des syllabes non accentuées.

Voici, par exemple, un vers de Victor Hugo que ses accents toniques partagent en trois pieds : un de six, un de deux et un de quatre syllabes :

Epanouisse*ment* | de l'*hom* | me sous le *ciel* !

Débitez-les sans y introduire, dans le premier pied et dans le troisième, la forte articulation d'une consonne initiale, et vous entendrez cette misérable musique :

E-pa-nou-is-se-*ment*-de-l'*hom*-me-sous-le-ciel !

Mais articulez, au contraire, la première consonne d'*épanouissement* et la première de *sous*, — articulation que je figure ici par un doublement de ces consonnes, — et l'on entendra, mélodie délicieuse :

E-ppanouissement | de l'hom | me ssous le ciel !
ᴗ ᴗ ᴗ ᴗ ᴗ — | ᴗ — | ᴗ ᴗ ᴗ —

Vous sentez tout ce que l'articulation indiquée au premier pied donne de beauté musicale, — je dirais presque, par surcroît, expressive, — à ce grand mot d'épanouissement, et quelle douceur d'expiration laisse à la syllabe muette du mot *homme* son détachement d'avec la consonne articulée qui la suit !

Cette recherche de la consonne à articuler particulièrement devrait compléter cet exercice, la scansion, que je ne saurais trop recommander à quiconque veut former son oreille aux innombrables ressources, à l'incomparable beauté de la prosodie française, qu'il se destine à écrire des vers, ou a en dire, ou, simplement, a en jouir par une audition tout intérieure.

Si cet exercice était pratiqué par qui le doit, et où il devrait l'être, nous n'entendrions pas telle artiste depuis longtemps célèbre mais non encore arrivée à la connaissance de ce qu'est un vers français, commencer ainsi, sans douleur — pour elle —, le fameux sonnet d'Arvers :

> Mon âme a son *s'cret*, ma vie a son mystère :
> Un amour éternel en un moment conçu.
> Le mal est sans espoir, aussi j'ai dû *l'taire*,
> Et *cell'* qui l'a fait n'en a jamais rien su.

Horreur ! horreur ! horreur ! Trois vers faux sur quatre ! Si l'exquise comédienne eût été exercée à la scansion, elle n'ignorerait point cette règle élémentaire : que toutes les syllabes d'un vers, à moins d'élision, doivent être prononcées, les atones en glissant, les toniques en appuyant ; et, sans négliger non plus les nuances de l'articulation, elle nous ferait entendre :

> Mon âme | a son secret, | ma vie | a son mystère :
> ∪ — | ∪ ∪ ∪ — | ∪ — | ∪ ∪ ∪ —
> Un amour | éternel | en un moment | conçu.
> ∪ ∪ — | ∪ ∪ — | ∪ ∪ ∪ — | ∪ —
> Le mal | est sans espoir, | aussi | j'ai dû le taire,
> ∪ — | ∪ ∪ ∪ — | ∪ — | ∪ ∪ ∪ —
> Et cel | le qui l'a fait | n'en a jamais | rien su.
> ∪ — | ∪ ∪ ∪ — | ∪ ∪ ∪ — | ∪ —

Et le sonnet d'Arvers nous eût été, au lieu d'un supplice, un délice.

N'ai-je pas eu raison de m'arrêter longuement, sans plus attendre, sur l'accent tonique et tout ce qui en découle ? Au lieu d'entamer aujourd'hui l'étude des règles particulières, j'ai, je crois, fait mieux pour vous en rendre l'abord agréable et facile : je vous les ai toutes montrées d'en haut, d'où vous les aurez aperçues sortant d'une même origine et liées entre elles par le développement logique d'un seul principe.

La prochaine fois, nous étudierons le premier des trois éléments qui constituent l'organisme du vers : le nombre fixe de syllabes, que nous apprendrons à compter avec exactitude.

V
Compte des Syllabes

Le premier des trois éléments qui constituent notre vers, c'est, vous le savez, le nombre fixe de syllabes dans chaque espèce de vers. Nous avons, en français, douze espèces de vers, qui mesurent de une à douze syllabes. Notre premier devoir est donc d'apprendre à *scander* les vers, c'est-à-dire à compter exactement les syllabes des mots qui y figurent, ou qu'on y veut faire entrer.

Qu'y a-t-il là, pensez-vous peut-être, qui se doive apprendre, et quelle erreur pourrions-nous commettre dans ce compte ? Vous allez voir.

Prenons, par exemple, des vers de douze syllabes, — cette strophe de Victor Hugo dans les *Quatre Vents de l'Esprit* :

> Le monde passe, ingrat, vain, stupide et moqueur.
> Le blâme intérieur, Dieu juste, est le seul blâme.
> Les caresses que fait la conscience au cœur
> Font saigner notre chair et rayonner notre âme.

Je vous ai donné ces vers pour des vers de douze syllabes. Or, *épelez-les*, — je ne dis pas *scandez-les*, voulant justement vous montrer que ce n'est pas la même opération, — et vous n'en trouverez pas un seul qui se contente des douze syllabes : le troisième en a treize, le premier et le quatrième en ont quatorze, le second en a même quinze :

Le-blâ-me-in-té-ri-eur, Dieu-jus-te, -est-le-seul-blâme.

A moins que vous n'épeliez mal et que vous ne comptiez *in-té-rieur* pour trois syllabes seulement, par une erreur à laquelle vous êtes fort exposé si vous vous en rapportez à la prononciation inexacte du mot dans la conversation courante. Et alors, il resterait encore à ce vers quatorze syllabes écrites, au lieu de douze.

Comment ramènerons-nous donc chacun de ces quatre vers aux douze syllabes annoncées ? En les scandant, c'est-à-dire en comptant toutes les syllabes qui entrent dans la mesure des vers, mais en ne comptant que celles-là. Et, pour ce faire, il suffit de s'en rapporter à la règle, on ne peut plus simple, que voici : *Toute syllabe, muette ou sonore, compte dans la mesure du vers. Il n'y a d'exception que : 1° pour la syllabe muette à la fin d'un vers, et, 2° dans le corps du vers pour l'E muet devant un mot commençant par une voyelle ou une H muette, car l'E muet, en ce cas, est élidé.*

Reprenons donc notre vers, en laissant à *intérieur* sa valeur vraie de quatre syllabes, en ne comptant plus la syllabe muette de la fin ni les E muets élidés dans le corps du vers, et la *scansion* (action de scander) nous donnera exactement les douze syllabes de la mesure :

Le-blâ-(me)-in-té-ri-eur, -Dieu-jus(te), -est-le-seul-blâ(me).

Vous savez déjà, depuis notre dernier entretien, pourquoi la syllabe muette, placée à la fin du vers, ne compte pas dans la mesure : c'est que la fin du vers est naturellement marquée, pour l'oreille, par la dernière syllabe frappée de l'accent tonique, c'est-à-dire par l'avant dernière syllabe des mots dont la dernière est formée avec un *e* muet. Et nous reviendrons là-dessus au chapitre de la rime, lorsque nous parlerons des rimes dites féminines.

Je n'ai donc plus, pour aider à l'application de la règle ci-dessus, qu'à vous présenter quelques remarques sur l'*élision*, remarques auxquelles je rattacherai celle que je vous dois faire au sujet de l'*hiatus*, puis à vous guider relativement à l'exacte *distinction des syllabes*, dans les mots où leur compte, comme dans le mot « intérieur », du vers cité plus haut, pourrait faire l'objet d'un doute.

1. De l'élision

Si donc, dans le corps du vers, un mot se termine par un *e* muet, et que le mot suivant commence par une voyelle ou une *h* non aspirée, l'*e* muet s'élide, c'est-à-dire se confond dans la prononciation avec la première syllabe du mot qui suit, et, par conséquent, ne saurait compter dans la mesure :

> La foll(**e**) inquiétud(**e**), en ses plaisirs légère,
> Des lieux où l'on la port(**e**), hôtesse passagère...

Mais l'*e* muet est celui qui ne peut jamais être frappé de l'accent tonique, et tel n'est point le cas de l'*e* final dans le pronom *le*. Cette remarque est nécessaire, car, autrefois, par analogie sans doute avec l'*e* du mot *le*, ou élidait l'*e* de ce pronom, comme dans cet exemple de La Fontaine :

> Du titre de clément rendez-l(**e**) ambitieux.

Ce qui, sans doute, se prononçait alors :

Du titre de clément rendez l'ambitieux.

Et vous vous rappelez, dans la scène du sonnet du *Misanthrope*, de Molière, les aménités qu'échangent Alceste et Oronte :

ALCESTE
Autre part que chez moi cherchez qui vous encense.
ORONTE
Mais, mon petit monsieur, prenez-l(e) un peu moins haut.

Cette élision est devenue, à présent, si choquante, elle est si contraire à nos habitudes, que, plutôt que de la faire, au théâtre, les comédiens ne manquent jamais d'articuler ici un vers de treize syllabes, avec un déplaisant hiatus. Ils ont tort ; mieux vaudrait encore se conformer à la prononciation du temps de Molière, c'est-à-dire manger l'*e* muet. Mais ceux dont le tort est plus grand, ce sont les poètes qui, au dix-neuvième siècle, par un injustifiable archaïsme, alors que depuis deux cents ans, l'oreille se refusait à cette élision, l'ont encore employée. On la trouve dans Victor Hugo :

Chassons-l(e) ? Arrière tous, il faut que j'entretienne
Cet homme.

Il est vrai que c'est un vers de son *Cromwell*, œuvre de jeunesse, et qu'on ne retrouverait plus rien de pareil dans ses œuvres postérieures.

Coupe-l(e) en quatre, et mets les morceaux dans la nappe,

dit encore Alfred de Musset, dans *les Marrons du Feu*.

Et je relève jusque chez Emile Augier la même élision archaïque. Elle est tout à fait abandonnée maintenant, à juste titre.

Autre remarque. Si l'*e* muet devant un mot commençant par une *h* ne s'élide que quand cette h n'est point aspirée, il paraîtra naïf d'ajouter que, dans le cas où l'*h* est aspirée, l'*e* muet ne s'élidera point. Pourtant, je vais proposer une exception, ou plutôt, je crois avoir découvert qu'il est un cas, au moins, où, quoique les grammairiens ne nous en aient rien dit, une *h* ordinairement aspirée peut être considérée comme ne l'étant point : il s'agit de l'adjectif féminin *haute*. Qu'en principe, l'*h* de ce mot soit aspirée, cela ne fait aucun doute, comme dans cet exemple, pris dans *Tancrède*, de VOLTAIRE :

> Tout annonce, à mes yeux, votre haute naissance.

Nous ne prononcerions pas : *votr' haute naissance*, pas plus que nous ne lirions : *l'arm' haute*, pour *l'arme haute*. Mais supposons qu'au lieu d'arme il y ait épée, qui compte trois syllabes : *é-pé-e*. Le vers suivant serait-il faux ?

> Alors, trois cavaliers s'avancent, l'épée haute.

Oui, si l'on s'en rapporte à la règle. Mille fois non, si l'on s'en rapporte à l'oreille, qui se refuserait absolument à une aspiration après l'*e* muet d'*épée*, et qui se révolterait avec raison contre le vers, conforme à la règle de la non-élision devant l'*h* aspirée, que je rédigerais ainsi :

> Alors, trois cavaliers partent, l'é-pé-e-haute.

C'est pourquoi François Coppée, ne tenant pas compte de l'aspiration de l'*h*, a fort bien fait de ne pas hésiter à écrire, dans *l'Épave* :

> Nul ne reconnaîtrait cet Océan cruel
> Qui, l'an dernier, pendant la grande maré(**e**) haute,
> En un jour, a broyé vingt barques sur la côte.

Avec ces mots tels que *épée* et *marée*, dont les deux dernières syllabes sont formées par la même voyelle *e*, l'une accentuée, l'autre muette, on eût obtenu, si on eût fait sentir l'aspiration de l'*h*, cette succession cacophonique de sonorités : *é-e-ô*. L'oreille a donc invinciblement décidé que l'*h* de haute serait, par exception, muette, afin que l'élision se pût faire, et sa décision est bonne.

Il est bien entendu que, précédée de tous autres mots, l'*h* de haute reprendra son aspiration. Songez, dit un personnage de Corneille, dans *Nicomède*,

> Que Rome vous permet cette haute alliance.

Notons, en passant, cette autre singularité : l'*h* est aspirée dans *héros*, et l'élision, par conséquent, ne se produit point devant elle ; Victor Hugo :

> Byron se dressera, le poète héros,

tandis qu'elle est muette dans *héroïne, héroïque, héroïsme*, ce qui oblige à l'élision ; Racine, *Phèdre* :

> Élevé dans le sein d'une chast(e) héroïne.

L'*h* de *Henri* est-elle muette ou aspirée ? et, par conséquent, faut-il ou non élider l'*e* muet devant ce mot ? Les poètes ne sont point d'accord là-dessus.

Si nous nous en rapportions à la vieille chanson populaire, nous éliderions l'*e* :

> Viv(e) Henri quatre !
> Vive ce roi galant ! ...

Et La Fontaine aussi l'élide :

> Du magnanim(e) Henri qu'il contemple la vie.

Mais nos plus vieux poètes ne l'élident pas et préfèrent aspirer l'*h* ; François Villon :

>   Onze vingt coups lui en ordonne
>   Par les mains de maître Henri.

RONSARD :

>   Afin que le repos n'énerve le courage
>   De Henri notre prince, en jeux voluptueux.

JOACHIM DU BELLAY :

>   Chantant l'heur de Henri, qui son siècle décore.

Voltaire n'élide pas non plus l'*h*, dans sa *Henriade* ; du moins, dans tous les passages qui me sont tombés sous les yeux, il l'aspire, comme en ce vers :

>   Au seul nom de Henri les Français se rallient...

Les dix chants de ce déplorable poème ne suffiraient pas, il est vrai, à faire autorité aux yeux des poètes, s'il n'y avait, pour les incliner du côté de la non-élision de l'*e* muet, l'exemple de Victor Hugo, lequel, dans son ode sur le *Rétablissement de la statue de Henri IV*, s'est écrié :

>   Assis près de la Seine, en mes douleurs amères,
>   Je me disais : « La Seine arrose encore Ivry,
>   Et les flots sont passés où, du temps de nos pères,
>   Se peignaient les traits de Henri. »

Permettez-moi, entre parenthèse, de vous faire remarquer que, si l'autorité de Victor Hugo est immense en matière de métrique, elle l'est beaucoup moins en matière de géographie : la Seine n'a jamais arrosé Ivry-la-Bataille ; et quand notre poète, assis sur le parapet du pont Neuf, croyait voir passer des flots qui avaient traversé le pays où le Béarnais mirait dans l'eau son visage, il se trompait fort : les flots de la rivière d'Eure, modeste affluent de la Seine, ne se mêlent à ceux du fleuve que bien loin en aval de Paris. Mais le grand poète, aussi bien à quatre-vingts ans qu'à dix-sept, âge auquel il écrivait son ode, attachait peu d'importance à ces détails.

Je ferme la parenthèse et j'arrive à une remarque dernière.

Il est une très curieuse exception à la règle qui veut que l'*e* muet s'élide toujours devant une voyelle. Elle concerne deux mots ; l'affirmation *oui* et l'exclamation comique *ouais* ! A les entendre prononcer, il semble quelquefois, qu'une *h* aspirée y précède la voyelle initiale, et cette aspiration facultative permet que les poètes, devant cette voyelle, élident ou n'élident point l'*e* muet à leur choix.

Devant le mot *oui*, on a fait élision dans les vers suivants :

CORNEILLE, le Cid :

Connais-tu bien don Diègu(e) ? — Oui. — Parlons bas, écoute.

MOLIÈRE, Amphitryon :

Toi, Sosi (e) ? Oui, Sosi (e) ; et si quelqu'un s'y joue...

HUGO, l'Année terrible :

Tu viens d'incendier la Bibliothèqu(e) ? — Oui.

COPPÉE, le Luthier de Crémone :

Allons, Sandro, rends-moi ce servic(e) ! — Oui. — Merci.

Mais on n'a point élidé l'*e* dans les vers ci-après : MOLIÈRE, les Femmes savantes :

Quoi, de ma fille ? — Oui, Clitandre en est charmé.

HUGO, Ruy Blas :

Ciel qu'as-tu répondu ? — J'ai dit que oui, mon maître.

Il y a des cas où le poète ne saurait hésiter. Connaissez-vous ces jolis vers d'une petite comédie, trop peu connue, du poète des *Fables* : *Clymène*, où La Fontaine fait dialoguer Apollon et les neuf Muses ? Le dieu pose à Erato cette question : « Savoir si vous aimez ? » Et la Muse de lui répondre :

> Autrefois, j'étais fière
> Quand on disait que non : qu'on me vienne, aujourd'hui,
> Demander : « Aimez-vous ? » Je répondrai que oui.

La non-élision est charmante, et vous n'imaginez pas Erato laissant échapper, en allongeant le vers d'une syllabe, — pour permettre à l'*e* de s'élider, — ce son bizarre : « Et je répondrai *coui* ! »

Devant l'exclamation comique *ouais* ! nous pouvons également élider l'*e* ou ne pas l'élider, à notre guise. Molière fait tantôt l'un, tantôt l'autre. Il l'élide dans ce vers de *Sganarelle* :

> Madame, êtes-vous mort(**e**) ? Ouais ! elle ne dit mot.

Il ne l'élide point dans celui-ci, des *Femmes savantes* :

> Eh ! non, mon père. — Ouais ! qu'est-ce donc que ceci ?

Mais quand ces rencontres de voyelles : « Je répondrai *que oui* » ou « Eh ! non, mon *père. — Ouais !* » ne forment point une élision, elles forment un hiatus.

2. De l'hiatus

L'*hiatus*, d'un mot latin qui signifie *bâillement*, est le contraire de l'élision : ce n'est plus la rencontre de deux voyelles qui fusionnent, mais de deux voyelles qui se heurtent.

Il y a un hiatus quand un mot finissant par une voyelle autre que l'*e* muet se trouve placé devant un mot commençant lui-même par une voyelle, ou dont la première voyelle est précédée d'une h muette. Exemples : le *roi est* mort ; je *serai heureux*.

Permis en prose, mais évité autant que possible par les bons prosateurs toutes les fois qu'il est rude à l'oreille, l'hiatus est interdit en poésie, au moins suivant la métrique la plus usitée, celle qui s'est fixée au dix-septième siècle et que presque tous les poètes ont respectée depuis. Je la discuterai, car, sur quelques points, tout le monde reconnaît qu'elle est discutable; mais je vous l'exposerai d'abord dans sa rigueur entière.

Vous connaissez les deux vers de l'*Art Poétique* où Boileau formule cette interdiction de l'hiatus :

> Gardez qu'une voyelle, à courir trop hâtée,
> Ne soit d'une voyelle en son chemin heurtée.

J'ai tenu à les transcrire, parce qu'on ne leur a pas assez rendu justice. Cette image de la course n'est pas seulement ingénieuse, elle est précise, elle illustre, pour ainsi dire, avec la plus grande exactitude, la définition de ce phénomène vocal : l'hiatus. Pourquoi, en effet, la dernière voyelle non muette d'un mot doit-elle éviter de se trouver devant la voyelle initiale d'un autre mot ? C'est que la dernière voyelle non muette d'un mot est celle, comme vous le savez, que frappe l'accent tonique, lequel accent tonique consiste en un port de voix qui tend à lancer plus fortement cette voyelle, donc, à la faire *courir* au-devant du mot suivant. Si c'est une consonne qu'elle rencontre, elle ira sans aucun choc jusqu'au bout de son élan, comme une vague qui se déroule et s'étale sur une plage de sable; si c'est une voyelle, au contraire, son élan se *heurtera en chemin*, comme la vague qui va s'abattre contre un rocher à pic. Prononcez : *Phylidé s'étonne*, ou *Phylidé s'avance*; et vous sentez qu'il suffit de cette consonne *s*, interposée pour amortir tout choc entre la voyelle finale du nom et la première voyelle du mot suivant. Dites, maintenant : *PhylidÉ Avance* ou *PhylidÉ Étonnée*, et vous sentirez l'émission de la première voyelle comme arrêtée dans son élan, comme heurtée par l'émission trop immédiate de la seconde.

Le vers étant chargé de donner la plus grande jouissance musicale possible à l'oreille *avec le moindre effort*, il était donc tout naturel qu'en principe, l'hiatus fût interdit aux poètes, chaque fois, du moins, qu'il diminue réellement, par une exagération de l'effort, cette jouissance musicale. Mais cela a-t-il lieu toutes les fois qu'il y a deux voyelles en présence, l'une à la fin d'un mot, l'autre au commencement du mot suivant ? C'est ce que nous verrons. Quoi qu'il en soit, la prosodie classique semble le croire, puisqu'elle interdit toute rencontre de ce genre, sous les seules réserves suivantes.

Elle admet l'hiatus :

1° Dans le corps des mots, ainsi dans : *No-é, Dana-è, Simo-ïs, vi-olence, pi-eux, ou-ïr, cré-ation.*

Est-ce tout simplement parce qu'elle ne pouvait priver la poésie d'une foule innombrable de mots ? Non, c'est aussi parce qu'elle sentait que, dans ces mots, la rencontre des voyelles n'était pas seulement sans rudesse, mais pleine d'harmonie. A vrai dire, il n'y a même point là d'hiatus, puisqu'il n'y a point, entre les voyelles, ce choc désagréable en quoi il consiste, mais, au contraire, un glissement très musical de l'une vers l'autre.

Par malheur, la prosodie usuelle n'a pas cherché pourquoi cette succession de voyelles était harmonieuse ; elle ne s'est pas aperçue que, à la différence des rencontres de voyelles entre deux mots, il ne pouvait jamais se trouver ici de voyelle accentuée allant buter contre une voyelle suivante, vu que, dans le corps d'un mot, la première des deux est toujours atone et, par conséquent, non frappée de ce port de voix dont l'interruption produit le choc. Et vous savez bien qu'elle ne peut être qu'atone, puisque la dernière syllabe non muette d'un mot est seule capable de recevoir l'accent tonique. Ainsi, dans *No-é*, l'*o* est atone ; et, dans un mot plus long, *vi-*OLEN*ce*, ce sont même les deux voyelles *i* et *o* qui seront atones, l'accent tonique étant reporté plus loin, sur la syllabe *len*.

J'ai dit que c'était « par malheur » qu'on n'était point remonté au principe. En effet, si on l'eût découvert, on l'eût appliqué à tous les cas analogues, à tous ceux où, au lieu de rencontrer une voyelle tonique, suivie d'une autre voyelle (hiatus véritable, hiatus pour l'oreille), on n'eût rencontré que deux voyelles atones, ou une atone suivie d'une tonique (faux hiatus, hiatus pour l'œil seulement). Et ainsi, de même qu'on admet, en vers, *Ili-*A*de* (*i* atone, *a* tonique), ou *je tu-*AIS (*u* atone, *ais* tonique), on eût admis *il y* A et *tu* ES, où l'accent porte seulement sur la dernière voyelle, la première étant rendue atone par la prononciation.

2° La métrique traditionnelle permet l'hiatus entre deux vers, même quand le sens est continu :

RACINE, Alexandre :

> Ni serment ni devoir ne l'avait enga**gé**
> **A** courir dans l'abîme où Porus s'est plongé.

HUGO, les Contemplations :

> J'irai voir ces grands cieux dont l'hiver est ban**ni**,
> **Et** dont plus d'un essaim me parle à son passage.

GAUTIER, Émaux et Camées :

> La cicatrice qu'elle porte,
> C'est le coup de grâce donn**é**
> **A** la génération morte
> Par chaque siècle nouveau-né.

Pourquoi cette exception ? Ici encore, les poètes dont l'exemple a fait loi ont suivi leur juste instinct, mais sans chercher la raison de ce qu'ils faisaient, raison si simple et si évidente que, pour l'exprimer, il faut employer des termes que ne désavouerait point le célèbre M. de La Palice. Pour qu'il y ait un heurt entre deux voyelles, il faut qu'elles se touchent, et, pour qu'elles se touchent ; il faut qu'elles ne soient point séparées ! Or, d'un vers à l'autre, il y a toujours une séparation, une pause, si faible qu'on la veuille supposer, par laquelle, en même temps que par la rime, l'unité rythmique essentielle, le vers, est révélée, est affirmée à l'ouïe.

Mais, si l'on était remonté jusqu'à ce principe, il aurait fallu, en cette matière encore, l'appliquer à tous les cas analogues, à tous les cas, où, même dans l'intérieur du vers, l'arrêt de la voix entre deux voyelles consécutives est indiqué par le sens de la phrase ou la nécessité du rythme. Alors, l'hiatus — si tant est qu'on puisse lui garder ce nom en pareil cas — ne serait pas seulement acceptable, comme entre deux vers, mais recommandable. Et ainsi nous continuerions d'approuver sans réserve tel vers de Ronsard, celui-ci, par exemple, qui devait révolter Malherbe, que Victor Hugo n'aurait pas osé écrire, et qui doit pourtant toute force expressive aux hiatus qu'il renferme :

> D'o**ù** es-t**u, où** vas-tu, d'où viens-t**u à** cette heure ?

Il y en a trois. Le premier n'est qu'une application du principe que j'ai posé à propos des rencontres de voyelles à l'intérieur d'un mot : il n'y a point ici d'hiatus véritable, *où* étant une voyelle atone, comme elle le serait dans le verbe *louer*. Mais les deux autres hiatus, voyez leur excellence : ce sont ceux qui, avec les virgules, concourent à opérer nettement cette coupure du vers en quatre tronçons égaux de trois syllabes, coupure par laquelle l'interrogation est rendue si pressante, je dirais presque si dramatique :

> D'où es-tu, — où vas-tu, — d'où viens-tu — à cette heure ?

Car si, entre d'*où viens-tu* et *à cette heure*, il n'y a pas de virgule écrite, instinctivement, après avoir lu les trois premiers membres de phrase sur une inflexion pareille, vous baisserez la voix d'un ton pour prononcer les derniers mots, vous les détacherez, et l'hiatus, qui vous aura aidé à ce détachement, aura ainsi servi, à la fois, le mouvement de la pensée et la musique du rythme.

3° On admet l'hiatus dans les mots composés :

CORNEILLE, le Menteur :

> Dans tout le **Pré-aux**-Clercs tu verras même chose.

et dans un certain nombre de locutions toutes faites qui, sans être des mots composés, s'en rapprochent sensiblement :

RACINE, les Plaideurs :

> Tant y a qu'il n'est rien que votre chien ne prenne...
> Je suais sang **et eau** pour voir si du Japon,
> Il viendrait à bon port au fait de son chapon.

LA FONTAINE, Fables : II, 3 :

> Le juge prétendait qu'à tort **et à** travers
> On ne saurait manquer, condamnant un pervers.

Tout cela est très louable : c'est l'application inconsciente de ce que j'ai dit au sujet des hiatus à l'intérieur des mots.

4° L'hiatus est permis dans les interjections, répétées ou non, telles que, *Ah ! Euh ! Ho…*

MOLIÈRE, l'Étourdi :

Ah ! ah ! comme à ce mot s'augmente ma douleur !

RACINE, les Plaideurs :

Ho ! ho ! monsieur. — Tais-toi sur les yeux de ta tête !

MOLIÈRE, Dom Garcie de Navarre :

« Au prince Dom Garcie. » Ah ! — Achevez de lire.

Pourquoi ? Parce que, par cela seul que ces mots sont des interjections, elles sont fatalement détachées. — bien plus, saccadées, — et nous rentrons ainsi dans l'application du principe d'après lequel il ne peut y avoir hiatus quand il y a discontinuité dans la prononciation des voyelles consécutives.

5° Il est permis de placer, devant un mot commençant par une voyelle, un mot terminé par un *e* muet précédé lui-même d'une voyelle accentuée, bien que, l'*e* muet s'élidant, il reste deux voyelles fortes en présence. Ainsi, dans ce vers de Boileau :

La plaintive Elé**gi**(e) **en** longs habits de deuil,

ou dans ce vers de Racine :

Hector tomba sous lui, **Troi**(e) **ex**pira sous vous.

C'est que, loin que les deux voyelles fortes se heurtent, le passage de l'une à l'autre est ici très musicalement ménagé par l'*e* muet, lequel a prolongé *diminuendo* la voyelle accentuée qui le précède, et l'a comme fondue ainsi avec la voyelle initiale du mot qui suit. En effet, prononcez « Elégie en longs habits de deuil », puis cette autre phrase où je rapproche à dessein les mêmes voyelles, mais sans l'*e* muet intermédiaire : « J'ai rougi en la voyant... » et vous jugerez, tout de suite, que c'est seulement dans la seconde phrase qu'il y a, entre la syllabe *gi* et la syllabe *en*, cette cassure du son, ce heurt de voyelles qui constitue l'hiatus véritable.

6° On permet l'hiatus, formé par la rencontre d'une voyelle avec un mot commençant par une *h* aspirée.

CORNEILLE, le Cid :
> Il n'a pas voulu vivre et mériter **sa ha**ine.

On ne pouvait faire autrement, à moins que d'effacer de notre langue la notion même de l'*h* aspirée, opposée à l'*h* muette. Et c'est par extension qu'on permet, comme nous le savons déjà, l'hiatus devant le mot *oui* et le mot *ouais*. Il faut y joindre le mot *ouate* et le mot *onze*, où la voyelle initiale offre une réelle aspiration, facultative pour *ouate*, obligatoire pour *onze* :

SAINT-AMANT :
> Depuis sept heures jusqu'à onze
> Faire la cour au roi de bronze.

Telles sont les six atténuations apportées par la métrique traditionnelle à son interdiction de l'hiatus. En somme, en cette matière purement musicale, elle semble jusqu'ici, n'avoir consulté, avec grande raison, que le témoignage de l'oreille, tant pour interdire l'hiatus en règle générale, que pour l'autoriser par exception, avec trop de timidité toutefois.

C'est encore l'oreille qu'elle consulte en décrétant que la conjonction *et*, suivie d'une voyelle ou d'une *h* muette précédant une voyelle, formera hiatus, parce que le *t* ne se prononçant point, est comme s'il n'existait pas. On ne pourra donc pas dire : *et il vient, sage et heureux* ; mais on pourra, bien entendu, tout comme si la conjonction *et* se composait d'une simple voyelle, l'employer devant un mot commençant par une *h* aspirée :

Racine :
> Où courez-vous ainsi tout pâle et hors d'haleine ?

Mais voici où commencent les grandes contradictions de la prosodie classique.

Si l'oreille seule doit être consultée, pourquoi, dans tous les cas où la consonne intermédiaire ne se prononcera point — et non pas seulement lorsqu'il s'agit du *t* de la conjonction *et* — la règle classique n'interdit-elle pas l'hiatus ? Eh bien ! non, elle le permet, et c'est en faisant intervenir très irrationnellement, dans tous les autres cas, le témoignage de l'œil, qui n'a pourtant rien à y voir, puisqu'il ne s'agit ici que d'euphonie.

Et il va suffire d'un *z*, d'un *p*, d'un *r*, d'un *f*, d'un *d* ou d'un *t* interposés — qui ne se prononcent point, qui n'allongent point la voyelle précédente, qui ne se lient point à la suivante, qui n'ont aucune espèce d'action sonore, que l'œil perçoit seul — pour rendre légitimes les vers qui suivent, où, pourtant, l'hiatus est évident à l'oreille :

Racine :
> Le manteau sur le **nez ou** la main dans la poche.

La Fontaine :
> J'ai fait parler le **loup et** répondre l'agneau.

Boileau :
> Je reprends sur-le-champ le **papier et** la plume.

Molière :

    Enfermée à la **clef, ou** menée avec lui.

Hugo :

    Si quelque libre **écrit en**tre leurs mains s'égare.

La Fontaine :

    L'an suivant, elle mit son **nid en** plus haut lieu.

C'est tout à fait illogique. Parmi les hiatus que je viens de citer, il y en a d'agréables et il y en a de déplaisants ; mais la consonne muette interposée n'est pour rien dans cet agrément ou cette déplaisance.

Rien, d'ailleurs, ne montre mieux l'absurdité de l'intervention de l'œil en pareille matière que les moyens employés par les poètes pour éviter, soi-disant, certains hiatus. Tel mot se termine-t-il par une voyelle et veut-on quand même le placer devant une voyelle ? Qu'à cela ne tienne ! On y ajoutera une consonne étrangère à son orthographe ordinaire, et le tour sera joué :

    Le rocher vif et **nud** enclôt de toutes parts...

écrira Lamartine.

    C'est hideux, Satan **nud** et ses ailes roussies...

écrira Victor Hugo.

Pourquoi ce *d* ? C'est afin de pouvoir dire, comme je ne sais quel personnage de comédie : — Je tourne la loi, donc, je la respecte.

Et il y a pire. Je vous ai cité, au précédent chapitre, ce vers de La Fontaine sur l'inquiétude :

    Des lieux où l'on la porte, hôtesse passagère.

Il n'a pas osé dire : « Des lieux où on la porte... », ce qui eût été plus musical et plus naturel tout ensemble.

Et ailleurs :

> Une vache était là : l'on l'appelle, elle vient,

au lieu de : « Une vache était là, on l'appelle... » Et ce *la-lon-la* est tout simplement abominable.

Enfin, parce que l'œil n'y perçoit pas deux voyelles consécutives, mais distingue entre elles une consonne, la tradition permet de placer un mot commençant par une voyelle après ce qu'on a justement appelé une voyelle nasale : *an, in, on, un, oin, aim...* même quand cette rencontre est, de toutes les rencontres possibles, la plus odieuse à l'oreille :

RACINE :

> Pourquoi d'un **an en**tier l'avons-nous différée ?

BOILEAU :

> ... Les chanoines à table
> Immolent trente mets à leur **faim in**domptable.

On voit combien la prosodie traditionnelle est, touchant l'hiatus, pleine d'illogismes.

La prosodie traditionnelle, ai-je dit ? Certes, elle justifie, à présent, cette épithète, mais elle ne la méritait pas encore lorsque, tout d'un coup, vers le premier tiers du dix-septième siècle, les poètes se mirent à la suivre, comme d'un commun accord. Elle datait de la veille. Nos poètes médiévaux, qui, d'ailleurs, n'étaient guère artistes, ne l'avaient point connue. Lorsque l'art des vers commença vraiment de se fonder, à la veille de la Renaissance, l'oreille déjà affinée des poètes sentit qu'il ne fallait pas abuser des hiatus ; mais, sans les prodiguer, elle ne les proscrivit point :

> Dictes-**moi où**, n'en quel pays,
> Est Flora la belle Romaine ;
> Archipiada, ne Thaïs,
> Qui fut sa cousine Germaine ;
> Echo, parlant quand bruit on maine
> Dessus rivière ou sus estan,
> Qui beau**té eut** trop plus qu'humaine ?
> Mais où sont les neiges d'antan !
> (François Villon.)

Un peu plus tard, Marot s'en abstient plus que ne s'en est abstenu Villon, quoiqu'il ne s'en refuse point de délicieux :

> Un doux ne**nny a**vec un doux sourire.

Et il y en a beaucoup moins encore chez les poètes de la Pléiade. C'est dans un manifeste en prose de leur chef de chœur, de Ronsard, que nous voyons apparaître la première interdiction théorique de l'hiatus. Dans son *Abrégé de l'Art Poétique Français*, il écrit : « Tu éviteras, autant que la contrainte de ton vers le permettra, les rencontres de voyelles et diphtongues qui ne se mangent point ; car telles occurences de voyelles, sans être élidées, font les vers merveilleusement rudes à notre langue. Exemple : « *Votre beauté a envoyé amour.* » Ce vers icy te servira de patron pour te garder de tomber en telle aspérité, qui écrase plustôt l'aureille que ne luy donne plaisir. » Vous voyez que ce n'est pas la proscription absolue, et que, dans sa théorie tout comme dans sa pratique, le grand poète s'en remet au seul jugement de l'oreille.

Les poètes de l'âge suivant font de même ; et je soumettrai au jugement de votre oreille, à vous, huit vers des *Tragiques* d'Agrippa d'Aubigné (1616), dont les quatre premiers sont pleins d'hiatus, dont les quatre derniers n'en renferment aucun, et entre lesquels vous ne trouverez pourtant point, ce me semble, de disparate. C'est Dieu qui parle aux élus :

> Vous qui m'avez vêt**u au** temps de la froidure,
> Vous **qui a**vez pour moi souffert peine et injure,
> **Qui à** ma sèche soif **et à** mon âpre faim
> Donnâtes de bon cœur votre **eau et** votre pain ;
> Venez, race du Ciel, venez, élus du Père ;
> Vos péchés sont éteints, le juge est votre frère ;
> Venez donc, bienheureux, triompher pour jamais
> Au royaume éternel de l'éternelle paix.

L'interdiction de l'hiatus ne date que de Malherbe, lequel, après se l'être encore permis dans une œuvre de sa jeunesse, *les Larmes de Saint-Pierre* :

> Je demeure en danger que l'âme **qui est** née
> Pour ne mourir jamais, meure éternellement.

se refusera ensuite, là-dessus, toute licence, et, « tyran des mots et des syllabes », imposera sur ce point, comme sur plusieurs autres, sa discipline pédantesque à ses contemporains et à ses successeurs. Boileau achèvera de décréter la réforme et personne ne protestera, personne ne cherchera, de tout le siècle, à savoir s'il n'y a pas quelques exagérations et quelques contradictions dans le nouveau code.

Au siècle suivant, en plusieurs passages de sa *Correspondance*, Voltaire réclame contre la loi trop rigoureuse de l'hiatus, et Marmontel, dans sa *Poétique Française*, écrit, à ce sujet, des choses excellentes, qui touchent quelquefois au fond de la question. Mais, dans leurs vers, ils ne réagissent ni l'un ni l'autre contre la routine.

André Chénier, métricien si audacieux pourtant sous certains rapports, ici ne s'insurge pas non plus. Alfred de Musset, dans les gamineries les plus osées de sa jeunesse irrévérencieuse, n'a jamais hasardé que deux hiatus, l'un très célèbre dans *Namouna* et déclaré charmant, d'ailleurs, par toutes les prosodies, où l'on ne manque point de le citer, mais qui, pendant trois quarts de siècle, n'en a pas moins passé pour un trait d'audace extraordinaire :

> ... O folle que **tu es**,
> Comme je t'aimerais demain, si tu vivais!

L'autre, moins connu, dans *les Marrons du feu* :

> Non pas. — Non! Aujourd'**hui est** à nous, mais demain...

Enfin, le grand révolutionnaire, celui qui a renversé presque toutes les règles arbitraires de notre versification pour les remplacer par des règles vraiment fondées, Victor Hugo lui-même, s'est incliné superstitieusement devant la règle de Malherbe et de Boileau touchant l'hiatus. Ne le lui reprochons pas, il ne pouvait tout faire.

J'avais cru cependant le prendre en flagrant délit d'hiatus, dans ce vers de l'*Ane*, tel que l'impriment plusieurs éditions :

> Rapportant, **lui aussi**, ce qu'à l'ombre il a pris.

Je me disais : « Victor Hugo n'a pas écrit volontairement ce lui aussi; mais lui aurait-il échappé si son oreille en avait été offensée? Non, certes, car il n'y a pas, ici, rencontre d'une voyelle accentuée avec une autre voyelle; ces deux mots ne forment à la prononciation qu'un seul mot qui aurait trois syllabes, et les deux premières, par conséquent, sont atones, — exactement, comme dans le folle que tu es de Musset, où la dernière syllabe seule, — vers laquelle l'avant-dernière glisse doucement, loin de la heurter, — est frappée de l'accent tonique... » Hélas ! en me reportant à l'édition originale, la seule revue par le poète, j'ai lu le vrai texte :

> Rapportant aussi lui, ce qu'à l'ombre il a pris,

ce qui n'est plus ni naturel, ni harmonieux ! Mais le tort de la règle classique n'en est que mieux démontré, deux fois : par la déplorable version à laquelle s'était résigné le maître, et par l'involontaire et si heureuse rectification adoptée par les éditeurs subséquents.

Voilà donc cette règle battue en brèche de tous les côtés et bien convaincue d'absurdité en plusieurs de ses dispositions, puisque, fondée sur un juste désir de musique, elle va, dans maintes circonstances, contre son objet, tantôt en permettant des rencontres inharmonieuses de voyelles, tantôt en proscrivant d'autres rencontres qui seraient pleines d'harmonie.

Qu'est-ce qu'une règle ? La mise en formule et la promulgation d'une loi naturelle. Lorsque la formule traduit exactement la loi, la règle est bonne ; elle est mauvaise, comme ici, lorsqu'elle veut tirer de la loi des conséquences qu'elle ne comporte point, ou qu'elle néglige, au contraire, de lui faire sortir tous ses effets. Ainsi est-il arrivé pour l'hiatus.

Tout le long de cette étude, nous avons confronté la loi avec la règle et relevé leurs contradictions. Conformons la règle à la loi, et nous l'aurons rendue inattaquable.

Voici la formule vraie, que reconnaîtront telle tous les métriciens, et aussi, je pense, tous les poètes, même ceux qui, par habitude, respectent encore la règle de Malherbe :

L'hiatus est la rencontre, — quelque consonne que l'œil puisse apercevoir entre elles, — de deux voyelles dont l'une est à la fin d'un mot et l'autre au commencement du mot suivant. — Cette rencontre peut être agréable ou désagréable à l'oreille. Si elle lui est désagréable, elle est interdite; si elle lui est agréable, elle est permise.

Voilà tout. Et vous savez déjà que la rencontre est agréable ou indifférente, donc permise, toutes les fois qu'elle ne produit point un *choc*, et que ce choc ne se produit point en certains cas, notamment :

1° Quand la première des deux voyelles n'est pas une tonique. Ainsi rentrent aussitôt dans la langue des vers, par analogie avec ce qui se passe lorsque deux voyelles se rencontrent à l'intérieur d'un mot, toutes les expressions formées avec ces monosyllabes que les grammairiens appellent des proclitiques ou des enclitiques, c'est-à-dire avec ces mots qui, perdant leur accent propre, se lient au mot précédent ou suivant, et en font, pour la prononciation, réellement partie : *Tu as, tu es, lui aussi, lui et elle, il y a*, etc. Il est extraordinaire, presque incroyable, que ces expressions, et une foule d'autres qui sont, comme elles, parmi les plus courantes et les plus nécessaires du langage, aient pu, pendant trois siècles, se trouver exclues de la poésie, sans aucune espèce de raison valable.

2° Quand les deux voyelles sont, à la lecture, séparées par une pause quelconque, pause que nécessite le sens de la phrase ou le rythme du vers : ainsi, non plus seulement entre deux vers, mais aux césures, qu'elles soient ou non marquées aux yeux par un signe de ponctuation.

J'ajoute que, même dans les deux cas précédents, il faudra encore consulter l'oreille, car elle ne tolérerait point la rencontre de deux voyelles identiques, nasales ou ordinaires, quand même la première ne serait pas accentuée et quand même une pause la séparerait de la suivante. Par exemple, bien que la première voyelle soit atone, il faudrait condamner : « Il vit *à* A*l*ençon », ou « t*u u*ses », tout comme la « f*aim in*domptable » que Boileau se croyait permise.

Dans la douzième satire du même Boileau, il y a ce vers :
Chez les mortels res*tants, en*cor tout éperdus,
et son ami Brossette rapporte que l'auteur, en le lisant, marquait un long repos à la césure. Eh bien ! malgré la place de l'hiatus à l'hémistiche, malgré la virgule, malgré le repos, même exagéré, du lecteur entre les deux nasales, cet alexandrin reste cacophonique, avec cet hémistiche qui finit dans le nez et cet autre qui commence, à son tour, dans le nez, par un grognement tout pareil.

Écoutez l'oreille, l'oreille seule ! Voilà, en matière d'hiatus, toute la loi et les prophètes.

En réduisant la règle à ces trois mots, ébranlons-nous une des assises de notre versification ? Non pas, nous l'affermissons, en fondant la règle, tout entière et non plus seulement en partie, sur le roc de la loi naturelle.

Donnons-nous plus de facilités aux rimeurs ? Dieu nous en garde ! Nous leur en retirons, au contraire, en leur ôtant la permission paradoxale de se servir de leur œil pour savoir s'il y a ou non un hiatus. Mais, aux vrais poètes, ce sont des ressources nouvelles que nous rendons, en faisant appel à toutes les délicatesses de leur oreille, à elles seules.

Enfin, sous l'empire de la règle vraie, les vers contiendront-ils plus d'hiatus qu'autrefois ? Je ne le crois point, car, si elle en autorise qui étaient interdits depuis Malherbe, elle en interdit au moins autant, qui étaient autorisés. De plus, les poètes se garderont bien d'abuser des hiatus, même de ceux qui, en eux-mêmes, sont de nouveau tenus pour légitimes. Pourquoi ? Par la raison qu'il y a déjà, dans l'intérieur des mots, beaucoup de voyelles consécutives, et que si l'on venait encore à rapprocher trop souvent des voyelles entre un mot et un autre, on enlèverait aux vers cette variété des sons qui est leur grande vertu musicale, variété qui est produite surtout par l'intervention des consonnes, les combinaisons sonores des cinq voyelles entre elles étant en très petit nombre, tandis que les combinaisons de ces voyelles avec les vingt consonnes de l'alphabet sont en nombre immense, en nombre infini.

Et ainsi, l'oreille, dont la seule jouissance aura déterminé les hiatus permis, sera la première à en limiter l'emploi, dans l'intérêt supérieur de cette même jouissance.

L'oreille, toujours l'oreille, et rien qu'elle.

3. Distinction des syllabes : Diérèse et synérèse

Vous savez que la syllabe formée par l'*e* muet final d'un mot peut, en deux cas, n'entrer point dans la mesure du vers : lorsqu'elle se trouve à la fin du vers ou que, dans l'intérieur de ce vers, elle s'élide. Comme à cette seule exception près toute syllabe doit être comptée, il nous reste à savoir distinguer très exactement les syllabes de chaque mot, à ne point nous tromper sur leur nombre véritable.

Qu'est-ce qu'une syllabe ? — Le son produit par une seule émission de voix.

Il ne saurait y avoir plus d'une émission de voix, donc, plus d'une syllabe, chaque fois qu'une voyelle se présente seule ou accompagnée uniquement de consonnes : *plus* a une syllabe, *jar-din* en a deux, *o-pé-ra* en a trois. Point de doute possible. Mais il y a, dans notre langue, un assez grand nombre de mots où se rencontrent deux, trois ou même quatre voyelles de suite. Or, dans ces mots-là, tantôt les voyelles se détachent pour former des syllabes distinctes ; exemples : *ac*TI-ON, j'*ou*BLI-AIS, mots qui ont trois syllabes, et non deux ; tantôt elles se prononcent en une seule émission de voix et forment, par conséquent, une seule syllabe, appelée *diphtongue* ; exemples : *en*-NUI, BIEN, AU-*mône*.

Dans le premier cas, — dissociation des voyelles, — les grammairiens disent qu'il y a *diérèse* ; et, dans le second, — réunion des voyelles en une diphtongue, — qu'il y a *synérèse*.

Quand y a-t-il diérèse ? Quand y a-t-il synérèse ? La plupart du temps, on ne saurait hésiter, et il ne viendrait à personne l'idée de compter *Dieu* pour deux syllabes, ou *ennui* pour trois, quoique, dans l'émission de voix unique, l'oreille perçoive successivement, mais dans une succession très rapide, les voyelles formant la diphtongue de ces mots. Pas d'hésitation non plus pour ce que j'appellerai les fausses diphtongues, celles où les voyelles consécutives donnent un son évidemment unique, comme l'*a* et l'*u* qui forment la première syllabe de AU*mône* et dont le son équivaut à celui d'un *o* long.

Mais il y a des groupes de voyelles dont la numération syllabique peut donner lieu à quelque incertitude, et je ne m'occuperai que de ceux-là, en étudiant successivement les groupes de voyelles terminés par e muet, et ceux où il n'entre point d'e muet.

Groupes de voyelles terminés par un E muet.

Quand ces réunions de voyelles se trouvent à *l'intérieur d'un mot*, l'e muet n'y forme point syllabe, mais il se confond avec la voyelle ou le groupe de voyelles qui le précède pour former diphtongue. Du reste, comment le compterait-on, quand, ainsi placé, il ne donne aucun son distinct qui soit perceptible à l'oreille ?

CORNEILLE, Héraclius :
> Rends-moi mon fils, ingrat ! — Il m'en désa**voue**rait.

C'est le même son simple, que si l'on orthographiait *désavoûrait*, orthographe que, d'ailleurs, l'Académie autorise, comme elle permet, par exemple, d'écrire *dévoûment* au lieu de *dévouement*, la présence de l'e muet n'ayant jamais eu d'autre effet que d'allonger l'u qui précède. Même quand l'orthographe de ces sortes de mots n'a pas été facultativement modifiée, il faut faire abstraction de cet e muet intérieur ; ainsi, dans *soierie, féerie, tuerie, je prierai, tu envieras, il saluerait*.

Une seule exception, lorsque, dans ces réunions de voyelles à l'intérieur d'un mot, l'e muet est précédé d'un *y*. Alors, il y a dédoublement, diérèse. C'est ce qui arrive dans l'orthographe, à peu près tombée en désuétude, des mots tels que *payement*, ils *payeront*, je *payerais*, qu'il faudra compter de trois syllabes :

AGRIPPA D'AUBIGNÉ, les Tragiques :
> Ha ! que de sang se perd pour piteux **pay-e-ment**
> De ce que vous péchez !

Molière, l'Étourdi :

> Et l'on m'a mis en main une bague à la mode,
> Qu'après vous **pay-e-rez**, si cela l'accommode.

Tandis que l'on comptera pour deux syllabes ces mêmes mots orthographiés avec un *i* au lieu d'un *y* :

Hugo, Hernani :

> Voilà donc le **paie-ment** de l'hospitalité !

Racine, Britannicus :

> Et ce sont ces plaisirs et ces pleurs que j'envie,
> Que tout autre que lui me **paie-rait** de sa vie.

Voyons, maintenant, ce qui se passe lorsque le groupe de voyelles terminé par un *e* muet se trouve à la fin d'un mot, autrement dit lorsque l'*e* muet vient après une syllabe frappée de l'accent tonique. Alors, l'*e* muet ne peut plus former diphtongue avec la voyelle ou les voyelles qui précèdent : il forme, à lui seul, une syllabe. Mais cette syllabe a ceci de particulier qu'elle ne peut pas non plus compter dans le nombre des syllabes d'un vers, parce que la prononciation qui appuierait sur elle, qui la ferait sonner, serait contraire à toutes les habitudes de l'oreille française.

Supposez, que changeant deux mots à un vers de La Fontaine, j'écrive :

> Sitôt qu'à **porté-e** je vis les contestants.

Je devrais prononcer, pour que le vers eût ses douze syllabes :

> Sitôt qu'à **porté-eu** je vis les contestants,

et vous ne pourriez le souffrir.

Que va donc devenir cet *e*, qui ne peut ni compter dans la mesure, ni se confondre avec la voyelle précédente ? Il doit : *ou bien se trouver devant un mot commençant par une voyelle, et alors s'élider,* — et La Fontaine écrira :

> Aussitôt qu'à porté(**e**) il vit les contestants;

ou bien se trouver à la fin d'un vers :

> Jamais auprès des fous ne te mets à **portée**,

dira le même poète. Vous savez que la dernière syllabe qui compte dans un vers est la dernière syllabe *accentuée*, l'avant-dernière d'un mot qui finit par une syllabe muette; l'*e* muet, ici, ne nous embarrassera donc plus, car il ne jouera plus que son rôle délicat et voilé, qui consiste à prolonger discrètement et *diminuendo* le son de la voyelle accentuée qui le précède.

Ne devant point se trouver dans l'intérieur du vers, devant un mot commençant par une consonne, mais pouvant se trouver à la fin du vers, l'*e* muet ne sera donc jamais exposé à être *trop* ou *trop peu* prononcé, et ainsi nous devrons reconnaître que la règle qui a prévalu sur cette matière est une des plus exquisement musicales de notre prosodie.

Nous n'y sommes point arrivés du premier coup. Faute d'avoir trouvé cette solution, nos premiers poètes-artistes, au quinzième et au seizième siècle, ont tâtonné quelque temps. Charles d'Orléans, Villon, Marot, dont l'oreille était trop subtile déjà pour supprimer l'*e* muet de ces sortes de mots dans le compte des syllabes, préféraient le compter et le faire, par conséquent, sonner comme une syllabe à son plein :

> CHARLES D'ORLÉANS, Rondels :
>> Rivière, fontaine et ruisseau,
>> Portent, en **livré-e** jolie,
>> Gouttes d'argent, d'orfèvrerie...

Marot, Épîtres :

> Je porterai toujours **livré-e** blanche.

Ronsard hésite entre deux systèmes : ou bien il fait comme eux, et il écrit :

> En mai de **rosé-e** tout plein...

Ou alors, sentant bien que c'est beaucoup plus appuyer qu'on ne le peut légitimement sur une voyelle muette, et ne voulant pas non plus qu'une syllabe ne soit point prononcée, du moment qu'elle est écrite, il s'avise de supprimer l'*e* muet et de le remplacer par une apostrophe :

> Je te suppli', maîtresse, désormais...

Mais ce complet arrêt du son n'étant pas non plus conforme aux exigences de l'oreille, Ronsard, la plupart du temps, évite d'instinct la fâcheuse alternative d'avoir à faire sonner trop ou trop peu ces *e* muets et il prévient la règle moderne, d'une si heureuse conciliation, soit en les élidant dans le corps des vers, soit en les plaçant à la fin :

> Les autres boutons vermeillets,
> La **giroflé(e)** et les œillets,
> Et le bel émail qui **varie**
> L'honneur gemmé d'une **prairie**...
> (Les Odes, liv. V.)

Désormais, cette pratique aura force de loi. Molière lui-même, le plus libre des versificateurs, parmi les poètes du dix-septième siècle, n'y déroge que trois ou quatre fois, et ce n'est guère que dans ses premières pièces : par cette synérèse, unique dans son œuvre :

> A la **queue** de nos chiens, moi seul avec Drécar;
> (Les Fâcheux.)

et par ces *diérèses* :

> Anselme, mon mignon, **cri-e**-t-elle à toute heure.
> (L'Étourdi.)

> La **parti-e** brutale alors veut prendre empire
> Dessus la sensitive.
> (Le Dépit amoureux.)

simples négligences, dans lesquelles il ne retombe point. Ce serait pure barbarie que d'y retomber comme le font, depuis quelques années, un certain nombre de poètes, presque tous d'origine étrangère, et, par conséquent, fort excusables, sinon de vouloir en remontrer à tous les grands artistes en vers de notre race, du moins de ne posséder point toutes les délicatesses de l'oreille française.

Certaines synérèses sont exceptionnellement permises : celles des mots composés tels que *prie-Dieu*, à *tue-tête*. Sont-ce bien même des exceptions ? Non, car si *prie* et *tue* ne comptent ici que pour une syllabe, c'est que ces groupes de voyelles sont, en réalité, à l'intérieur et non à la fin d'un mot et que, par conséquent, les voyelles qui précèdent l'*e* muet ne sont pas frappées de l'accent tonique, lequel porte seulement sur *Dieu* et sur *tête*. Voyez comme nous revenons toujours, et comme sans le savoir, à cette question de l'accent tonique, qui domine et gouverne toute notre prosodie !

C'est en y revenant encore que je voudrais voir permettre, par assimilation au cas précédent, la synérèse dans le mot *rue*, non pas devant un mot quelconque commençant par une consonne, mais devant le nom de la rue, si c'est par une consonne qu'il commence.

Alors, en effet, quoique le trait d'union typographique manque, il y a, entre les deux mots, une telle union psychique et sonore qu'ils n'en font qu'un. Aussi bien que *prie* dans *prie-Dieu*, *rue*, dans *rue Vivienne*, par exemple, perd son accent tonique. Prononcez ces deux mots et vous entendrez l'unique accent se porter sur la syllabe *vien*(ne), tandis que vous n'aurez nullement accentué le mot *rue*. Cette assimilation aux noms composés me semblerait donc très légitime. Si elle était admise, un Alfred de Musset ne serait plus forcé d'écrire :

> Un dimanche (observez qu'un dimanche la **rue Vivienne** est tout à fait vide, et que la cohue
> Est aux Panoramas, ou bien au boulevard...)
> (Premières Poésies.)

Et, au lieu de :

> Tout barbouillé du sang du ruisseau Tiquetonne,
> (Les Châtiments.)

Victor Hugo écrirait, tout simplement, « de la rue Tiquetonne », évitant ainsi de faire la peu élégante répétition du mot *du*, et de donner ce nom de Tiquetonne à un ruisseau inconnu des géographes.

En accordant la possibilité de cette synérèse et de quelques autres peut-être, qui ne me viennent point à l'esprit, mais qui seraient fondées sur le même principe, on n'aurait pas ébranlé la règle, mais on l'aurait conformée encore davantage à la loi naturelle du langage dont elle est issue, et ce sont les seules réformes de ce genre qu'on puisse, à mon sens, apporter à la prosodie traditionnelle, qu'elles affermissent, loin qu'elles l'ébranlent.

Jusqu'à présent, nous n'avons rencontré que les groupes de voyelles placés à la fin d'un mot dont l'*e* muet formait, à lui tout seul, la dernière syllabe. Mais cet *e* peut être suivi d'une ou de deux consonnes, dans les pluriels tels que : *aimé-es, théori-es, envoi-ent, ils irai-ent.*

Que se passera-t-il, alors ?

En principe, l'élision de l'*e* muet étant rendue impossible par l'interposition des consonnes, ces mots ne peuvent être employés dans l'intérieur d'un vers ; *ils ne peuvent trouver place qu'à la rime.* Ce principe ne souffre pas d'exceptions pour les pluriels des substantifs, des adjectifs et des participes :

> Si, parfois, de mon sein s'envolent mes **pensées**,
> Mes chansons par le monde en lambeaux **dispersées**...
> (HUGO, les Feuilles d'Automne.)

Vous comprenez, en effet, qu'on ne pourrait pas non plus, devant une consonne, introduire ces mots par une synérèse, en comptant le mot pensées pour deux syllabes, ou par une diérèse, en le comptant pour trois ; car si j'écrivais, par exemple :

> Si, parfois, de mon sein mes pen-**sées** se déroulent,

la syllabe muette ne serait plus prononcée du tout. Et si je disais :

> Si, parfois, de mon sein, mes pensé-**es** s'envolent,

alors elle le serait beaucoup trop. Les raisons subsistent donc ici tout entières, qui avaient fait interdire l'emploi de ces mêmes mots au singulier, lorsque l'*e* muet ne pouvait s'élider.

Quant aux temps et personnes des verbes, où l'*e* muet précédé de voyelles se trouve suivi d'une ou de deux consonnes, il semblerait bien que l'on n'en dût également permettre l'emploi qu'à la fin du vers, et ainsi fit-on, à de rares exceptions près, chez les poètes du dix-septième siècle et jusque chez les romantiques :

> Mais bientôt, malgré nous, leurs princes les **rallient**.
> Leur courage renaît, et leurs terreurs s'**oublient**.
> (Corneille, le Cid.)

> Il doit voir peu de temps tout ce que ses yeux **voient**.
> (Hugo, les Contemplations.)

Mais cette relégation forcée, à la fin des vers, de quelques-unes des formes les plus indispensables et les plus courantes du verbe, c'est-à-dire de ce qui est comme le nerf et l'armature de la langue, avait quelque chose de si incommode que nos classiques mêmes laissèrent quelquefois fléchir la règle ; et l'on en devait arriver, de concession en concession, à considérer l'*e* muet comme intérieur à un mot et formant, par conséquent, diphtongue avec les voyelles de son groupe :

Racine, Esther :

> Qu'ils **soient** comme la poudre et la paille légère
> Que le vent chasse devant lui !

Molière, Psyché :

> Ils ne vous ôtent rien, en m'ôtant à vos yeux,
> Dont ils n'**aient** pris le soin de réparer la perte.

Chénier, Idylles :

> Et nymphes et sylvains **sortaient** pour l'admirer,
> Et l'**écoutaient** en foule et n'**osaient** respirer.

Hugo, les Feuilles d'Automne :

> Avant que tu n'**aies** mis la main à la massue.

LECONTE DE LISLE, Poèmes barbares :
>C'est ainsi qu'ils **rentraient**, l'ours velu des cavernes
>A l'épaule, ou le cerf, ou le lion sanglant.
>Et les femmes **marchaient**, géantes, d'un pas lent,
>Sous les vases d'airain, qu'emplit l'eau des citernes,
>Graves, et les bras nus, et les mains sur le flanc.

SULLY PRUDHOMME, les Épreuves :
>Les mondes **fuient** pareils à des graines vannées.

La conquête est donc définitive, et, somme toute, heureuse. Ne nous amènera-t-elle point à permettre aussi la synérèse, et, par conséquent, l'emploi, à l'intérieur des vers, des substantifs et adjectifs où l'*e* muet du groupe final de voyelles est suivi d'un *s*, marque du pluriel ? — Qu'elle nous y amène dans tous les cas, je ne le crois point ; ce serait, je le répète, une barbarie, car elle nous conduirait fatalement à permettre la synérèse dans ces mêmes mots au singulier, et bientôt, peut-être, à supprimer de la musique de notre vers une foule de ces demi-tons, pleins d'exquises ressources, que donne la prononciation, légère mais sensible à l'oreille, des syllabes muettes, pour qui sait lire, non avec la vulgarité de la conversation courante, mais en laissant aux mots toute leur noblesse et leur ampleur originelles, vertus que la poésie a charge de défendre comme éléments de rythme et de beauté.

Est-ce à dire qu'il ne faudra point user d'une certaine tolérance ? Je ne vais pas jusque-là. Par exemple, si la synérèse de *tu joues*, parce qu'il s'agit d'un verbe, me permet d'écrire le vers suivant :
>Tu **joues** sur les galets, devant le flot qui chante,

je ne pourrai guère blâmer Alfred de Musset d'avoir écrit, employant un substantif de même orthographe et de prononciation identique :

> Rafaël! Rafaël! le jour que de mon front
> Mes cheveux sur mes pieds un à un tomberont,
> Que mes **joues** et mes mains bleuiront comme celles
> D'un noyé...
> (Poésies nouvelles.)

Encore n'aurait-il certainement pas écrit, mettant le mot à l'hémistiche :

> Que mes mains et mes **joues** bleuiront comme celles...

parce que si, à la grande rigueur, on peut excuser le tassement des voyelles de joues à l'intérieur d'un hémistiche, on ne saurait plus l'autoriser à une place où la césure donnerait à la syllabe muette le temps de se faire entendre, et, par suite, d'allonger indûment le vers.

Maintenons donc le principe, avec quelque libéralisme dans l'application, pour les substantifs et les adjectifs, dont l'emploi conforme à la règle ne saurait presque jamais être une gêne véritable ; et ne le laissons fléchir que pour les verbes, où, trop souvent, la règle eût été un sérieux obstacle à l'expression de la pensée. Ainsi, nous aurons, dans l'un et l'autre cas, fait prévaloir la solution qui offrait le moins d'inconvénients, le plus d'avantages.

Groupes de voyelles où n'entre pas l'E muet.

Dans quels cas ces groupes de voyelles forment-ils une seule syllabe, une diphtongue, par synérèse ? Et dans quels cas forment-ils deux syllabes, par diérèse ? C'est ce qu'aucune règle générale ne peut déterminer. Nous ne pouvons, là-dessus, que nous en rapporter à l'usage, Mais, une dernière fois, entendons-nous bien : il ne s'agit pas de l'usage courant qui tend de plus en plus à déformer la prononciation des mots en les abrégeant, par une sorte de veulerie, de paresse de l'organe, ou, si vous aimez mieux, par le besoin tout utilitaire de s'exprimer vite ; il s'agit de l'usage tel qu'il est relevé dans les œuvres des grands poètes, lesquels, par la délicatesse de leur oreille et par leur unique souci de l'expression idéale, sont et continueront d'être les juges suprêmes et les conservateurs naturels de la beauté sonore du langage.

Passer ici la revue, par ordre alphabétique, de toutes les réunions de voyelles, afin d'examiner leur quantité syllabique véritable, ce serait vous traîner, pendant vingt ou trente pages, dans une énumération dont l'ennui passerait de si loin l'utilité, que vous ne me suivriez probablement pas jusqu'au bout. La plupart du temps, votre instinct, surtout s'il est affiné par la lecture habituelle des poètes, vous avertira du nombre exact des syllabes d'un mot. Hésitez-vous ? Consultez, sur le mot douteux, un bon dictionnaire, où les mots sont décomposés en syllabes au moyen de tirets, et, particulièrement, le grand dictionnaire de Littré, où vous aurez soin de rechercher les exemples en vers, qui s'y mêlent presque toujours aux exemples en prose.

De cette façon, il ne me restera plus à vous parler ici que des mots dont la quantité syllabique pourrait donner lieu à une sérieuse incertitude, soit parce qu'elle a récemment varié ; soit parce que l'usage permet, à volonté, de réunir le groupe de voyelles en une diphtongue ou de le séparer en deux syllabes ; soit parce que, dans certaines réunions de voyelles déterminées, la diérèse ou la synérèse forme une rare exception à un usage presque général ; soit, enfin, parce que j'aurai, à propos de certains mots, à vous montrer quelles raisons euphoniques ou même psychologiques peuvent faire pencher la balance d'un côté plutôt que de l'autre. Et même en restreignant ainsi mon sujet, je n'aurai pas la prétention de tout dire.

Suivons l'ordre de l'alphabet.

Sur les mots où entrent des groupes de voyelles commençant par un A ou par un E, je ne vois pas beaucoup de remarques à faire. Il n'est pas nécessaire que je vous dise, par exemple, que AEN est diphtongue dans *Caen*, ville de France, et dissyllabe dans *Ja-ën*, ville d'Espagne; que AO est diphtongue dans *Saône* et dissyllabe dans *caca-o*; que EAU est dissyllabe dans *flé-au* et diphtongue dans *berceau*. C'est à quoi, pourtant, les auteurs de prosodies perdent beaucoup de temps et de papier. Je vous mettrai seulement en garde contre une mauvaise épellation, à laquelle vous expose une prononciation défectueuse, mais assez répandue, celle du mot *août*, lequel est d'une seule syllabe, encore que beaucoup de personnes le prononcent à tort *a-oût*. Croyons-en l'unanimité des poètes, et d'abord la Cigale de La Fontaine parlant à la Fourmi :

> Je vous paîrai, lui dit-elle,
> Avant l'août, foi d'animal
> Intérêt et principal.

Mais le verbe *a-oûter* compterait pour trois syllabes, comme il se prononce, de même que le substantif *pa-onneau* (jeune paon), bien que, dans le mot *paon*, la réunion des voyelles forme diphtongue.

Les groupes de voyelles commençant par un *I* donnent lieu à beaucoup plus de remarques intéressantes.

IA forme généralement deux syllabes : *pri-a, irrémé-di-able, di-amant*; mais il y a des exceptions, et la synérèse a lieu dans *diable* :

> Vous avez fait ce coup sans vous donner au diable :
> (Molière, l'Étourdi.)

Dans *fiacre* :

> Philis, qu'est devenu ce temps
> Où, dans un fiacre promenée...
> (Voltaire, Épîtres.)

Dans *pléiade* :

> Nuages, firmaments, plé-iades protectrices...
> (Victor Hugo, les Quatre Vents de l'Esprit.)

Dans *diacre* :

> Étant aux champs avec le diacre Pollion...
> (Victor Hugo, la Légende des Siècles.)

Dans *naïade !*

> Je sais, quand le midi leur fait désirer l'ombre,
> Entrer à pas muets sous le roc frais et sombre,
> D'où, parmi le cresson et l'humide gravier,
> La na-ïade se fraie un oblique sentier.
> (André Chénier, Idylles.)

Dans *piaffer* :

> Se rengorger, piaf-fer ; caracoler.
> (J.-B. Rousseau.)

Bien que La Fontaine ait dit, dans un de ses contes, mais contrairement à l'usage général :

> Or bien je sais celui de qui procède
> Cette pi-affe : apportez-y remède.

Le mot *enthousiasme* était de quatre syllabes au temps de Ronsard :

> D'un nouvel enthou-siasme afin de mieux chanter...

Il est, aujourd'hui, de cinq, et la diérèse qui l'allonge lui donne une plus parfaite convenance avec la beauté du sentiment qu'il exprime :

> Le pur enthousi-asme est craint des faibles âmes.
> (Alfred DE VIGNY, les Destinées.)

C'est à tort que Lamartine, lui seul, compte *fiancé* pour deux syllabes, notamment dans la délicieuse chanson trop peu connue, qui se trouve au milieu de l'essai en prose intitulé *Des Destinées de la Poésie*, en tête des *Premières Méditations* :

> Quand, plus tard, mon fian-cé venait de me quitter
> Après des soirs d'amour au pied du sycomore...

Ce mot, comme tous ceux de même étymologie (*fi-er, confi-ance*, etc.) exige la diérèse :

> Je suis bien pâle, dis, pour une fi-ancée ?
> (Victor HUGO, Hernani.)

Si Alfred de Musset fait dire à l'abbé Desiderio, dans *les Marrons du Feu* :

> Piano, signor basson, amoroso ! La Dame
> Est une oreille fine !

en comptant *pia* pour une syllabe seulement, c'est que son personnage donne ici une indication musicale en italien, et que telle est, en cette langue, la quantité syllabique ; mais dans le mot français *piano*, instrument, la diérèse est obligatoire :

> Et d'autres pi-anos l'emplissent de quadrilles.
> (François COPPÉE, le Reliquaire.)

C'est à tort, cette fois, que le même Alfred de Musset, un grand poète chez qui les négligences prosodiques étaient une affectation, une gaminerie, compte *immémorial* pour quatre syllabes seulement et impérial pour trois :

> Et sous le dais sanglant de l'impé-rial pavois...

Immémorial en a cinq, et *impérial* en a quatre, chez tous les autres poètes, et l'ampleur du mot en égale ainsi le sens :

> Ne me rappelle pas, futur César romain,
> Que je t'ai là, chétif et petit dans ma main,
> Et que, si je serrais cette main trop loyale,
> J'écraserais dans l'œuf ton aigle impéri-ale !
>   (Victor HUGO, Hernani.)

Enfin, il y a un mot douteux, ou, plutôt, « commun », c'est-à-dire où la quantité syllabique est au gré du poète : le mot *liard*. Les poètes de la Renaissance le comptaient pour deux syllabes :

> N'ait à piller la valeur d'un liard...
>   (MAROT.)

Plus tard, et à présent encore, il est, en général, compté pour une seule :

> Parmi les tas de blé vivre de seigle et d'orge ;
> De peur de perdre un liard souffrir qu'on vous égorge.
>   (BOILEAU, Satires.)

> Qu'un ramoneur y vende
> Mon buste pour six liards.
>   (BÉRANGER, Chansons.)

Mais il y a, en revanche, l'exemple contraire dans Victor Hugo, qui revient à l'ancienne séparation des voyelles dans ces vers bien connus d'*Aymerillot* :

> Deux li-ards couvriraient fort bien toutes mes terres,
> Mais tout le grand ciel bleu n'emplirait pas mon cœur !
>   (La Légende des Siècles.)

Et il me semble que Victor Hugo a raison, dans cette circonstance, d'opter pour la diérèse, car le petit Aymerillot doit *étaler*, un peu par ironie, sa maigre fortune, tandis que Théodore de Banville a bien raison de vouloir réduire le *liard* à sa plus simple expression, à une syllabe unique, dans l'exemple que je veux, à présent, vous soumettre.

C'est en ses *Occidentales*, où il chante en vers funambulesques la *Pauvreté de Rothschild*, et l'oppose à sa richesse à lui, poète qui n'a pourtant ni sou ni maille :

> Je puis faire des vers pour nos derniers neveux,
> Et, sans qu'il y paraisse,
> Baiser, pendant trois jours de suite, si je veux,
> Le front de la paresse !
>
> Mais lui, Rothschild, hélas ! n'entendant aucun son,
> Ne faisant pas de cendre,
> Il travaille toujours et ne voit rien que son
> Bureau de palissandre...
>
> Tandis que, pour chanter les Chloris, je choisis
> Ma cithare ou mon fifre,
> Lui, forçat du travail, privé de tous lazzis,
> Il met chiffre sur chiffre.
>
> Il fait le compte, ô ciel ! de ses deux milli-ards,
> Cette somme en démence,
> Et, si le malheureux se trompe de deux liards,
> Il faut qu'il recommence !

Voyez comme, à l'étalage emphatique de deux milliards, prolongé par la diérèse, s'opposent comiquement, les deux pauvres liards, tout ratatinés par la synérèse au bout du vers ! Supposez que Banville ait écrit, coupant le mot en deux :

> Et quand, à son total, il manque deux li-ards,

voilà l'opposition fâcheusement atténuée, voilà le parfait accord du mouvement et du mot avec la pensée partiellement détruit, voilà enfin, tout l'esprit lyrique évaporé !

Si j'ai beaucoup insisté sur ce mot, c'est pour vous bien montrer qu'ici comme dans tous les cas où l'on est libre de réunir ou non les voyelles consécutives en une seule syllabe, le parti à prendre peut n'être pas indifférent.

Si nous passons aux groupes de voyelles IE, nous voyons que le mot *hier* est dans le même cas : monosyllabique ou dissyllabique à volonté. Et cette liberté de scansion est plus précieuse encore que dans le mot liard. Écoutez Victor Hugo chanter, comme avec un lent archet sur un violoncelle :

> Hi-er, le vent du soir dont le souffle caresse,
> Nous apportait l'odeur des fleurs qui s'ouvrent tard,
> La nuit tombait ; l'oiseau dormait dans l'ombre épaisse ;
> Le printemps embaumait moins que votre jeunesse ;
> Les astres rayonnaient moins que votre regard.
>   (Les Contemplations).

Ne sentez-vous pas que cet *hi-er*, scandé en deux syllabes glissantes et placé au début de l'adorable strophe, commande tout le mouvement de ce qui suit, et que tout le charme du premier vers s'évanouirait si Victor Hugo avait mis, nous obligeant d'abord à une brève et dure poussée de la voix :

> Hier, la brise du soir dont le souffle caresse ?

Mais, en revanche, veut-il nous brusquer, nous communiquer un mouvement dramatique, il dira en une seule syllabe, dans Ruy Blas :

> La nuit on assassine et chacun crie : « A l'aide ! »
> Hier on m'a volé, moi, sur le pont de Tolède !

Quand il lui aurait été aussi facile de dire :

> Hi-er, on m'a volé, sur le pont de Tolède !...

Mais alors, où serait la saccade, nécessaire ici, du sentiment et de la parole ?

Certains mots de cette famille, au dix-septième siècle encore, admettaient la synérèse, qui ne l'admettent plus, depuis. Ainsi *ouvrier, meurtrier, sanglier* :

> Cependant, le san-glier s'était fait un passage.
> (LA FONTAINE, Adonis.)

La difficulté de prononciation était grande : Corneille demanda et obtint la disjonction des voyelles dans ces sortes de mots ; et quand Rotrou disait encore :

> De quel œil puis-je voir le meur-trier de mon père ?
> (Hercule mourant.)

Corneille n'hésitait déjà pas à écrire :

> Mais chercher ton asile en la maison du mort !
> Jamais un meurtri-er en fit-il son refuge ?
> (Le Cid.)

L'Académie l'en blâma, mais l'usage en prévalut justement. Et je ne me serais pas arrêté sur ces mots si, dans le Midi, la prononciation usuelle ne tendait encore à la synérèse... Je sais au moins un des sociétaires de la Comédie-Française qui ne s'est point débarrassé de ce défaut.

Même variation pour les formes de verbes en *iez*, tels que *voudriez, rendriez, montriez*, où l'on faisait encore, au dix-septième siècle, la synérèse :

> Vous me voudriez encor payer pour précepteur...
> (MOLIÈRE, l'Étourdi.)

Dans tous ces mots — ceux seulement, notons-le bien, où les deux voyelles consécutives sont précédées de deux consonnes différentes, — on compte maintenant, avec diérèse, *voudri-ez, rendri-ez, montri-ez...*

Quand les deux voyelles sont précédées d'une seule consonne comme dans *mouriez*, ou de deux consonnes pareilles, comme dans *verriez*, la synérèse est de règle, aujourd'hui comme autrefois, et l'on compte : *mou-riez, ver-riez*, etc.

La quantité syllabique de *lierre* a aussi varié. Au seizième siècle, on disjoignait les voyelles :

> Le chef environné de verdoyant li-erre.
> (DU BELLAY.)

Depuis, elles forment diphtongue :

> On a le lierre au front et la coupe à la main.
> (HUGO, les Châtiments.)

IEN, monosyllabe, dans *bien, mien, tien, sien, rien, combien, chien, chrétien*, etc., constitue deux syllabes dans *aéri-en, li-en, bohémi-en, indi-en, musici-en*.

CORNEILLE, Cinna :

> Ma cour fut ta prison, mes faveurs tes li-ens.

HUGO, les Voix Intérieures :

> Ce livre des oiseaux et des bohémi-ens.

Coppée, le Passant :
> Je suis musici-en et j'ai nom Zanetto.

Toutefois la quantité est commune dans comédien ou comédienne, magicien, ou magicienne :
> Bref, je rime et polis des poèmes tragiques
> Pour les gens que voici, qui sont comédi-ens.
> (Théodore de Banville, Florise.)

Et Alfred de Musset, au contraire, dans les Stances à la Malibran, scande ainsi :
> Tu ne savais donc pas, comédienne imprudente...
> (Poésies nouvelles.)

Sully Prudhomme dit :
> Et tout le ciel devine, en tressaillant soudain,
> Qu'une magici-enne aux yeux puissants l'enchante.
> (Stances et Poèmes.)

Mais Edmond Rostand fait la synérèse :
> ... Si par un stratagème
> De sorcier, si par un anneau de magicien...
> (La Princesse lointaine.)

La quantité syllabique est douteuse aussi dans le mot *ancien* et ses dérivés, ou plutôt, si, autrefois, on faisait la diérèse :
> Nous devons l'apologue à l'anci-enne Grèce.
> (La Fontaine, Fables.)

> ... Ah ! sollicitude à mon oreille est rude :
> Il pue étrangement son anci-enneté.
> (Molière, les Femmes savantes.)

A présent, ces voyelles forment généralement diphtongue et je ne retrouve guère l'ancienne diérèse que chez Paul Bourget :

> Et le Regret me dit tout bas :
> Les félicités anci-ennes,
> O cœur malade, sont des peines
> Dont jamais tu ne guériras. »
> (Les Aveux.)

Encore, le même poète se range-t-il, le plus souvent, à la scansion moderne, qui est préférable :

> Comme aux matins enfuis de l'ancienne saison.

IEUX, monosyllabe dans le pluriel des noms en *ieu* (*cieux, dieux, adieux*) ainsi que dans *mieux* et *vieux*, est dissyllabe dans les adjectifs tels que *glori-eux, graci-eux*... Vous savez par cœur la strophe du Lac, de Lamartine :

> Un soir, t'en souvient-il ? nous voguions en silence ;
> On n'entendait au loin, sur l'onde et sous les cieux,
> Que le bruit des rameurs qui frappaient en cadence
> Tes flots harmonieux.

IO, monosyllabe dans *pioche* :

> Leur pioche déterrait un peu d'or ou des armes.
> (François COPPÉE.)

est dissyllabe dans les autres cas :

> Lui seul à mon devoir fait cette vi-olence.
> (CORNEILLE, Nicomède.)

> Je prends mon vi-olon, joyeux, et j'improvise !
> (COPPÉE, le Luthier de Crémone.)

La strophe suivante vous montrera la scansion des mots de cette famille et de quelques autres où se groupent des voyelles :

> Ni sanglants autels, ni rites barbares.
> Les cheveux nou-és d'un li-en de fleurs,
> Une I-oni-enne aux belles couleurs
> Danse sur la mousse, au son des kithares.
> (LECONTE DE LISLE, Poèmes antiques.)

J'arrive aux mots les plus embarrassants de la langue poétique, aux mots en ION. Les désinences de verbes en ions sont tantôt monosyllabiques, lorsque les voyelles sont précédées d'une seule consonne ou de deux consonnes pareilles, comme dans *écou-tions* ou *pour-rions* :

> Nous écoutions chanter les astres et la mer.
> (Jean LAHOR, l'Illusion.)

à l'exception de *ri-ons* et de *souri-ons*, où l'on fait la diérèse :

> Ri-ons, chantons, dit cette troupe impie !
> (RACINE, Esther.)

On fait, au contraire, la diérèse, en règle générale, quand les voyelles sont précédées de deux consonnes différentes, comme dans *pri-ons, entri-ons, cri-ons...*

> Pri-ons : voici la nuit, la nuit grave et sereine !
> (HUGO, les Feuilles d'Automne.)

Mais il y a exception pour les conditionnels, où la terminaison est monosyllabique toujours : *prie-rions, ver-rions, au-rions*.

> Nous aurions fait tous deux l'école buissonnière.
> (H. MOREAU, le Myosotis.)

Toujours, en revanche, on fait la diérèse, pour les formes en *ions* des verbes dont l'infinitif est en *ier* : *mendi-ons*, ou *mendie-rions, édifi-ons* ou *édifie-rions, associ-ons* ou *associe-rions...*

> Ne nous associ-ons qu'avecques nos égaux.
> (LA FONTAINE, Fables.)

Mais quel embarras, la plupart du temps, que d'employer avec grâce, en vers, les mots de cette désinence en *ion* dans lesquels l'usage poétique exige la diérèse ! Rien de gênant lorsque ces mots sont courts, comme *li-on* et *passi-on* :

> Le li-on du Midi voit venir l'ours polaire.
> (HUGO, l'Année terrible.)

> Toutes les passi-ons s'éloignent avec l'âge,
> L'une emportant son masque et l'autre son couteau,
> Comme un essaim chantant d'histri-ons en voyage
> Dont le groupe décroît derrière le coteau.
> (HUGO, les Rayons et les Ombres.)

(Et vous vous rappelez que le verbe nous *passions* se scanderait, au contraire, avec synérèse : *pas-sions*.)

Mais le malheur est que la plupart des substantifs en *ion* sont parmi les mots les plus longs de la langue, que la diérèse les allonge encore, et que, de la sorte, ils deviennent interminables. Joignez à cela que, dans ces mots très longs, la prononciation courante (jugez-en par ce mot lui-même) supprime toujours la diérèse, tandis que la versification s'obstine à la maintenir, et elle n'a pas tort, en principe. Écoutez Malherbe :

> Donc, un nouveau labeur à tes armes s'apprête.
> Prends ta foudre, Louis, et va, comme un li-on,
> Donner le dernier coup à la dernière tête
> De la rébelli-on !

C'est tout simplement, grâce au dernier mot étalé par la diérèse, un des plus pompeux commencements d'ode que je connaisse.

Écoutez Victor Hugo, dans le poème intitulé *Abîme*, de la seconde *Légende des Siècles*, où il fait parler ainsi la Voie lactée :

> Milli-ons, milli-ons et milli-ons d'étoiles !
> Je suis, dans l'ombre affreuse et sous les sacrés voiles,
> La splendide forêt des constellati-ons...

C'est avec ces mots en *ion*, que la diérèse prolonge, qu'il nous donne cette impression d'infini. Le premier vers, en particulier, — fait presque uniquement d'un de ces mots répété trois fois, — se développe avec une lenteur et une majesté superbes. Essayez maintenant d'employer ce même mot en faisant la synérèse :

> Mil-lions, mil-lions, mil-lions, mil-lions encor d'étoiles !

et le verbe sautera, galopera, gambadera, gai, rapide — et grotesque.

Grotesque est aussi l'emploi des interminables mots en *ion* à diérèse obligatoire, dans tel vers de l'école dite du bon sens, où des écrivains de beaucoup d'esprit et même des auteurs dramatiques illustres, mais dénués parfois du sens poétique à un degré inimaginable, faisaient ainsi parler les personnages de leurs comédies :

> Il fonde, une pieuse as-so-ci-a-ti-on,
> Pour l'établissement de l'In-qui-si-ti-on !...
> (François PONSARD, l'Honneur et l'Argent.)

> Mes petits procédés, qui n'ont rien de romain.
> Ont aidé ton pauvre oncle à faire son chemin :
> Serait-il devenu, d'humble surnuméraire,
> Chef de di-vi-si-on au bout de sa carrière,
> S'il n'eût toujours mené, grâce à ma ges-ti-on,
> Un train d'homme au-dessus de sa po-si-ti-on ?
> (Emile AUGIER, la Jeunesse.)

D'après ce que j'ai dit tout à l'heure, vous apercevez déjà l'une, au moins, des raisons qui font ces vers détestables : c'est que les auteurs ont mis ces mots en *ion*, non dans un poème lyrique, où la diction large est de rigueur, et où la personne du récitant n'apparaît point aux yeux, mais en des pièces de théâtre où parlent et agissent des personnages faits comme vous et moi, vêtus comme vous et moi, et à qui s'impose, par conséquent, la diction courante et familière, sous peine de paraître aussi ridicules que s'ils prononçaient de tels mots à la façon lyrique dans le commerce ordinaire de la vie.

Je ne voudrais pas étendre indéfiniment cette étude en passant en revue tous les groupes de voyelles : je vous ai dit, au commencement de cette causerie, par quels moyens vous compléteriez les indications que je vous donne. Je ne ferai donc plus que quelques remarques, sur des mots qui me paraissent intéressants.

Poète et *poème* étaient, jusqu'au dix-septième siècle, indifféremment de deux ou de trois syllabes :

La Fontaine, Fables :

> Même précaution nuisit au poète Eschyle.

Corneille, l'Illusion comique :

> Ainsi tous les acteurs d'une troupe comique,
> Leur poème récité, partagent leur pratique.

Scarron, Testament :

> Je donne, au po-ète crotté,
> Deux cents livres de vanité.

Boileau, l'Art poétique :

> Un sonnet sans défaut vaut seul un long po-ème.

Depuis, l'usage s'est fixé sur la diérèse :

Musset, Poésies nouvelles :
>Po-ète, prends ton luth et me donne un baiser !

Hugo, les Contemplations :
>Le poème éternel ! La Bible ? Non, la terre.

Sauf dans l'exclamation *Ouais,* qui est monosyllabe, les mots en OUA, OUER, OUIR, sont dissyllabes : *dénou-a, avou-er, éblou-ir.* Mais *fouet* a une syllabe ou deux à volonté :

André Chénier, Iambes :
>Nouer le triple fouet, le fouet de la vengeance...

Hugo, les Burgraves :
>Les captifs sous le fouet travaillent dès l'aurore.

Musset, Poésies nouvelles :
>Marqué du fou-et des Furies.

Tandis que les autres mots en *ouet* et *ouette* exigent la diérèse :

Lamartine, Premières Méditations :
>Comme un jou-et vivant ta droite m'a saisi.

Hugo, les Contemplations :
>Il est dans l'atrium, le beau rou-et d'ivoire.

Desportes :
>Jamais légère girou-ette
>Au vent sitôt ne se gira.

Molière a bien dit, dans *le Dépit amoureux* :
>La tête d'une femme est comme une gi-rouette ;

mais cette scansion n'a pas prévalu, et à présent, dans ces sortes de mots, la diérèse est obligatoire.

La quantité syllabique d'écuelle est commune.

Tantôt la synérèse :

> Au fond d'un antre sauvage,
> Un satyre et ses enfants
> Allaient manger leur potage
> Et prendre l'é-cuelle aux dents.
> (LA FONTAINE, Fables.)

Tantôt la diérèse :

> Les cruches, les hanaps, les brocs, les écu-elles.
> (LECONTE DE LISLE, Poèmes barbares.)

Pour le mot *duel*, on a aussi le choix. Victor Hugo a fait tantôt un monosyllabe :

> Nous, des duels avec vous ! Arrière ! Assassinez !
> (Hernani.)

tantôt un dissyllabe :

> ... Donc, un treize, une Andalouse
> De Pantin, telles sont les rencontres qu'on a.
> Amable, d'un regard charmant, m'assassina.
> Du-el, du-o. Sous l'œil paternel des édiles
> Il naît, sur le Pont-Neuf, beaucoup de ces idylles.
> (Toute la Lyre, dernière série.)

J'ai cité ce passage, parce qu'il rapproche curieusement *du-el* et *du-o*, comme pour montrer qu'il y a quelque illogisme à ne point toujours compter *duel* pour deux syllabes, quand on compte toujours *duo* pour deux. Et le sens même du mot n'y invite-t-il pas impérieusement ?

Bru-it verbe, est de deux syllabes ; *bruit*, substantif, d'une seule :

> L'herbe tremble et bru-it comme une multitude.
> (HUGO, les Contemplations.)
>
> Un bruit assez étrange est venu jusqu'à moi…
> (RACINE, Iphigénie.)

Je m'arrête, ne pouvant épuiser la matière.

VI

DE LA RIME

Le premier élément constitutif du vers est le nombre fixe des syllabes dans chaque espèce de vers, et vous avez appris à compter exactement le nombre de ces syllabes.

Le second, c'est le retour régulier d'un même son à la fin de vers différents, c'est la *rime*, dont la fonction est de marquer avec force, pour l'oreille, l'achèvement de la période rythmique constituée par le vers ; et nous allons l'étudier à son tour.

Notre vers aurait-il pu se passer de ce second élément ? Vous répondrez vous-même à la question quand vous aurez lu quelques vers sans rimes, quelques-uns de ces « vers blancs » qui sont usités en d'autres langues où, je le dis tout de suite, on possède, pour établir l'unité rythmique, des ressources qui manquent à la langue française.

Voici comment Voltaire traduit, en « vers blancs » français, des vers blancs anglais du *Jules César*, de Shakespeare :

> Pourquoi vous réjouir ? Quelles sont vos conquêtes ?
> Quels rois par lui vaincus, enchaînés à son char,
> Apportent des tributs aux souverains du monde ?
> Cœurs durs, sans souvenir et sans amour de Rome,

> Oubliez-vous Pompée et toutes ses vertus ?
> Que de fois dans ces lieux, dans les places publiques,
> Sur les tours, sur les toits et sur les cheminées,
> Tenant des jours entiers vos enfants dans vos bras,
> Attendiez-vous le temps où le char de Pompée
> Traînait cent rois vaincus au pied du Capitole ! …

Vous ne liriez pas, sans souffrance, vingt vers de cette espèce, et, au théâtre, vous n'en écouteriez pas une scène sans être tentés de quitter la place. Quelle monotonie ! quel ennui ! Nous avons bien ici, par le nombre fixe des syllabes, l'élément d'unité, de sécurité, mais non celui de variété et de surprise, qui doit s'y joindre pour nous donner l'ivresse poétique. Je sais bien que ces alexandrins sans rimes sont d'autant plus monotones que Voltaire les a tous coupés par une forte césure à la sixième syllabe ; mais il ne pouvait faire autrement, et aucun autre poète ne le pourrait, si les vers blancs étaient admis chez nous, car, sans ce point de repère intérieur, l'existence même du vers — ici très désagréablement marquée, mais marquée, du moins — échapperait complètement à notre oreille. Cela est si vrai que, lorsque les romantiques ont fait entrer, dans la prosodie courante, l'usage des alexandrins coupés autrement que de six en six syllabes et pratiqué l'enjambement d'un vers sur l'autre, ils ont, d'instinct, rimé avec une plénitude de son inconnue des poètes classiques, afin de rétablir, d'affirmer *autrement* pour l'oreille, l'unité rythmique, laquelle aurait été, sans cela, rendue difficilement perceptible par la mobilité des césures.

Donc, chez nous, le vers blanc était impossible. Aussi, dès les premiers balbutiements de notre poésie, voyons-nous apparaître, à la fin des vers, la répétition d'un élément sonore. Ce n'est que théoriquement qu'on peut imaginer un vers primitif dont la fin n'aurait été marquée que par une syllabe frappée d'un accent tonique obligatoire : les plus anciens textes nous montrent cette tonique finale déjà assonancée, sinon rimée.

Vous vous rappelez ce qu'est l'assonance : un rappel de son qui se réduit à la similitude de la dernière *voyelle* accentuée du vers, et non de la dernière syllabe tout entière. Cette homophonie nous semble, à présent, bien insuffisante, et c'est à peine si nous la saisirons entre des mots tels que p**e**rte, ê**te**s, t**e**rre, b**e**lle, etc. Mais quand elle était employée, non pas à la fin de deux vers, comme nous employons nos rimes, mais à la fin des trente ou quarante vers d'un couplet, d'une « laisse », — ainsi, dans la *Chanson de Roland*, — on comprend que l'oreille, obsédée à la longue par cette voyelle dominante, se soit faite à y sentir la finale du vers et à en tirer cette jouissance musicale que donne la rime, mais à un degré moindre toutefois, d'où la préférence bientôt accordée à la rime véritable, c'est-à-dire à l'homophonie de toute la syllabe.

Aussi, pour retrouver la simple assonance dans la poésie moderne, faut-il la chercher, ou bien chez les poètes qui l'ont pratiquée à titre exceptionnel et par simple dilettantisme, tel M. Henri de Régnier :

> Les cloches de ce soir ont des rumeurs de **bronze**,
> Comme si se heurtaient entre eux des fruits d'airain,
> Et, mûres maintenant pour la nuit et pour l'**ombre**,
> Elles sonnent au fond d'un ciel d'où filtre et **tombe**
> La cendre qui succède au crépuscule éteint.
> (La Cité des Eaux.)

Ou bien chez ceux qui l'ont rencontrée par pure négligence et pensant écrire des rimes, ainsi Lamartine qui, dans la Chute d'un Ange, croit faire rimer algues avec vagues, et hymnes avec sublimes :

> Comme au bleu d'une mer sans écume et sans algue
> Le vert des bois se fond en trempant dans la vague...
>
> Qu'ils prennent à l'envi, pour composer leurs hymnes,
> Tout ce que la nature a de notes sublimes !

Quant à quelques récents poètes, revenus volontairement et par principe à l'assonance, ils ont à peu près la même grâce qu'une vieille coquette, qui, pour se rajeunir, minauderait avec la voix et les manières d'une petite fille ; et ils sont aussi ridicules, pour une cause inverse, — venant un peu tard au lieu de venir un peu tôt, — que ce fameux héros d'un roman dont l'action se passait au treizième siècle, et qui s'écriait avec tant de chaleur : « Nous autres, hommes du moyen âge ! »

Il est vrai que, la plupart du temps, lesdits poètes n'y ont pas mis tant de malice et que, s'ils se sont contentés d'assonancer leurs vers, c'est par simple infirmité de leur oreille et pure ignorance des merveilleuses ressources que donne la plénitude de la rime, non seulement à la beauté musicale du vers, mais à l'expression de la pensée elle-même, comme j'espère bien vous le prouver avant que nous quittions cette matière.

Croyez-en déjà Sainte-Beuve, et répétez-vous ces strophes de l'odelette exquise où il a invoqué la rime sur un rythme cher à Ronsard et à Joachim Du Bellay :

> Rime, qui donnes leurs sons
> Aux chansons,
> Rime, l'unique harmonie

Du vers, qui, sans tes accents
   Frémissants,
Serait muet au génie ;

Rime, écho qui prends la voix
   Du hautbois
Ou l'éclat de la trompette,
Dernier adieu d'un ami
   Qu'à demi
L'autre ami de loin répète ;

Rime, tranchant aviron,
   Éperon,
Qui fends la vague écumante ;
Frein d'or, aiguillon d'acier
   Du coursier
A la crinière fumante ;

Col étroit par où saillit.
   Et jaillit
La source au ciel élancée,
Qui, brisant l'éclat vermeil
   Du soleil,
Tombe en gerbe nuancée ;

Clé qui, loin de l'œil mortel
   Sur l'autel
Ouvres l'arche du miracle,
Ou tiens le vase embaumé
   Renfermé
Dans le cèdre au tabernacle ;

Ou, plutôt, fée au léger
   Voltiger,
Habile, agile courrière,

Qui mènes le char des vers
Dans les airs,
Sur deux sillons de lumière…
(Les Poésies de Joseph Delorme.)

Pas une de ces images qui ne soit — vous vous en rendrez compte au fur et à mesure que nous avancerons dans notre étude — une définition précise, une analyse subtile et profonde de quelque vertu musicale ou morale de la rime. Et le poète a voulu, par une sorte de gageure, que tant de choses fussent dites en un vers si court qu'il est presque réduit aux seuls mots qui forment la rime elle-même, dont le pouvoir est ainsi justifié de la façon la plus ingénieuse et la plus forte. La rime, à la fois élément d'unité et de variété, de sécurité et de surprise ; la rime, principe de liberté et de contrainte tout ensemble, l'une servant l'autre ; la rime, enfin, cause miraculeuse de cette sorte de révélation subite, d'illumination intérieure qui est le dernier terme, le plus haut sommet de l'émotion poétique, — tout cela est dans ces strophes, et déjà vous pouvez l'y trouver en les relisant. Je voudrais vous les commenter une à une, afin de vous avancer, par des chemins fleuris, dans la connaissance de cette matière ; mais il me faut, pour plus de méthode, reprendre la route commune, car je dois vous enseigner d'abord ce que sont les rimes masculines et les rimes féminines, les rimes suffisantes et les rimes riches, puis quelles règles président au mélange des rimes ; et, cela connu, nous pourrons nous élever à des considérations plus générales où nous retrouverons la rime comme auxiliatrice du génie et génératrice des chefs-d'œuvre de la poésie française.

1. Rimes Masculines et Rimes Féminimes

Ouvrons, au hasard, un livre de vers et lisons :

> L'évangéliste Jean, le peintre Raphaël,
> Ces deux beaux envoyés de l'amour éternel,
> Ont un frère en Jésus, digne que Jésus l'aime,
> Bien qu'il soit né païen et soit mort sans baptême ;
> Virgile est celui-là : tant l'aimable douceur
> Au vrai Dieu nous élève et fait toute âme sœur.
> Donc, comme une couronne autour de l'Évangile,
> Inscrivez ces trois noms : Jean, Raphaël, Virgile,
> Le disciple fervent, le peintre au pur contour,
> Le poète inspiré qui devina l'amour.
> (Auguste BRIZEUX, la Fleur d'Or.)

Ces vers sont tous des « alexandrins », des vers de douze syllabes sonores ; mais, si nous les examinons d'un peu près, à la rime, nous nous apercevons aussitôt que les uns s'arrêtent, par une cassure nette du son, sur la douzième syllabe sonore : Raph*aël*, étern*el*, douc*eur*, s*œur*, con*tour*, a*mour*, tandis que les autres ont, après la douzième syllabe forte, une syllabe formée par un *e* muet, qui n'entre point dans la mesure du vers, car la consonne seule en est articulée et la voyelle en est si peu entendue qu'elle ne fait guère que renforcer légèrement le souffle nécessaire à l'articulation de la consonne pour donner au vers une sorte d'expiration douce et lente : a*im*(e), bap*têm*(e), Évan*gil*(e), Vir*gil*(e).

Les premières de ces rimes, celles qui se terminent par une syllabe sonore, sont dites *masculines* ; les secondes, celles dont la dernière syllabe, la syllabe surnuméraire, est constituée par un *e* muet, sont dites *féminines*.

Pour qu'il y ait vraiment rime, il faut, dans les rimes masculines, que les mots rimant entre eux aient leur dernière voyelle identique (plais$\text{\sc ir}$, sais$\text{\sc ir}$) ou du moins équivalente par le son (drap$\text{\sc eaux}$, disp$\text{\sc os}$); mais il n'est pas absolument nécessaire que la consonne précédente soit la même et c'est pourquoi *con$\text{\sc t}$our* peut rimer suffisamment, sinon richement, avec *a$\text{\sc m}$our*. Dans les rimes féminines au contraire, — outre l'identité ou l'équivalence de la dernière voyelle sonore, — la similitude de la consonne ou des consonnes précédant l'*e* muet est encore exigée, puisque l'articulation de ces consonnes est entendue; c'est pourquoi, si le mot *mè$\text{\sc r}$e* rime avec *chimè$\text{\sc r}$e*, il ne rimera pas avec *Chimè$\text{\sc n}$e*, mais ne formera plus, avec ce mot, qu'une assonance, tout comme *hym$\text{\sc n}$e* avec *subli$\text{\sc m}$e* ou *a$\text{\sc l}$gues* avec *va$\text{\sc g}$ues*.

Il pourrait y avoir hésitation sur le sexe des rimes dans certaines terminaisons de verbes, à la troisième personne du pluriel, et nous verrons bientôt que l'intérêt de la distinction est dans la règle classique d'après laquelle une rime masculine ou féminine ne peut être immédiatement suivie d'une rime du même genre. Voici ce qu'on admet :

Les troisièmes personnes plurielles de l'imparfait de l'indicatif et du conditionnel présent en *aient* sont rangées parmi les mots à terminaison masculine; ainsi, dans cette strophe de Sainte-Beuve, tirée des *Consolations* :

>Surtout, ses pleurs avec délice
>En ruisseaux d'amour s'écou**laient**
>Chaque fois que, sous le cilice,
>Des fronts de seize ans se voi**laient**.

L'*e* muet est ici, en effet, absolument sourd, et le son de la syllabe est aussi net, aussi dépourvu de prolongement sonore que si cet *e* n'existait pas. Et c'est, d'ailleurs, parce que la synérèse est à ce point évidente en ces sortes de mots qu'on peut, nous le savons, les employer dans le corps des vers, en tenant leurs trois voyelles consécutives pour une diphtongue. Au reste, dans l'ancienne orthographe de ces troisièmes personnes, — où on les écrivait avec un *o,* au lieu, d'un *a,* — on les tenait déjà pour des rimes masculines :

> De là sont nés ces bruits reçus dans l'univers,
> Qu'aux accents dont Orphée emplit les monts de Thrace,
> Les tigres amollis dépouillaient leur audace ;
> Qu'aux accents d'Amphion, les pierres se **mouvoient**
> Et sur les murs thébains en ordre s'**élevoient**.
>   (Boileau, L'Art poétique.)

Mais n'oublions pas qu'on prononçait alors *se mou*VAIENT et *s'éle*VAIENT ; sinon, nous devrions en conclure que les troisièmes personnes du pluriel qui s'écrivent encore en *oient,* sont des rimes masculines, tandis qu'elles comptent, au contraire, pour féminines, et avec juste raison, car l'oreille nous avertit ici de ce prolongement, de cette lente expiration du mot par l'*e* muet, que nous ne sentions point dans les mots en *aient.* Au moins, l'oreille nous donne-t-elle cet avertissement lorsque ces mots en *oient* se trouvent à la rime, à la fin d'un vers, où le rythme expiratoire a le loisir de s'étaler. C'est pourquoi, si le mot *soient* compte pour une seule syllabe dans le corps du vers :

> Qu'ils **soient** comme la poudre et la paille légère !...
>   (RACINE, Esther.)

le même mot et les autres verbes en *oient,* placés à la fin du vers, deviennent, sans conteste, des rimes féminines par le détachement léger de l'*e* muet suivi des consonnes finales :

> Il doit voir peu de temps tout ce que ses yeux **voi-ent** ;
> Il vieillit sans soutiens.
> Puisque ces choses sont, c'est qu'il faut qu'elles **soi-ent** ;
> J'en conviens, j'en conviens !
> (Hugo, les Contemplations)

Les autres troisièmes personnes des mêmes temps, soit en *ient*, soit en *ouent* forment, de même, des rimes féminines :

> Mais bientôt, malgré nous, leurs princes les **rallient**,
> Leur courage renaît, et leurs terreurs s'**oublient** :
> La honte de mourir sans avoir combattu
> Arrête leur désordre et leur rend leur vertu.
> (Corneille, le Cid.)

> Ce choix me désespère et tous le **désavou-ent**,
> La partie est rompue, et les dieux la **renou-ent** !
> Rome semble vaincue, et, seul des trois Albains,
> Curiace en mon sang n'a point trempé ses mains.
> (Corneille, Horace.)

Au reste, ces troisièmes personnes plurielles, ne pouvant rimer qu'entre elles, et amenant ainsi des rimes trop faciles et trop prévues, il convient de n'en user que rarement, à l'exemple des meilleurs poètes.

Les rimes masculines et les rimes féminines donnant aux vers une musique sensiblement différente, les poètes, à mesure que leur oreille s'affinait, arrivèrent à appliquer d'instinct, puis à formuler la loi qui préside à leur mélange, et qui est celle-ci :

Une rime masculine ne peut jamais précéder ou suivre immédiatement une autre rime masculine différente, de même que deux rimes féminines différentes ne peuvent se succéder immédiatement.

Cette règle de l'alternance des rimes masculines et des rimes féminines, — alternance qui comporte, nous le verrons bientôt, toutes sortes de combinaisons, — est peut-être celle qui donne, non plus au vers isolé, mais à la strophe ou à la page de vers, son plus grand pouvoir musical ; et quelques lignes de Marmontel disent, en fort bons termes, la raison de son observance, en même temps qu'elles justifient, sans que l'auteur y ait pensé, certaines dérogations heureuses qui ont pu y être apportées de nos jours. « Les vers masculins, sans mélange, dit-il, auraient une marche brusque et heurtée ; les vers féminins sans mélange auraient de la douceur, mais de la mollesse. Au moyen du retour alternatif ou périodique de ces deux espèces de vers, la dureté de l'un et la mollesse de l'autre se corrigent mutuellement. »

Depuis Ronsard, on n'a fait à cette règle que de rares et intentionnelles infractions ; et il a fallu, pour que quelques poètes contemporains voulussent nous ramener, sur ce point, à la poésie bégayante d'avant la Pléiade, que leur sensibilité poétique fût déplorablement émoussée, ou naturellement médiocre. Et ils en donnent une preuve nouvelle lorsqu'ils prétendent que la distinction classique du sexe des rimes est arbitraire et que, dans une foule de mots, le son est le même, qu'il y ait ou non un *e* muet, perçu seulement par les yeux, disent-ils, non par l'oreille. Erreur ! Pour une oreille tant soit peu sensible, les mots *mer* et *amer*, par exemple, ne se prononcent point comme *amère* et *Homère*. Pris isolément, peut-être ; mais, dans un vers, non pas. Si, à l'intérieur du vers, la syllabe muette des mots de cette seconde sorte compte dans la mesure :

> Je puis **faire** les rois, je puis les déposer,
> (Racine, Bérénice.)

tandis, que les mots de la première espèce, eussent-ils le même son à leur syllabe forte, ne comptent que pour une syllabe :

> Tendre au **fer** de Calchas une tête innocente,
> (Racine, Iphigénie.)

pourquoi cette distinction ne subsisterait-elle point à la rime ? Croyez-vous que, dans Andromaque, Oreste ne fera pas entendre le prolongement du vers par l'*e* muet, lorsqu'il s'écriera :

> ... Quoi, Pyrrhus, je te rencontre **encor-e** !
> Trouverai-je partout un rival que j'**abhorre** ?

Par contre, Andromaque se gardera bien, si elle sait dire, d'ajouter un *e* muet inexistant à ces deux rimes :

> ... Digne objet de leur crainte !
> Un enfant malheureux qui ne sait pas **encor**
> Que Pyrrhus est son maître et qu'il est fils d'**Hector** !

Un poète dramatique de mes amis m'assure qu'il n'y a rien de plus horripilant, au théâtre, que d'entendre des interprètes inexpérimentés prononcer obstinément, à la rime, *amour*-eu, *alentour*-eu. Or, ces jeunes artistes, insensibles à l'exquise nuance qui sépare les terminaisons féminines des terminaisons masculines, ont précisément la même infirmité d'oreille que les récents poètes dont je vous parlais tout à l'heure.

Tel n'est pas, bien entendu, le cas des poètes artistes qui ont, par simple jeu, accouplé les rimes masculines avec les rimes féminines, offrant à l'oreille un son analogue, ainsi Théodore de Banville en une de ses *Stalactites* :

> Tombez dans mon cœur, souvenir confus
> Du haut des branches touffues !
> Oh ! parlez-moi d'elle, antres et rochers,
> Retraites à tous cachées !
>
> Parlez, parlez d'elle, ô sentiers fleuris !
> Bois, ruisseaux, vertes prairies !
> O charmes amers ! en ce frais décor
> Elle m'apparaît encore.

Ici, le bon diseur arrêtera net le dernier son du mot *décor*, par exemple, tandis qu'il ne manquera pas de prolonger, par l'expiration de l'*e* muet, le mot *encore*, auquel le poète a laissé à dessein son orthographe ordinaire... Ces sortes de rimes, je le redis, ne sont qu'amusettes, et Théodore de Banville, qui ne les a employées qu'une fois avec une surprenante virtuosité, ne nous les a d'ailleurs présentées que comme telles ; mais elles n'en sont que plus démonstratives, puisqu'elles reposent uniquement sur la sensible différence musicale des deux terminaisons.

Je ferme cette parenthèse et je reviens à la règle d'alternance des rimes masculines et féminines, pour faire observer que Ronsard et son école, qui en sont les vrais législateurs, ne se croyaient obligés de s'y soumettre que dans les vers suivis, mais non pas toujours dans les poèmes divisés en strophes, où ils ne s'interdisaient pas de finir une strophe par un vers féminin, par exemple, et de commencer la strophe suivante par un vers également féminin ; ils estimaient, sans doute, que la strophe est un organisme complet, qui se suffit à lui-même, et qui est séparé de la strophe suivante par un arrêt assez long pour que la sonorité du vers final en soit effacée lorsque commence l'autre strophe.

Les poètes du dix-septième siècle ne s'interdirent pas non plus cette faculté, comme on peut le voir chez Malherbe et chez ses disciples ; et Corneille lui-même, dans son admirable *Imitation de Jésus-Christ, traduite et paraphrasée en vers français*, ne se fait pas faute d'en user quelquefois :

>Je te bénis, Père Céleste,
>Père de mon Divin Sauveur,
>Qui rends en tous lieux ta faveur
>Pour tes enfants si **manifeste**.
>
>J'en suis le plus pauvre et le **moindre**.
>Et tu daignes t'en souvenir ;
>Combien donc te dois-je bénir,
>Et combien de grâces y **joindre** !
>
>O père des **miséricordes**,
>O Dieu des consolations.
>Reçois nos bénédictions
>Pour les biens que tu nous accordes...

Il y a là une sorte de dissonance qui choque d'abord un peu, à laquelle on s'habitue au bout de quelques stances, et dont on peut, d'ailleurs, tirer un effet, comme ici Corneille : car ne vous semble-t-il pas que ce passage d'une rime féminine à une autre rime féminine donne à cette prière on ne sait quoi d'humble, d'hésitant, de timide, qui correspond au sentiment exprimé ?

Plus sûrement encore pourra-t-on tirer des effets de l'emploi exclusif de la rime masculine, si l'on veut donner au poème cette marche brusque et heurtée dont parlait Marmontel, — ou de la rime féminine, si l'on cherche à rendre quelque impression de douceur ou de mollesse. Encore qu'on puisse y arriver par le mélange habituel des deux sortes de rimes, il ne faudrait pas s'interdire, à titre exceptionnel, ce moyen qui a servi plus d'un poète.

Par l'emploi des seules rimes masculines dans un quatrain célèbre, Corneille a donné, à son épigramme sur le cardinal de Richelieu, quelque chose de lapidaire.

> Qu'on parle bien ou mal du fameux cardinal,
> Ma prose ni mes vers n'en diront jamais rien :
> Il m'a fait trop de bien pour en dire du mal,
> Il m'a fait trop de mal pour en dire du bien.

Dans son recueil de *la Bombarde*, Jean Richepin a écrit une sorte de danse macabre : *les Deux ménétriers*, qui est un chef-d'œuvre et qui doit son étrange beauté à l'exclusion des rimes féminines. Et, déjà, il avait, du même procédé, tiré des effets surprenants dans ses *Blasphèmes*, où vous lirez une série de *Marches touraniennes*, tout en vers masculins :

> Toujours, par monts et vallons,
>   Nous allons
> Au galop des étalons,
>
> Toujours, toujours, à travers
>   L'univers
> Aux espaces grands ouverts,
>
> Toujours, toujours, de l'avant,
>   En buvant
> La liberté dans le vent...
>   (Les Blasphèmes.)

Le procédé contraire — l'exclusion des rimes masculines — a beaucoup servi Paul Verlaine en quelques-uns de ses poèmes les plus caractéristiques :

> Écoutez la chanson bien douce
> Qui ne pleure que pour vous plaire.
> Elle est discrète, elle est légère :
> Un frisson d'eau sur de la mousse ! ...
>
> Elle dit, la voix reconnue,
> Que la bonté c'est notre vie,
> Que de la haine et de l'envie
> Rien ne reste, la mort venue...
>
> Accueillez la voix qui persiste
> Dans son naïf épithalame.
> Allez, rien n'est meilleur à l'âme
> Que de faire une âme moins triste.
>   (Sagesse.)

Et Victor Hugo lui-même, qui a tenté presque toutes les voies légitimes, n'a-t-il pas écrit, en rimes féminines exclusivement, ce *Chant sur un Berceau*, dont voici les premières strophes ?

> Je veille. Ne crains rien. J'attends que tu t'endormes.
> Les anges sur ton front viendront poser leurs bouches.
> Je ne veux pas, sur toi, d'un rêve ayant des formes
>   Farouches.
>
> Je veux qu'en te voyant là, ta main dans la mienne,
> Le vent change son bruit d'orage en bruit de lyre,
> Et que, sur ton sommeil, la sinistre nuit vienne
>   Sourire.

> Le poète est penché sur les berceaux qui tremblent ;
> Il leur parle, il leur dit tout bas de tendres choses,
> Il est leur amoureux, et ses chansons ressemblent
>   Aux roses.
>
> Il est plus pur qu'avril embaumant la pelouse
> Et que mai dont l'oiseau vient piller la corbeille ;
> Sa voix est un frisson d'âme, à rendre jalouse
>   L'abeille.
>
>   (L'Art d'être Grand-Père.)

Il ne faudrait pas abuser de ces rimes d'un seul genre : ce qui, employé avec discrétion, nous apparaît comme une recherche d'art, deviendrait vite un procédé puéril. Tenons-nous-en donc, en principe, à l'usage alterné, même entre une strophe et une autre, des rimes féminines et masculines, qui admettent toutes sortes de combinaisons, dont je définirai les principales :

1° Les rimes *suivies*, appelées aussi rimes *plates*, sont celles qui se succèdent par couples de deux, alternativement masculines et féminines. Ainsi dans les vers de Brizeux, cités en tête de ce chapitre ; ainsi dans nos comédies ou nos tragédies classiques.

2° Les rimes *croisées* présentent alternativement *un* vers masculin et *un* vers féminin, comme dans cette pièce d'anthologie, le *Soldat de Marathon* :

> Ce n'était qu'un soldat obscur entre dix mille.
> Quand on eut la victoire, il voulut, le premier
> En porter la nouvelle à sa lointaine ville,
> Et partit, fier coureur agitant un laurier.

Épuisé par sa course effrayante et sans trêve,
Il mourut, dès qu'il fut au terme du chemin.
Heureux qui peut de même, ayant atteint son rêve,
Mourir, la flamme au cœur et la palme à la main !
     (Armand RENAUD, Drames du Peuple.)

3° Dans les rimes *embrassées*, deux vers féminins sont enclavés dans deux vers masculins, ou, au contraire, deux vers féminins embrassent deux vers masculins, et ainsi de suite, les deux combinaisons alternant toujours :

Le printemps, couronné de folles marjolaines,
Sur la pointe des monts a mis son pied léger ;
Une flûte à la main, comme un jeune berger,
Du pays de l'azur il descend vers les plaines.

Quelque musique flotte à l'horizon lointain,
Pareille à l'oiseau bleu qui jamais ne se pose,
Et la colline d'or se perd dans le ciel rose
Comme un rêve d'amour dans la paix du matin.
     (Gabriel VICAIRE, l'Heure enchantée.)

4° Les rimes sont dites *redoublées* lorsqu'elles se répètent plus de deux fois :

Oh ! que ne suis-je un de ces hommes
Qui, géants d'un siècle effacé,
Jusque dans le siècle où nous sommes
Règnent du fond de leur passé !
Que ne suis-je, prince ou **poète**,
De ces mortels à haute **tête**,
D'un monde à la fois base et **faîte**,

> Que leur temps ne peut contenir,
> Qui, dans le calme ou dans l'**orage**,
> Qu'on les adore ou les **outrage**,
> Devançant le pas de leur **âge**,
> Marchent un pied dans l'avenir !
> (Victor Hugo, les Feuilles d'Automne.)

5° Enfin, les rimes *mêlées* sont celles qui peuvent être, tour à tour, dans la même pièce, au gré du poète : *croisées, plates, embrassées, redoublées*, pourvu que la loi de l'alternance soit observée toujours, c'est-à-dire qu'un vers masculin ou féminin ne soit jamais suivi d'un vers du même genre, à moins qu'il ne rime avec lui. Les combinaisons de rimes mêlées sont innombrables et il est inutile que je vous en donne des exemples : relisez une fable de La Fontaine.

2. De la Qualité des Rimes

Après avoir parlé du *genre* des rimes (masculines ou féminines), nous allons nous occuper de leur *qualité* ; et, ici, c'est pour me conformer à une distinction traditionnelle que je les diviserai en rimes *riches* et rimes *suffisantes*, quitte à vous montrer, chemin faisant, qu'il vaudrait mieux, sans doute, les ranger en deux classes qu'on appellerait les *bonnes* rimes et les *mauvaises*, attendu qu'une rime peut être excellente, sans répondre à la définition de la rime riche, tandis qu'une rime très riche peut, néanmoins, être détestable.

La rime *suffisante* est celle qui offre une ressemblance du son de la voyelle, et non de l'articulation tout entière, dés*ir*, soup*ir*, enf*ant*, coup*ant*, us*age*, part*age*. C'est un minimum de rime, qu'on doit, presque toujours, considérer comme insuffisant, malgré son nom.

La rime *riche* est celle qui représente une identité, non seulement du son de la voyelle, mais de toute l'articulation de la dernière syllabe sonore; autrement dit, c'est la rime dont la voyelle identique est précédée d'une consonne identique, appelée *consonne d'appui* : déSir, saiSir, enFant, étouffant, uSage, viSage. A peine ai-je besoin d'ajouter que, si les consonnes d'appui, sans être identiques, sont absolument équivalentes pour l'oreille, la rime n'en sera pas moins riche, et que, par exemple, *enFant* rimera tout aussi bien avec *triomPHant* qu'avec *étouffant*, et *déSir* tout aussi bien avec *viZir* qu'avec *saiSir*.

En principe, les bonnes rimes sont les rimes riches; toutefois, le degré d'excellence d'une rime ne peut être uniquement établi par la définition de la rime riche comparée à celle de la rime suffisante. Une bonne rime doit, en effet, réunir des qualités d'ordre acoustique et des qualités d'ordre intellectuel, et ce sont ces vertus diverses qu'il nous faut, maintenant, étudier en détail.

A. Qualités d'ordre acoustique.

N'oublions jamais que *la rime est essentiellement faite pour l'oreille*. C'est de ce principe que découlent toutes les remarques qui vont suivre.

Première remarque. — La rime exige des sons semblables, non les mêmes lettres. Nous venons de le voir, quant aux consonnes d'appui : *enfant, triomphant,* — *gazon, saison,* — *lasser, tracer*...

Les voyelles aussi peuvent différer, et les consonnes qui les suivent, pourvu que le son soit le même : *charmant, tourment,* —

mystère, solitaire, — déjà, partagea, — consumé, allumai, — prodige, dis-je, — courts, discours, — beautés, méritez.

Par contre, les rimes présentant les mêmes lettres seront fausses, ou, du moins, faibles, si la prononciation diffère. Ainsi, n'est-il pas bon de faire rimer les mots en *n* gras et les mots en *n* dur :

> Au bout de l'univers, va, cours te confi**ner**,
> Et fais place à des cœurs plus dignes de ré**gner**.
> (RACINE, Bérénice.)

ou les mots où l'*l* est naturel avec les mots où l'*l* est mouillé :

> Halte ! c'est le premier coup de canon. **Allons** !
> Un long frémissement court dans les batai**llons**.
> (HUGO, l'Année terrible.)

L'œil, seul, est pleinement satisfait par cette rime mais l'oreille l'est beaucoup moins que si le poète avait fait rimer *allons* avec *longs*, *bataillons* avec *voyons* ou *rayons*, rimes parfaites, bien que, pour l'œil, l'orthographe soit différente.

Cette non-conformité de la prononciation, malgré la conformité de l'orthographe, doit faire éviter la rime des mots en *as, is, os, us, ous*, dont l'*s* est sonore, avec les mots où cet *s* est muet :

> Loin de ces lieux cruels précipitez vos **pas** ;
> Mes gardes vous suivront, commandés par **Arcas**.
> (RACINE, Iphigénie.)

> Non, remparts, non, clochers superbes, non, ja**mais**,
> Je n'oublierai Strasbourg et je n'oublierai **Metz**.
> (HUGO, Toute la Lyre.)

> L'insolent, s'emparant du fruit de vos **travaux**,
> A prononcé pour moi le Benedicat **vos** !
> (BOILEAU, le Lutrin.)

> C'est le grand chevalier d'Alsace, **Eviradnus**.
> Les hommes qui parlaient, il les a **reconnus**.
> (HUGO, la Légende des Siècles.)

> Je vais mordre ! Allez-vous-en **tous** !
> La nuit tombe sur ma mémoire
> Et le sang monte à mes yeux **fous** !
> (Maurice ROLLINAT, les Névroses.)

Il en sera de même pour les mots terminés par un *t*, si le *t* est sonore dans l'un et muet dans l'autre. Il faut donc condamner des rimes telles que celles-ci :

> Demain, vingt-cinq juin mil six cent cinquante-**sept**,
> Quelqu'un, que lord Broghill autrefois **chérissait**...
> (HUGO, Cromwell.)

> Notre mot éternel est-il : C'était **écrit** ?
> — Sur le livre de Dieu, dit l'Orient esclave ;
> Et l'Occident répond : Sur le livre du **Christ**.
> (Alfred DE VIGNY, les Destinées.)

Mais si, dans le Christ, on fait sonner l'*s* et le *t*, ces lettres redeviennent muettes dans le mot composé *Jésus-Christ*, et la rime suivante est parfaite :

> Qu'en rayons éternels ton nom y soit écrit !
> Gloire à Dieu ! Gloire à Dieu, Mahomet ! — Jésus-Christ !
> (Henri DE BORNIER, Mahomet.)

L'ancienne prononciation de *fils* (**fi**) permettait autrefois les rimes telles que la suivante :

> Je tremble pour vous seul. Ah ! mon prince ! Ah ! mon fils !
> Souffrez qu'un nom si doux me soit encor permis.
> (VOLTAIRE, *Mérope*.)

La prononciation définitivement adoptée ne les permet plus et cette rime de François Coppée est fautive :

> Injure pour injure et défis pour **défis** !
> Sur cet autel où Dieu sacrifia son **fils**...
> (*Severo Torelli*.)

La plus condamnable de toutes les rimes où l'œil seul est consulté au détriment de l'oreille, consiste en l'accouplement d'un infinitif en *er* avec un mot ou l'*r* final se fait entendre : *aimer* avec *amer*, *associer* avec *fier*. Dès le dix-septième siècle, Ménage les blâmait comme « rimes normandes », venues d'une province où l'on prononçait encore *amé* pour *amer* et *fié* pour *fier*. Il se peut, d'ailleurs, qu'en ce temps-là, on fît, à Paris même, sonner l'*r* des infinitifs, ce qui expliquerait mieux encore une homophonie qui a disparu. Quoi qu'il en soit, si Corneille a l'excuse normande d'avoir accouplé *mer* et *ramer*, *enfer* et *triompher*, *cher* et *toucher*; si Racine a pu trouver, dans la prononciation encore admise des infinitifs, ce droit d'écrire, sans trop choquer les oreilles :

> Malgré tout son orgueil, ce monarque si **fier**
> A son trône, à son lit daigna l'**associer**,

Victor Hugo, en un temps où personne — si ce n'est quelques pêcheurs de Normandie — ne prononce plus la *mé* pour la *mer*, a eu tout à fait tort d'écrire :

> Qu'une âme ainsi frappée à se plaindre est sujette,
> Que j'ai pu **blasphémer**,
> Et vous jeter des cris comme un enfant qui jette
> Une pierre à la **mer**!...
> (Les Contemplations.)

Deuxième remarque. — Deux syllabes, dont l'une est longue et l'autre brève, forment une rime très médiocre. Telles sont *âme* et *femme*, *grâce* et *place*, *trône* et *couronne*... On les évitera donc, autant que possible, sans pousser, pourtant, le scrupule aussi loin que Théodore de Banville qui, dans les dernières années de sa vie, pour l'édition définitive de ses œuvres, modifia tous les passages où *âme* rimait avec *femme*. Ce fut un travail considérable, et beaucoup de strophes y perdirent, en naturel, ce qu'elles gagnèrent en sonorité.

C'est surtout dans les rimes où entre la voyelle *o* que le son bref diffère assez du son long pour choquer très désagréablement l'oreille :

> Pour envoyer l'effroi sous l'un et l'autre **pôle**,
> Je n'ai qu'à faire un pas et hausser la **parole**.
> (Corneille, Tite et Bérénice.)

Mais, avec la voyelle *a*, la différence est moindre, et on peut la diminuer par une sorte de compensation, au moyen de la consonne d'appui : entre *femme*, *diffame*, rime parfaite, et *femme*, *âme*, rime faible, *femme* avec *infâme* formera une rime passable. Et qui pourrait se plaindre de la différence entre l'*a* bref et l'*a* long, quand les mots n'ont pas seulement la consonne d'appui, mais l'identité de toute la syllabe qui précède la rime, ainsi dans *pirates* et *soupirâtes?* La grande affaire, en effet, c'est que la rime, qui est la caractéristique de l'unité de mesure, marque fortement pour l'oreille, et, par conséquent, pour l'esprit, la fin du vers.

Troisième remarque. — La rime riche étant celle qui marque le plus fortement cette expiration du vers et qui donne à l'oreille la plus grande *jouissance* musicale, doit : 1° être *préférée* en général ; 2° être exigée même dans les mots où il y a beaucoup de rimes ; 3° ne céder la place, au besoin, à la rime suffisante, que dans les mots pour lesquels il y a peu de rimes et dont on peut dire, alors, que rareté vaut richesse.

Le premier de ces trois préceptes est l'évidence même. Voici quelques applications des deux autres :

Les finales en *é, er, ée*, doivent rimer de toute l'articulation, étant innombrables : *charité* ne rimera pas avec *donné*, mais avec *vanté, bonté*. Il en est de même pour les finales en *i, ie*, et en *u, ue* : *banni* rimera mal avec *parti*, et *statue* avec *reconnue*. Voyez quelle déception nous laisse dans l'oreille la rime indigente qui termine cette strophe d'Alfred de Musset :

> Que celui-là se livre à des plaintes amères,
> Qui s'agenouille et prie au tombeau d'un **ami**.
> Tout respire en ces lieux ; les fleurs des cimetières
> Ne poussent point **ici**.

Mais, en revanche, quand aucune articulation ne précède ces voyelles, quand cet *e*, cet *i* ou cet *u* est précédé d'une autre voyelle dont il se détache pour former à lui seul une syllabe, il pourra rimer avec une lettre pareille, isolée de la même manière, sans que l'identité de la voyelle précédente soit exigée :

> Cessez de vous troubler, vous n'êtes point **trahi** :
> Quand vous commanderez, vous serez **obéi**.
> (Racine, Iphigénie.)

> Depuis que, sur ces bords, les dieux ont **envoyé**
> La fille de Minos et de **Pasiphaé**.
> (Racine, Phèdre.)

A ces finales en voyelles, il faut ajouter, comme exigeant toujours la rime riche, les finales en *ant* ou *ent*, dont le nombre aussi est tel, que le poète serait inexcusable de ne point y mettre la consonne d'appui : *charmant* rimera bien avec *tourment, amant, gaiement* ; mais il serait déplorable de l'accoupler avec *vivant, trident, instant.* Si La Fontaine se permet quelquefois de ces négligences, au moins ne laisse-t-il pas de les avouer pour telles :

> Il entend la bergère adresser ces paroles
>   Au doux zéphyr, en le **priant**
>   De les porter à son **amant**.
>   « Je vous arrête à cette rime,
>   Dira mon censeur à l'**instant** ;
>   Je ne la tiens pas légitime,
>   Ni d'une assez grande vertu...
> Remettez, pour le mieux, ces deux vers à la fonte ! »

« Ces trois vers », aurait-il même pu dire, car *instant* ne rime pas mieux qu'*amant* avec le mot *priant*. Mais La Fontaine, ici, se joue, et il convient, au fond, que le « maudit censeur » a raison, puisqu'il le range parmi les « délicats » qui sont « malheureux » parce que « rien ne saurait les satisfaire ».

Il ne faudrait pourtant pas pousser la délicatesse jusqu'à s'en rendre trop malheureux ; et, dans ces sortes de finales, la faute ne sera plus que vénielle si l'on se contente, à la rime, de ce que je demande la permission d'appeler une *demi-consonne d'appui*. Je donnerai ce nom aux consonnes qui, sans être identiques, sont, du moins, de la même famille et d'une prononciation voisine. Ainsi, les « dentales » *t* et *d* : *vertu*, par exemple, rimera mal avec *velu*, mais très passablement avec *perdu, vendu, ardu*. Entre les « labiales » *p, b. f, v,* la distance sera plus faible encore, et l'on pourra tenir pour riches, malgré la différence de la consonne d'appui, des rimes telles que *assoupie* avec *Arabie, confie* ou *philosophie* avec *suivie, enfant* avec *vivant* :

> Ciel, à qui voulez-vous, désormais, que je **fie**
> Les secrets de mon âme et les soins de ma **vie** ?
> (CORNEILLE, Cinna.)

Un lien de famille analogue fait que certaines rimes, signalées plus haut comme devant être évitées autant, que possible, — *confiner* et *régner*, par exemple, — restent passables par l'articulation, « nasale » dans les deux cas, qui précède la voyelle. Même lien entre les « sifflantes », ce qui permet, à la grande rigueur, d'accoupler *saisi* avec *souci*, rime très affaiblie, mais moins faible, pourtant, que la rime de *saisi* avec *ami*, qui serait tout à fait inacceptable. J'ajoute, en passant, que malgré l'identité — pour les yeux — de la consonne d'appui, la rime de *saisi*, où l'*s* sonne comme un *z*, avec *ainsi*, où l'*s* sonne comme un *c*, ne sera qu'une rime passable, exactement comme celle de *saisi* avec *souci*, où la consonne diffère.

Quatrième remarque. — Les mots en *ion* sont en si grand nombre qu'ils doivent rimer entre eux, sans qu'on puisse aller leur chercher une rime dans les mots qui sont simplement en *on*. *Passion* rime bien avec *mission*, et mal avec *bâton*. Au reste, sur ces mots dont nous savons déjà qu'ils manquent trop souvent de grâce, rappelons-nous surtout, lorsqu'il s'agit de les employer à la rime, ces paroles de Ronsard, en son *Abrégé de l'Art poétique* :

« Tu te donneras de garde, si ce n'est par contrainte, de te servir des mots en *ion* qui passent plus de trois ou quatre syllabes, comme *abomination, testification*, car de tels mots sont languissants et ont une traînante voix, et, qui plus est, occupent languidement la moitié d'un vers. »

Même lorsqu'ils n'en occupent pas toute la moitié, ils restent disgracieux :

>Je donnai par devoir à son **affection**
>Tout ce que l'autre avait par **inclination**.
>(Corneille, Polyeucte.)

La déplaisance est aggravée, ici, par ce fait que le mot le plus long se trouve à la fin du second vers ; ce qui la souligne encore, pour ainsi dire. Elle serait atténuée déjà, au contraire, si le mot en *ion* du second vers était le plus court, était très court :

>Toi, qui d'un même joug souffrant l'**oppression**,
>M'aidais à soupirer les malheurs de **Sion**.
>(Racine, Esther.)

Et elle disparaîtrait tout à fait, si l'un des deux mots en *ion* comportait la synérèse, le tassement en une seule syllabe, si, par exemple, *inclinati-ons* rimait avec *nous pen-sions*.

Il est certain que l'oreille n'aime pas à rencontrer deux fois de suite la diérèse ; et cela, soit dit en passant, non seulement dans les mots en *ion*, mais dans tous ceux où un *i* est suivi d'une autre voyelle que la prononciation en détache, dans les mots en *ieux, iel, ien, ier*, etc. Là aussi, on fera bien d'accoupler, le plus souvent possible, un mot où se produit la diérèse (*li-en, furi-eux, meur-tri-ère*) avec un mot où la même terminaison forme diphtongue (*bien, cieux, entière*) :

> Et périsse le jour et la main **meurtrière**
> Qui jadis, sur mon front, l'attacha la **première** !
> (RACINE, Mithridate.)

> L'univers apaisé, content, **mélodi-eux**,
> Faisait une musique autour des vastes **dieux**.
> (HUGO, la Légende des Siècles.)

> Adieu, ne pleurez pas, car je vais vers le calme,
> Et je connais, enfin, quel est l'**essenti-el**.
> — Oui, les grandes amours travaillent pour le **ciel**.
> (Edmond ROSTAND, la Princesse lointaine.)

Ce n'est pas, bien entendu, une obligation, mais c'est une utile faculté, et même une élégance.

Cinquième remarque. — Le caractère de richesse peut être donné à la rime, autrement que par la consonne d'appui, en deux cas principaux :

1° Lorsque la syllabe tonique consiste en une diphtongue, car la présence de deux ou trois voyelles consécutives donne à la prononciation une telle ampleur, que la fin du vers en est au moins aussi fortement marquée qu'elle le serait par une voyelle simple précédée d'une consonne d'appui. Voyez quelle plénitude de son dans des rimes telles que *travail, épouvantail, — joie, assoie...* La consonne d'appui s'y ajouterait (*épouvantail, portail, assoie, soie...*) que notre plaisir musical n'en serait guère accru. Notre oreille n'éprouvera aucunement le besoin d'entendre rimer *essuie* avec *suie*, dans ces vers de Théophile Gautier, où la consonne d'appui manque à la rime :

> Ici, jamais le vent n'**essuie**
> Une larme à l'œil sec des **cieux**,
> Et le temps, fatigué, s'**appuie**
> Sur les palais silen**cieux**.
> (Émaux et Camées.)

2° L'autre cas où la rime semble riche, sans que l'oreille y trouve la consonne d'appui, c'est celui où l'on perçoit très distinctement, après la voyelle tonique, le son d'une consonne ou de plusieurs. On pourrait presque dire, alors, que la consonne d'appui est postérieure, au lieu d'être antérieure à la voyelle. Ainsi, dans les terminaisons en *onge* (*plonge, songe*), en *ance* ou *ence* (*éloquence, prudence*), en *il* (*péril, exil*), etc... On le sentira dans ces strophes, que j'emprunte, comme la précédente, à la pièce de Gautier : *Nostalgies d'Obélisques* :

> Pas un accident ne **dérange**
> La face de l'éternité;
> L'Egypte, en ce monde où tout **change**,
> Trône sur l'immobilité...
>
> Je regarde un pilier qui **penche**,
> Un vieux colosse sans **profil**
> Et les canges à voile **blanche**
> Montant et descendant le **Nil**.

Dans les mots soulignés, vous entendez nettement les sons *ng*, *ch*, *l*, et ce renforcement de l'homophonie des voyelles vaut bien celui qui proviendrait d'une consonne d'appui proprement dite.

Sixième remarque. — Tout le monde admet que les consonnes muettes, dans l'intérieur de la syllabe qui forme la rime, sont considérées comme non avenues, et qu'ainsi *longs*, malgré le *g*, rimera parfaitement avec *allons*, et doigts, malgré le *g* et le *t*, avec *je dois*. C'est se conformer au principe de la rime pour l'oreille, sans intervention du témoignage de l'œil. Mais voici, selon la prosodie la plus traditionnelle, le principe aussitôt abandonné dès que la consonne muette se trouve à la fin du mot : ainsi, — bien que *tyrans* et *indifférents*, au pluriel, soient une bonne rime, parce que le *t* d'indifférents est intérieur, étant suivi d'un *s*, — il faudrait repousser comme mauvaise la rime formée par ces deux mots au singulier : *tyran* ne rimera plus bien avec *indifférent*, non plus que, au singulier, *fer* avec *souffert*, — *berger* avec *changé*, *changez* ou *changés*, — *ver* avec *ouvert* ou *revers*, — *chapelle* avec *tu appelles*. Nous arrivons ainsi, semble-t-il, à l'exigence de la rime pour l'œil venant corroborer celle de la rime pour l'oreille. Et cela nous conduit à traiter une grave question, la plus controversée à l'heure qu'il est, celle qui fera l'objet de notre

Septième remarque. — L'oreille doit-elle être absolument le seul juge de la bonté d'une rime, ou l'œil peut-il, en certain cas, intervenir pour en constater le plus ou moins d'excellence ? En d'autres termes : dans le plaisir que donne la rime, y a-t-il ou non, quelquefois, une certaine jouissance visuelle qui s'ajoute à la jouissance auditive ?

J'ai mûrement réfléchi sur ce problème, sans aucun respect superstitieux pour d'anciens errements qui pouvaient n'être point tous fondés, mais aussi sans croire, a priori, qu'ils se trouvaient tous dénués de fondement, préjugé plus absurde encore, car il n'était guère probable que tant de grands poètes, en tant de chefs-d'œuvre et pendant tant de siècles, s'y fussent conformés par simple lâcheté, routine et sottise.

Et à la question, sans hésiter, je réponds : oui.

Oui, quand l'oreille est satisfaite par l'homophonie des rimes, — ce qui reste l'essentiel, ce qui nous a fait repousser sans pitié les simples rimes pour l'œil, telle, que *Vénus* et *nus*, *mer* et *aimer*, etc., — notre jouissance peut être augmentée encore par une certaine ressemblance ou équivalence orthographique de ces rimes. Et je me hâte d'ajouter que, si cette jouissance visuelle est légitime, c'est qu'elle aboutit, toujours, soit à une augmentation, soit à une corroboration de la jouissance auditive.

Ceux qui le nient, avec une apparence de logique et d'esprit scientifique aussi trompeuse que possible, oublient, tout simplement, à la fois un fait indéniable et considérable, et l'une des lois les plus certaines de la physiologie.

La loi, c'est que, pour un homme doué de l'usage de tous ses sens, l'éducation de chacun des sens s'étant faite avec le secours d'un ou de plusieurs autres, la jouissance particulière à un sens ne sera plus jamais complètement isolée de celle des sens auxiliaires. Essayez, par exemple, de manger en fermant les yeux et sans plus appeler à votre aide le sens du toucher que celui de la vue, et aussitôt, privé de l'idée de forme, de résistance, de couleur, d'aspect, qui a contribué, par association, à l'éducation de votre sens du goût, vous serez très souvent incapable de discerner un aliment d'un autre, et, en tout cas, votre jouissance en sera notablement diminuée. Il n'en serait sans doute pas de même chez un aveugle-né, pour qui l'éducation du goût se serait faite toute seule ; mais je vous ai parlé d'un homme doué de tous ses sens.

Le fait considérable qui, joint à cette loi physiologique, rend légitime, dans une certaine mesure que je me garderais bien d'exagérer, le rôle de l'œil, est celui-ci : depuis plus de quatre siècles, depuis l'invention et la diffusion de l'imprimerie, l'éducation de notre sens de la musique des vers, dont la rime est l'élément capital, ne s'est presque plus faite que par l'intermédiaire de nos yeux. Quatre-vingt-dix-neuf fois sur cent, c'est par la lecture silencieuse dans un livre, donc par une audition purement intérieure, que nous jouissons des vers ; et ainsi, à l'endroit où, tout ensemble, se termine le rythme sonore et s'arrête le regard, nous associons presque invinciblement, dans notre jouissance, les sonorités parallèles aux signes parallèles qui les représentent ; et, lorsque ces signes ont une ressemblance plus grande, nous ne pouvons nous empêcher d'en tirer une légère satisfaction de plus. C'est une simple constatation que je fais et contre laquelle tous les raisonnements du monde ne sauraient prévaloir. Vous n'empêcherez jamais le poète de faire rimer *pire* avec *il soupire*, au singulier, plus volontiers qu'avec le pluriel *ils soupirent*, ni le lecteur qui lit avec les yeux de préférer la première rencontre à la dernière.

Je ne vais pas plus loin et je ne recommande plus là qu'une préférence, l'interdiction absolue de rimer seulement pour l'oreille me paraissant non seulement trop rigoureuse, mais absurde et contraire au principe essentiel de la rime.

Toutefois, dans certaines interdictions de l'ancienne prosodie qui semblent, au premier abord, fondées sur l'exigence de la rime pour l'œil, il n'y a pas uniquement le souci, qui doit rester tout à fait secondaire, de corroborer la jouissance auditive par la jouissance visuelle, il y a, en y regardant de plus près, le désir d'augmenter sensiblement le plaisir de l'oreille lui-même. Cette distinction m'amène à examiner ce que vaut la vieille défense de faire rimer un mot au singulier avec un mot au pluriel ou d'aspect pluriel, c'est-à-dire terminé par les lettres *s, x, z*, fût-il de nombre singulier, comme *le bras, le houx, le nez, je peux, tu danses*. (En prosodie ces rimes sont dites plurielles.)

Huitième remarque. — La tradition interdit absolument cette rencontre du pluriel et du singulier, qu'il s'agisse de rimes masculines ou de rimes féminines : elle défend donc aussi bien de faire rimer *le* ou *les bras* avec *il viendra*, que *tu danses*, ou *ils dansent*, avec *prudence*.

A cette règle classique, les Romantiques eux-mêmes se sont conformés, dans tous les cas. Mais voici venir, depuis quelques années, des poètes qui veulent, dans tous les cas aussi, la rejeter toute. Les uns et les autres se trompent, ayant également négligé de remonter jusqu'au grand principe, qu'ils admettent pourtant d'un commun accord : que la rime doit être faite, avant tout, pour l'oreille, si même, comme je pense en avoir donné la preuve, l'œil peut aussi être, en second lieu et par surcroît, consulté.

Or, si nous consultons notre oreille seule, nous nous apercevons immédiatement que, dans les rimes féminines, il n'y a jamais la moindre différence phonique entre les rimes de forme plurielle et les rimes de forme singulière et que, par conséquent, la rime sera aussi exacte, pour l'ouïe, si je fais rimer *Savoie* avec *les voies* ou *ils envoient* qu'avec *la voie* ou *il envoie*. La différence n'est plus que graphique, et je concéderai aux novateurs qu'ils ont raison de ne pas s'astreindre toujours à en tenir compte, pourvu qu'ils conviennent qu'on rime encore mieux lorsqu'on s'y astreint.

Mais, si nous passons des rimes féminines aux rimes masculines, nous nous apercevons aussitôt qu'une distinction est nécessaire et que si, certaines fois, l'oreille est parfaitement satisfaite par la rime d'un mot pluriel avec un mot singulier, d'autres fois elle ne l'est plus que d'une manière fort incomplète.

Je ne verrais point d'inconvénient grave, par exemple, à faire rimer *la mort* avec *les remords* ou *le remords*, en conservant à ce dernier l's final que les poètes lui enlèvent souvent, au singulier, par une licence qu'autorise un long usage. C'est qu'ici, en effet, cet *s* final, n'a aucune influence sur la prononciation de la syllabe.

Voltaire aurait *pu* maintenir l's lorsqu'il disait :

> … lui laisser à sa **mort**,
> Dans ce cœur qu'il aima, le poignard du **remord**.
> (Tancrède.)

Et Lamartine l'aurait *dû*, lorsque, parlant de la passion, il écrivait :

> Souvenirs expirants, regrets, dégoûts, **remord**,
> Si, du moins, ces débris nous attestaient sa **mort** !
> (Premières Méditations.)

Il l'aurait dû, car l'énumération du premier vers, dont les trois premiers substantifs sont au pluriel, exigeait impérieusement que le dernier, remords, fût au pluriel aussi. Lamartine l'a mis, pourtant, au singulier, voulant profiter de la licence qui lui permettait, en ce cas, de supprimer l's. Ne le regrettons pas trop, car le poète nous fournit ainsi l'exemple le plus topique de l'absurdité qu'il peut y avoir à vouloir, toujours, quand le bon sens lui-même s'y opposerait, rimer pour l'œil.

Je ne maintiendrai donc pas la règle ancienne comme absolument obligatoire, — tout en recommandant de la suivre autant que possible, — lorsque l'oreille ne pourra pas distinguer le mot singulier du mot pluriel. (Autres exemples : *cour, discours,* — *vers, hiver...*)

Mais je la maintiendrai dans les autres cas, ceux où l'homophonie du singulier et du pluriel n'est point complète. Et ce sont les plus nombreux. La plupart du temps, en effet, l'*s* final (ou l'*x*, ou le *z*), tout en restant muet, modifie la sonorité de la voyelle qui le précède ; il reporte, pour ainsi dire, sa force sur cette voyelle pour l'allonger. En vain prétendrait-on que *il veut* rime parfaitement avec *les cheveux*, et *un écolier* avec *vous alliez*. Dans *il veut, un écolier*, le son final est arrêté, net, cassé, pour ainsi dire, tandis que, dans *vous alliez* ou dans *les cheveux*, il y a, tout à la fois, un appuiement du son et un prolongement.

Si, au lieu de rapprocher simplement deux mots, je cite deux vers, la légitimité de ma distinction sera plus frappante encore :

> Et vous, bois paternels, et vous, ô jeunes **eaux**.
> Près de qui je cueillais la tige du **roseau**...
> (Henri DE RÉGNIER, les Médailles d'argile.)

Relisez ces vers en disant « les tiges des roseaux » et dites-moi si votre oreille n'a pas une satisfaction plus complète. Du reste, pour vérifier cette différence de sonorité, nous n'avons qu'à prononcer successivement le même mot au singulier et au pluriel : *de l'eau, des eaux* (ce qui se prononcera : de l'*o*, des *ô*), *un roseau, des roseaux* (ce qui se prononcera un ros*o*, des ros*ô*). Les finales plurielles vous apparaîtront comme étant d'un demi-ton plus bas, comme frappées d'un « bémol », diraient les musiciens, et, de plus, diraient-ils encore, comme prolongées par un léger « point d'orgue ».

En résumé, touchant la règle classique interdisant de faire rimer un singulier avec un pluriel, je conseille de s'y astreindre rigoureusement toutes les fois qu'il y a, entre le singulier et le pluriel, une différence de sonorité, c'est-à-dire dans un grand nombre de rimes masculines, et de ne pas s'en préoccuper outre mesure, lorsque l'oreille ne saurait distinguer l'un de l'autre, c'est-à-dire dans toutes les rimes féminines et dans quelques rimes masculines. Mais les poètes qui s'y conformeront toujours, corroborant ainsi le plaisir de l'oreille par celui de l'œil, feront mieux encore, pourvu que la grammaire, la logique et la pensée n'aient jamais à en souffrir.

Si j'avais réussi à concilier, de la sorte, les traditionalistes et les révolutionnaires, en ne retenant, de chacune des doctrines, que ce qu'elle a de solidement fondé, en laissant, sur les autres points, une liberté suffisante, je croirais n'avoir point mal terminé cette étude des qualités d'ordre acoustique de la rime et je pourrais passer à l'étude de ses qualités d'ordre intellectuel.

B. Qualités d'ordre intellectuel.

Depuis le commencement de nos études, nous savons que la grande vertu de la forme versifiée vient de ce que le vers seul peut donner, à qui le lit ou l'écoute, cette double jouissance : la sécurité dans la surprise. Nous avons, maintes fois, vérifié ce principe ; nous le vérifierons maintes fois encore, notamment lorsque nous aborderons le chapitre de la césure ; mais, au sujet de la *rime*, il se trouve appliqué d'une façon très particulière : en effet, si l'élément de *sécurité* y est fourni par l'homophonie, aussi complète que possible, de deux mots qui riment ensemble, c'est-à-dire par une qualité d'ordre *acoustique*, l'élément de surprise est d'un tout autre ordre, d'un ordre purement *intellectuel*. C'est ce que Théodore de Banville a exprimé en disant : « Vous ferez rimer ensemble, autant qu'il se pourra, des mots très semblables entre eux comme *son*, et très différents entre eux comme *sens*. »

Complétons cette formule, sur le second point, par une remarque de Fontenelle : « La rime est d'autant plus parfaite que les deux mots qui la forment sont plus *étonnés* de se trouver ensemble. J'ajoute seulement qu'ils doivent être *aussi aises qu'étonnés*. » On ne saurait parler avec plus d'esprit et de justesse ; et je remarque, en passant, que dans cette phrase consacrée aux seules vertus d'ordre intellectuel de la rime, nous voyons reparaître, à côté du plaisir de surprise (l'étonnement), le plaisir de sécurité (l'aise), qui s'unissent, encore ici, comme partout, pour exalter notre jouissance. Oh ! la merveille, la délicate et logique merveille, que notre prosodie française !

Lorsque les rimes ne donnent point avec plénitude, et tout ensemble, cette aise et cet étonnement à l'esprit, si elles ne lui apparaissent pas, à la fois, comme *rares* et comme *naturelles*, — je dirais presque comme *nécessaires*, — ce sont des rimes détestables ou médiocres, selon le degré d'éloignement où elles sont de la double qualité intellectuelle qui fait les bonnes rimes.

Tenez, avant d'entrer dans aucune explication, je voudrais vous faire sentir, par le rapprochement de deux textes, ce que je viens d'avancer.

Écoutez d'abord du Voltaire, pris au hasard, dans le premier chant de la *Henriade* :

> A travers deux rochers où la mer mugissante
> Vient briser en courroux son onde blanchissante,
> Dieppe, aux yeux du héros, offre son heureux port :
> Des matelots ardents s'empressent sur le bord ;
> Les vaisseaux sous leurs mains, fiers souverains des ondes,
> Étaient prêts à voler sur les plaines profondes ;
> L'impétueux Borée, enchaîné dans les airs,
> Au souffle du zéphyr abandonnait les mers.
> On lève l'ancre, on part, on fuit loin de la terre :
> On découvrait déjà les bords de l'Angleterre ;
> L'astre brillant du jour un instant s'obscurcit ;
> L'air siffle, le ciel gronde, et l'onde au loin mugit ;
> Les vents sont déchaînés sur les vagues émues ;
> La foudre étincelante éclate dans les nues ;
> Et le feu des éclairs, et l'abîme des flots,
> Montraient partout la mort aux pâles matelots.

Il n'y a pas de termes assez énergiques pour qualifier cette versification aveulie, ces métaphores avachies, ces épithètes éculées, cette langue décolorée et flasque. Et nous parlerons bientôt des rimes, qui achèvent cette déliquescence.

Et dire que toute la *Henriade* et toutes les œuvres poétiques de Voltaire sont écrites comme cela, et toutes les tragédies, et toutes les épopées, et toutes les épîtres, et toutes les odes de tous les poètes de tout le dix-huitième siècle, — André Chénier excepté, — et même des vingt premières années du dix-neuvième, et que cela passait pour de la poésie !

Enfin, Victor Hugo vint... Écoutez, maintenant, le début du « Chœur des racoleurs », du *Quai de la Ferraille*, dans *Toute la Lyre* :

> Nous sommes les sergents recruteurs. Pour la gloire,
> Pour l'empire, pour être illustres dans l'histoire,
> Il faut des meurtriers au roi ; nous en cherchons.
> Pour faire des drapeaux, nous prenons des torchons ;
> Pour faire des héros, nous prenons des canailles !
> Nous rions en ouvrant dans l'ombre nos tenailles :
> Qui se fie au sourire est pincé par l'étau.
> Le froid, la faim, la soif, sont des coups de marteau
> Qui donnent une forme obscure aux misérables ;
> Mais, pourvu qu'il leur reste un œil fier, de bons râbles,
> Des vices, de la rage et des instincts fougueux,
> Ils sont notre gibier. Nous épluchons des gueux,
> Nous trions des gredins ; nous passons à nos cribles
> Toutes sortes de gens sauvages et terribles ;
> Les méchants sont les bons ; les sanglants sont les beaux.
> Ils deviendront vautours, ayant été corbeaux.
> A nous tout ce qui traîne ! à nous tout ce qui passe !
> Sa Majesté nous dit : « Sergents, faites main basse ! » ;
> Elle nous livre, en bloc, le tas de mendiants :
> Nous lui rendons des Cids et des Esplandians.

Miracle ! la langue a recouvré sa musique, son dessin, sa couleur ; le vers a reconquis, en même temps qu'une âme, un corps avec des vertèbres, de la chair, du sang, une voix. Toute pensée devient image, toute image exalte et corrobore la pensée. Mais ce qui d'abord, ici, chante, peint, suggère, n'entendez-vous pas, ne voyez-vous pas, ne sentez-vous pas que c'est la rime ?

Oui, la rime !

Reprenez, à présent, couple par couple, les vers de la *Henriade*. Dès que le premier des deux vers est fini, vous devinez déjà, neuf fois sur dix, quel mot terminera le second. Non seulement la jouissance de surprise n'existe pas, mais ici, la sécurité elle-même n'est plus une jouissance, tant elle est assurée d'une écœurante manière. On n'attend pas, avec un intérêt quelconque, la fin du second vers; on s'y résigne comme à une chose inévitable et sans joie :

> A travers deux rochers, où la mer mugissante
> Vient briser en courroux son onde blanchissante...

Voltaire aurait pu aussi bien intervertir ces épithètes et dire :

> A travers deux rochers, où la mer blanchissante
> Vient briser en courroux son onde mugissante,

ou *gémissante*, ou *rugissante*... Ce dont on était bien certain, c'est qu'il rimerait en adjectifs et, très probablement, en adjectifs de même famille, comme ceux-là, qui sont, en quelque sorte, des participes présents féminisés. Un rimeur un peu moins déplorable aurait peut-être mis « Où la mer *impuissante* », cet adjectif n'ayant point la même allure grammaticale et, de plus, formant déjà image, car ce serait parce qu'elle se sentirait impuissante, que la mer se briserait, en écumant de colère, sur les rochers inébranlés. Mais non ; il fallait, selon la conception qu'on avait, en ce temps, de la poésie et de la rime, que les épithètes fussent assez molles, banales et inexpressives, pour être interchangeables au besoin. Misère ! Et toutes les autres rimes du morceau sont de la même force : n'était-il pas à peu près fatal que *port* attirât *bord*, que les *airs* appelassent les *mers*, et les *flots* les *pâles matelots* ? ...

Passez, maintenant, à la page de *Toute la Lyre* ! Si les rimes des deux premiers vers, elles seules (*gloire, histoire*), sont, prises en elles-mêmes, peu propres à causer une surprise, voyez comme Hugo, en les préparant, en les rendant expressives et nécessaires à cette place, nous fait oublier qu'elles auraient pu être banales ! Car c'est encore un secret du génie que de provoquer ainsi la surprise avec la rime la plus attendue, fût-ce avec la plus usée de toutes peut-être, celle d'*amour* avec *jour*. La surprise consiste alors dans le rajeunissement, par un usage très particulier, d'une rime fatiguée par un usage trop général :

> Dès qu'il possède un bien, le sort le lui retire.
> Rien ne lui fut donné, dans ses rapides **jours**,
> Pour qu'il s'en puisse faire une demeure et dire :
> « C'est ici ma maison, mon champ et mes **amours** ! »
> (HUGO, les Contemplations.)

> C'était l'été ; vers l'heure où la lune se lève,
> Par un de ces beaux soirs qui ressemblent au **jour**
> Avec moins de clarté, mais avec plus d'**amour**...
> (HUGO, les Rayons et les Ombres.)

Qui pourrait se plaindre, ici, de l'emploi d'une rime aussi commune, ainsi régénérée ?

Mais, à présent que la rime d'*histoire* avec *gloire* nous a fourni l'occasion de cette remarque, passez aux rimes suivantes de la même citation. Toutes celles-là sont *rares* ; toutes, avec la sonorité attendue par l'oreille, ont un sens inattendu pour l'esprit et, toutes, elles le satisfont jusqu'à la volupté. Pourquoi ? Parce qu'elles ajoutent, à la surprise de la découverte, l'enchantement des horizons découverts. C'est l'*aise* et l'*étonnement* réunis dont Fontenelle nous parlait tout à l'heure ; c'est l'entière vertu intellectuelle de la rime.

Comment trouver ces rimes idéales ? C'est le secret de l'inspiration, qui n'est point réductible en préceptes. Mais nous pouvons, du moins, donner quelques conseils pour éviter les rimes intellectuellement mauvaises ou médiocres, c'est-à-dire celles qui abolissent tout à fait, ou qui diminuent, en grande partie, le pouvoir de surprise que nous attendons de la rime.

Première observation. — Un mot ne saurait, cela va sans dire, rimer avec lui-même : il n'y aurait pas de rimes du tout en cette répétition ; ainsi dans ces vers :

> Quelle offrande est-ce **là** ?
> On m'offre, tous les jours, ces sacrifices-**là**.
> (Voltaire, l'Indiscret.)

Toutefois, si le même mot offre deux sens très différents, on peut faire une exception à la règle, et c'en sera une, très plaisante, que cette rime de Racine dans les *Plaideurs* :

> Témoin trois procureurs, dont icelui Citron
> A déchiré la robe. On en verra les **pièces**.
> Pour nous justifier, voulez-vous d'autres **pièces** ?

Inutile d'ajouter que lorsque les deux mots ne sont pas seulement de sens différent, mais d'étymologie différente, ce sont des homonymes, la rime est parfaite :

> Notre malheur est grand, il est au plus haut **point** ;
> Je l'envisage entier, mais je n'en frémis **point**.
> (Corneille, Horace.)

> Je suis veuf, je suis seul et sur moi le soir **tombe**,
> Et je courbe, ô mon Dieu, mon âme vers la **tombe**.
> (Hugo, la Légende des Siècles.)

Deuxième observation. — On ne doit point faire rimer — parce qu'ici encore, il n'y aurait pas surprise — un substantif avec son verbe, comme dans les vers suivants :

> Par eux tout se ranime et par eux tout s'**enflamme** :
> L'oiseau de Jupiter, aux prunelles de **flamme**...
> (ROUCHER, les Saisons.)

A moins qu'il n'y ait une intention évidente dans la reprise du mot ; ainsi dans ces charmants vers de Lamartine :

> Veux-tu, pour me calmer, me remettre à la **chaîne** ?
> Tiens. Mais ce n'est pas elle, ô ma sœur, qui m'**enchaîne**.
> Va, je n'ai pas besoin de ces honteux liens ;
> Ma chaîne, ô Daïdha, c'est tes yeux sur les miens !
> (La Chute d'un Ange.)

Un mot ne peut rimer non plus avec son composé, ni deux composés ensemble ; ainsi *tendre* (verbe) et *détendre, mortel* et *immortel, bonheur* et *malheur*... à moins que le sens des deux mots ait fini par assez différer pour qu'ils n'évoquent point, dans l'esprit, la même idée ; ainsi courir et secourir, front et affront. L'oubli de la commune étymologie n'est pas assez complet pour qu'on puisse faire rimer *jours* et *toujours*, *Dieu* et *adieu*, sans quelque négligence. Encore que cette rime ait été fort employée par de bons poètes, mieux vaut se l'interdire.

On aurait tort de faire rimer ensemble deux de ces mots tirés du grec dont l'élément final est exactement le même ; ainsi *prologue* avec *épilogue*, *hypothèque* avec *bibliothèque*. Les deux premières de ces rimes ont, de plus, l'inconvénient de s'appeler mutuellement par opposition de sens, rentrant ainsi dans une catégorie dont je vais parler plus bas. Les deux autres — *hypothèque* et *bibliothèque* —

seraient moins inadmissibles, et, après Boileau, Banville et Coppée les ont admises :

> Je sais ce qu'un fermier nous doit rendre par an ;
> Sur quelle vigne à Reims nous avons **hypothèque** ;
> Vingt muids rangés chez moi font ma **bibliothèque**.
> (Boileau, le Lutrin.)

Mais Victor Hugo, ayant à mettre la même pensée dans la bouche de Don César de Bazan, a bien raison de lui faire dire, en ouvrant l'armoire de Don Salluste :

> Voyons, ceci m'a l'air d'une **bibliothèque**.
> Justement... Un pâté, du vin, une **pastèque**.
> C'est un en cas complet...
> (Ruy Blas.)

La surprise de cette rime est plus grande et plus délicate.

Troisième observation. — Rien n'est moins contraire à la surprise que la rencontre, à la rime, de deux mots dont le sens est en complète opposition, l'un faisant presque nécessairement penser à l'autre ; ainsi *bonheur* et *douleur*, *chrétien* et *païen*, *amis* et *ennemis* :

> Et dans ce temple immense, où le Dieu du **chrétien**
> Règne sur les débris du Jupiter **païen**...
> (LAMARTINE, Harmonies poétiques.)

> Ah ! que dit-on de vous, Seigneur ? Nos **ennemis**
> Vous comptent hautement au rang de leurs **amis**.
> (RACINE, Mithridate.)

A moins que le rapprochement ne soit absolument volontaire et nécessaire, comme dans la fable de La Fontaine, l'*Ours et l'Amateur des Jardins* :
> Rien n'est si dangereux qu'un ignorant **ami** ;
> Mieux vaudrait un sage **ennemi**.

Ce sont encore des rimes à proscrire que celles, dont Racine a tant abusé, de *père* avec *mère* ou avec *frère* : elles sont aussi trop facilement attirées l'une par l'autre.

Quatrième observation. — Évitons autant que possible, parce que la surprise en est diminuée, de faire perpétuellement rimer un substantif avec un substantif, un adjectif avec un adjectif, un verbe, surtout, avec un autre verbe au même temps : ces dernières rimes sont, à la fois, trop attendues et trop faciles, étant trop nombreuses. Le plus souvent, croisez les espèces de mots, comme fait Victor Hugo dans le passage ci-dessus, où il fait rimer *cherchons* avec *torchons*, *gueux* avec *fougueux*, *cribles* avec *terribles*, *ce qui passe* avec *main basse*, enfin ce substantif commun, *mendiants*, avec ce triomphal nom propre, *Esplandians*, résumant ainsi, en ces deux mots, — surpris, entre tous, de se rencontrer à la rime, — les vingt vers qui précèdent, et faisant apparaître ainsi, dans un double trait de lumière, ces truands faméliques transformés en capitans splendides, comme sous le crayon d'un Callot qui serait, en même temps, un coloriste à la façon de Caravage ou de Salvator Rosa.

Tel est, entre autres, un des pouvoirs intellectuels de la rime.

3. Du bon et du mauvais usage de la Rime

Il nous a fallu entrer dans quelques détails, parfois un peu arides, pour déterminer les qualités phoniques et les qualités psychiques de la rime. Oublions un instant ces détails, pour ne plus nous souvenir que de ceci : que, dans le vers français, la rime est, par excellence, l'élément de *sécurité* pour l'oreille, et, pour l'esprit, l'élément de *surprise*. Et nous pourrons, maintenant, chercher quel est le point précis où ces deux éléments s'accordent pour réaliser la rime parfaite : ce sera chercher, du même coup, dans quels cas, par atténuation ou exagération d'un de ces deux éléments, l'équilibre rompu enlèvera à la rime quelque chose de sa perfection idéale.

Disons vite, pour n'y plus revenir, que la rime pauvre — celle qui n'a pas la consonne d'appui lorsque, par le grand nombre des mots rimant ensemble, le poète eût pu la lui donner aisément — est toujours condamnable ; qu'Alfred de Musset a eu tort d'accoupler *ici* avec *ami*, et de louer un de ses héros de faire rimer *idée* avec *fâchée*. On n'a jamais raison de tromper l'attente de l'oreille, pas plus qu'on n'a d'excuse de frustrer celle de l'esprit par une rime intellectuellement trop attendue et banale.

Mais ajoutons, aussitôt, que l'oreille ni l'esprit n'ont pas toujours les mêmes exigences, et qu'elles varient avec le genre, avec le ton, avec l'âme du poème. Ces distinctions seront le sujet même de cet entretien ; et, si nous les avons élucidées, nous connaîtrons l'un des plus délicats, l'un des plus subtils secrets de l'art des vers.

Ce peut être, en effet, une nécessité d'art que l'emploi, pour l'oreille, de rimes simplement riches ou suffisantes, et, pour l'esprit, de rimes médiocrement imprévues. En revanche, la richesse extrême ou l'exceptionnelle rareté des rimes peut être, selon les cas, une vertu ou un vice. Prenons, par exemple, la poésie dramatique : dans une œuvre sérieuse, ce serait une faute grave que d'employer des rimes surabondantes ou trop rares, qui, au lieu de nous enchaîner, comme par d'insensibles liens, à la pensée ou au sentiment du poète, viendraient, au bout du vers, rompre le charme enveloppant pour ne nous faire plus songer qu'à la virtuosité du rimeur et à ses prouesses verbales. La rime à employer ici — et aucun de nos grands poètes de théâtre ne s'y est trompé — est celle qui assure pleinement, mais sans homophonie trop prolongée, la sécurité de l'oreille et qui procure à l'esprit une jouissance où il entrera plus d'aise que de surprise.

Corneille a pu écrire, une fois en passant, ces vers qui riment avec surabondance :

> J'aime ta passion, et suis ravi **de voir**
> Que tous ses mouvements cèdent à ton **devoir**.
> (Le Cid.)

Il se serait bien gardé de rimer ainsi toute la tirade, car on eût vite senti la recherche et pensé plus à Corneille qu'à Don Gormas et qu'à Rodrigue.

Voyez comme Racine, dans ces quelques vers de Phèdre, marque fortement le rythme par la rime, mais sans nous détourner jamais de l'émotion purement dramatique :

> ... Ah! cruel, tu m'as trop entendue.
> Je t'en ai dit assez pour te tirer d'erreur.
> Hé bien! connais donc Phèdre et toute sa fureur.
> J'aime. Ne pense pas qu'au moment que je t'aime,
> Innocente à mes yeux, je m'approuve moi-même,
> Ni que du fol amour qui trouble ma raison
> Ma lâche complaisance ait nourri le poison.
> Objet infortuné des vengeances célestes,
> Je m'abhorre encor plus que tu ne me détestes...

> Toi-même en ton esprit rappelle le passé.
> C'est peu de t'avoir fui, cruel, je t'ai chassé.
> J'ai voulu te paraître odieuse, inhumaine.
> Pour mieux te résister, j'ai recherché ta haine.
> De quoi m'ont profité mes inutiles soins ?
> Tu me haïssais plus, je ne t'aimais pas moins.

Mais le même Racine sort-il du drame de passion et d'analyse psychologique pour écrire les Plaideurs, une comédie bouffonne, aussitôt, il sentira tout ce que le piquant de la forme peut ajouter à la gaieté du fond ; et, de même qu'il brisera la cadence de son vers avec une hardiesse que les romantiques dépasseront à peine, il se livrera, deux siècles avant Théodore de Banville, à l'amusement du jeu des rimes :

> Vous plaidez ? — Plût à Dieu ! — J'y brûlerai mes **livres**.
> Je... — Deux bottes de foin, cinq à six mille **livres** !...

Ou encore :

> Et quand il serait vrai que Citron, ma partie,
> Aurait mangé, messieurs, le tout ou bien partie
> Dudit chapon...

Il ira, pour trouver des rimes drolatiques, jusqu'à finir le vers sur un mot coupé en deux ; ainsi, quand l'Intimé, dans sa plaidoirie, tient, malgré la résistance de Dandin, à citer tous ses auteurs, y compris celui du *Promptuarium juris civilis* :

> Au fait. — Pausanias en ses *Corinthiaques*...
> Au fait. — Rebuffe... — Au fait, vous dis-je. — Le grand Jacques...
> Au fait, au fait, au fait. — Harménopul, in *Prompt*...
> Ho ! je te vais juger. — Ho ! vous êtes si **prompt** !

D'instinct, Molière a écrit ses comédies d'intrigue et ses farces, l'*Étourdi* ou *Sganarelle*, avec des rimes beaucoup plus « amusantes » que celles de ses grandes comédies de caractère, le *Misanthrope* ou *Tartuffe*. Si vous relisez, à ce point de vue, le *Ruy Blas*, de Victor Hugo, vous trouverez beaucoup plus de rimes riches et rares dans le rôle picaresque de Don César de Bazan, que dans le rôle mélancolique de la reine d'Espagne ; mais nulle part, du reste, la rime n'y étalera sa richesse ou sa rareté d'une manière excessive et obsédante, car le drame veut être pris au sérieux et côtoie seulement la fantaisie.

On y vogue à pleines voiles avec certaines comédies de Théodore de Banville, telles que le *Beau Léandre* ou le *Baiser* ; et, aussitôt, la rime, non plus seulement riche, mais « millionnaire », voire « milliardaire », y sonne avec la plus divertissante adresse. Mais, pour extraordinaire qu'elle soit, l'adresse qui se fait à ce point remarquer ne saurait divertir que pendant quelques minutes : au bout de deux ou trois scènes, ce genre d'intérêt va en diminuant, et, avant la fin de la pièce, la surprise même est abolie par l'accoutumance à une surprise toujours égale.

Aussi jouit-on mieux de cet exercice en lisant quelque court poème des *Odes funambulesques* ou d'un autre ouvrage analogue du même auteur : ici, on ne nous convie point à voir se développer une action avec des sentiments et des pensées, mais à regarder, pendant quelques instants, les prodiges d'équilibre d'un acrobate facétieux sur la corde raide. Et, pourvu que nous n'attachions point plus d'importance qu'il ne faut à ce spectacle, que nous n'en attendions pas d'autre plaisir que celui de voir le danseur incliner alternativement les deux bouts de son balancier, — ses deux rimes, — de façon à éviter les chutes, nous pouvons honnêtement nous y plaire :

> Ah ! j'ai rêvé souvent, en ce siècle fantoche,
> De me trouver un jour libre, ayant dans ma poche
> De l'argent pour pouvoir engager des paris,
> O poète, et de faire... un voyage à Paris !
> Semblant venir de loin par un vain simulacre,
> Je monterais, avec des colis, dans un fiacre,
> Et, de mes Dieux jaloux abandonnant l'autel,
> Je me ferais alors conduire au Grand-Hôtel.
> J'ai fait ce rêve. Ainsi qu'un Triton dans ma conque,
> Je feignais d'arriver d'une gare quelconque,
> Je fumais un londrès, j'avais l'air d'être Anglais,
> Serré dans un faux col de marbre où j'étranglais,
> Et, comme on voit le chêne environné de lierre,
> J'avais, sur ma poitrine, un sac en bandoulière !
> Oui, dans ce songe heureux mon esprit se complaît.
> Coiffé d'une casquette et vêtu d'un complet,
> Je souris, je m'assieds dans la chambre où l'on dîne,
> A côté d'une miss blonde comme l'Ondine...
>
> (Théodore DE BANVILLE, Dans la fournaise).

Et cœtera... Vingt vers de plus, et la gageure serait trop bien gagnée peut-être ; mais, après tout, le procédé, en ce genre de poème, est légitime. Le malheur est que, pour avoir cru que la rime est « tout le vers », le délicieux maître a composé, sur des sujets plus graves, mille pages où il n'a mis, où nous ne pouvons retrouver, hélas ! que l'unique ivresse de la rime surabondante, exclusive de toute émotion profonde et de toute pensée. N'est-ce pas en songeant à cela que Paul Verlaine s'est écrié, dans les strophes en vers de neuf syllabes (4 + 5) de son Art poétique :

> Oh ! qui dira les torts de la rime !
> Quel enfant sourd ou quel nègre fou
> Nous a forgé ce bijou d'un sou
> Qui sonne creux et faux sous la lime ?
> (Jadis et Naguère.)

Et il a raison, si c'est bien à ces torts-là qu'il songe.

[Ne quittons pas Théodore de Banville, sans tirer de son œuvre deux exemples encore, très piquants, l'un des « torts » possibles de la rime, et l'autre, par compensation, des vertus extraordinaires qu'elle peut aussi montrer.

Dans la comédie de *Socrate et sa Femme*, Xantippe reproche à Myrrhine d'avoir baisé au front le philosophe :

> J'ai très bien vu. Pareille à la nymphe qu'amuse
> Un faune, tu baisais cette tête camuse !

Ne pouvant prévoir de si loin une rime en calembour, il est inévitable qu'à la fin du premier vers nous entendions : pareille à la nymphe camuse — désobligeante image ! — et quand nous apprenons que cette rime était un verbe, et que c'est le visage de Socrate qui est camus, il est trop tard !

Mais voici la revanche : dans un apologue intitulé *Populus* (Dans la fournaise), le poète nous conte qu'au fond d'une impasse lépreuse il a vu, s'acharnant sur quelque vermisseau, une vieille poule déplumée, maigre et borgne, que considérait mélancoliquement, tout en mangeant son pain noir, un vieil homme dépenaillé, décharné, lamentable. « Qu'est-ce que cette poule qui paraît t'intéresser si fort ? », demande le poète au pauvre diable.

> L'homme dont un frisson glaçait chaque vertèbre,
> Le vieux qui regardait la volaille funèbre
> Et semblait la couver des yeux comme un festin,
> Me dit : Elle n'a pas accompli son destin.
> Car pour elle et pour moi l'Histoire se déroule
> Inexorablement, et c'est la même poule

> Que le roi Henri Quatre, en levant son impôt,
> M'avait promis jadis de mettre dans mon pot.

« En levant son impôt ! » Impayable ironie, inestimable trouvaille, suggérée par le seul besoin de bien rimer ! Et j'accusais Banville de n'être pas un philosophe ! D'une simple rime riche, pendue au bout d'un vers, il a sondé ici, jusqu'en son extrême profondeur, toute la Politique.]

Vous le voyez, l'emploi dominant de la rime *ultrariche* — et ultra-rare — se restreint, dans la poésie dramatique, à la farce, dans la poésie lyrique, à la parodie et à tout ce qui s'y rattache, — en un mot, aux simples *amusettes* de l'esprit.

Restent les rimes ni trop ni trop peu rares, dans l'ordre intellectuel, et qui, dans l'ordre acoustique, sont ou les rimes simplement riches, c'est-à-dire se contentant de la consone d'appui, ou les rimes suffisantes, s'en passant même. Nous avons vu la part plus ou moins grande qu'on pouvait faire aux unes et aux autres dans les œuvres de théâtre ; la proportion de leur mélange doit aussi varier, selon le caractère de l'inspiration, dans les autres genres de poésie.

Ainsi, demanderons-nous à un chant d'adoration amoureuse, qui doit nous bercer dans une caresse, qui veut faire appel moins à nos sens qu'à notre cœur, d'amener, à la fin de chaque vers, des mots qui solliciteraient trop particulièrement notre esprit et notre oreille ? Non certes, car il en résulterait une diversion au lieu d'une concentration, et notre jouissance totale en serait diminuée. Voyez si rien manque à la mélodie sublime de ces vers, un portrait de femme, où il n'y a, pourtant, aucune rime d'une rareté ou d'une richesse exceptionnelles :

C'est une vierge enfant et qui grandit encore ;
Il pleut, sur ce matin, des beautés et des jours ;
De pensée en pensée, on voit son âme éclore,
Comme son corps charmant de contours en contours.

Un éblouissement de jeunesse et de grâce
Fascine le regard où son charme est resté.
Quand elle fait un pas, on dirait que l'espace
S'éclaire et s'agrandit pour tant de majesté...

Sérieuse en naissant jusque dans son sourire,
Elle aborde la vie avec recueillement ;
Son cœur, profond et lourd chaque fois qu'il respire ;
Soulève, avec son sein, un poids de sentiment.

Soutenant sur sa main sa tête renversée,
Et fronçant les sourcils qui couvrent son œil noir,
Elle semble lancer l'éclair de la pensée
Jusqu'à des horizons qu'aucun œil ne peut voir.

Comme au sein de ces nuits sans brumes et sans voiles
Où, dans leur profondeur, l'œil croit voir les cieux nus,
Dans ses beaux yeux d'enfant, firmament plein d'étoiles,
Je vois poindre et nager des astres inconnus.

(LAMARTINE, Recueillements poétiques.)

Portrait de femme, ai-je dit, oui, mais portrait comme spiritualisé, comme estompé par ces rimes où il y a plus de dessin que de couleur, où chaque détail matériel semble, à la fois, s'achever et se dissoudre en une sorte d'immatérielle atmosphère. C'est une merveille d'art, qui laisse oublier l'artiste, et une vision presque surnaturelle qui s'évanouirait à la moindre rime trop appuyée, trop voyante.

Regardez, à présent, dans les *Émaux et Camées*, de Théophile Gautier, cette autre image de femme, que le poète a voulue, au contraire, toute réaliste et toute plastique, où, loin de s'effacer, il se plaît à se montrer, plume en main, luttant de relief et de couleur avec la brosse du peintre. Ici, ce ne sont plus des rimes discrètes et voilées, mais audacieuses, mais tapageuses, véritables transpositions, pour l'oreille, de ce que seraient, pour l'œil, la lumière crue et les ombres dures d'un soleil d'Espagne :

> Carmen est maigre, — un trait de bistre
> Cerne son œil de gitana.
> Les cheveux sont d'un noir sinistre,
> Sa peau, le diable la tanna.
>
> Les femmes disent qu'elle est laide,
> Mais tous les hommes en sont fous :
> Et l'archevêque de Tolède
> Chante la messe à ses genoux ;
>
> Car sur sa nuque d'ambre fauve
> Se tord un énorme chignon,
> Qui, dénoué, fait dans l'alcôve
> Une mante à son corps mignon.
>
> Et, parmi sa pâleur éclate,
> Une bouche aux rires vainqueurs ;
> Piment rouge, fleur écarlate,
> Qui prend sa pourpre au sang des cœurs.

Partout où un élément pittoresque se devra montrer, nous retrouverons cette plénitude et cette rareté des rimes : dans la *Légende des Siècles*, de Victor Hugo, et dans les *Poèmes barbares*, de Leconte de Lisle ; dans les somptueux *Trophées*, de J.-M. de Heredia, dont tous les vers pourraient être étudiés, à ce point de vue, finale à finale, aussi bien que dans les *Humbles*, de François Coppée, où le choix caractéristique des rimes est aussi évocateur d'intimités contemporaines que le furent, au dix-septième siècle, les minuties de pinceau des peintres de Hollande : un Gérard Dow, un Jan Steen, un Terburg.

Partout, au contraire, où dominera le sentiment, les poètes atténueront, dans une certaine mesure, l'éclat sonore de leurs rimes et leur intensité de surprise, sans jamais, pourtant, effacer l'un ni l'autre : Victor Hugo ne rimera pas les *Feuilles d'Automne* comme les *Orientales*, ni les *Contemplations* comme la *Légende*.

Enfin, dans les poèmes philosophiques, tels que la *Justice* et le *Bonheur*, de Sully Prudhomme, en même temps que la sécurité de l'oreille sera assurée par des sonorités pleines, mais sans excès d'homophonie, la surprise et l'aise de l'esprit seront fondées sur l'exactitude psychologique des mots essentiels — plus souvent abstraits que pittoresques — mis à la rime.

Comment s'élabore, dans le cerveau du poète, cette merveilleuse adaptation de la rime à l'image, au sentiment, à la pensée ? C'est ce que nous allons, si vous le voulez bien, chercher ensemble.

4. Comment naît la Rime

Par illumination ou par recherche ? Par instinct ou par volonté ? Ou encore ces deux sources se mêlentelles dans l'intelligence et la sensibilité du poète ?

Prenons, d'abord, les opinions extrêmes. « Volonté », dit Boileau ; « illumination », dit Banville. Et ces réponses si différentes ne marquent point seulement une conception différente du rôle de la rime, mais de la poésie elle-même.

Boileau, d'abord, en quelques vers de son *Art poétique*. J'en souligne les traits essentiels :

> Quelque sujet qu'on traite, ou plaisant ou sublime,
> Que toujours le bon sens s'accorde avec la rime :
> L'un l'autre vainement ils semblent se haïr ;
> **La rime est une esclave et ne doit qu'obéir.**
> Lorsque à la bien chercher, d'abord, on s'**évertue,**
> L'esprit, à la trouver, aisément s'habitue,
> Au joug de la raison sans peine elle fléchit,
> Et, loin de la gêner, **la sert et l'enrichit.**

Ainsi donc, pour Boileau, un poème est, avant tout, une conception raisonnable, qu'on ordonne, bien entendu, avec une parfaite logique, la logique étant encore un produit de la raison ; après quoi, on met la chose en vers, on orne le vers d'une rime qui le « sert et l'enrichit », et cela, d'abord, en « s'évertuant », en suant même, — « en vain, pour la chercher, je travaille et je sue », dit-il ailleurs, — jusqu'à ce que, l'habitude aidant, on arrive à rimer avec plus d'aisance et moins de transpiration, à la façon de Molière, à qui il écrit naïvement, dans sa seconde satire :

> Enseigne-moi, Molière, où tu trouves la rime.
> **On dirait,** quand tu veux, qu'elle te vient chercher.

On le dirait, oui ; mais, au fond, il n'en croit rien, ce n'est là qu'une apparence ; et il est convaincu que, comme les autres, Molière cherche sa rime, — moins péniblement que lui Boileau ; voilà tout.

Ne nous étonnons pas trop de ces idées sur la rime *volontaire*, dans la bouche d'un homme qui, n'étant que fort peu poète, devenait parfois, à force de patience entêtée, un excellent rimeur. Et ne nous dissimulons pas, non plus, que ce devait être, au fond, la théorie, sinon la pratique, des grands poètes de son temps, c'est-à-dire d'un siècle qui avait perdu le sens de la poésie lyrique et dont les seuls maîtres étaient, à l'exception de La Fontaine, des poètes de théâtre. La raison, et même le raisonnement jouent, en effet, le plus grand rôle dans la conception et l'ordonnance d'une tragédie ou d'une comédie ; il est donc naturel que l'exécution fasse une assez large part à la volonté consciente. Seulement, Corneille, Racine, Molière avaient le génie qui manquait à l'honnête Despréaux, et l'inspiration allégeait souvent et supprimait parfois, chez eux, cet effort de la volonté.

Pas toujours. Et c'est tant pis pour leurs rimes, car lorsqu'ils retombent à ce que j'appellerai la *traduction en vers* de leurs idées *conçues en prose*, un très petit nombre de mots suffisant à exprimer des notions purement raisonnables, ils n'emploient plus, pour écrire, qu'un vocabulaire très restreint, d'où résulte un appauvrissement du nombre des rimes qui va jusqu'à la pénurie.

Ce n'est pas tout : du petit nombre des mots employés à la rime, résulte, nécessairement, une grande monotonie dans le son des finales des vers : à chaque instant, les mêmes sonorités y reparaissent, et, en général, très sourdes, car les mots qui ne forment point image, les mots abstraits, sont, la plupart du temps, dénués de tout éclat pour l'oreille. Lisez à haute voix, par exemple, dans *Andromaque*, ce bout de dialogue où, en quatorze vers, Racine a ramené huit fois des rimes en *é*, où il n'y a pas une seule des rimes masculines qui ne soit en *é* :

PYRRHUS

Et le puis-je, madame ? Ah ! que vous me **gênez** !
Comment lui rendre un cœur que vous me **retenez** ?
Je sais que de mes vœux, on lui promit l'empire ;
Je sais que pour régner elle vint dans l'Épire.
Le sort vous y voulut l'une et l'autre **amener**,
Vous, pour porter des fers, elle, pour en **donner**.
Cependant, ai-je pris quelque soin de lui plaire ?
Et ne dirait-on pas, en voyant, au contraire,
Vos charmes tout-puissants, et les siens **dédaignés**,
Qu'elle est ici captive et que vous y **régnez** ?
Ah ! qu'un seul des soupirs que mon cœur vous envoie,
S'il s'échappait vers elle, y porterait de joie I !

ANDROMAQUE

Et pourquoi vos soupirs seraient-ils **repoussés** ?
Aurait-elle oublié vos services **passés** ? ...

On ne saurait entendre de plus pauvre musique. Et c'est une conséquence fatale de cette conception classique de la *rime esclave*. Dispensée de tout autre devoir que celui d'obéissance, privée de tout pouvoir propre, — de toute initiative pourrait-on dire, — la rime « obéit », en effet, mais, le plus souvent, avec la molle résignation de la servitude.

Et le poète lui-même, du moins aux heures de fatigue, ne la commande plus que mollement et sans joie, car la joie de commander ne vient que de la possibilité d'une résistance à vaincre. Et c'est alors que, dans son terrible et magnifique chef-d'œuvre de *Phèdre*, Racine décrira, en vers qu'un collégien de quinze ans ne se permettrait plus, le monstre du récit de Théramène, collant ainsi, au coin d'un bas-relief taillé en plein marbre de Paros, une de ces ridicules tarasques de carton-pâte, telles qu'on en voit se tortiller, peintes en vert-pomme, sous la lance de l'archange saint Michel, chez « les marchands de bons dieux autour de Saint-Sulpice », comme il est dit dans un spirituel dizain de François Coppée. Rappelez-vous ces alexandrins du fameux récit. Vous les savez tous par cœur, le crétinisme traditionnel des compilateurs de morceaux choisis les ayant maintenus, pendant plus de deux siècles, dans les recueils à l'usage des classes, pour donner aux écoliers une idée du génie de Racine, bien que ce soient précisément ceux qu'on voudrait, à tout prix, pouvoir retrancher de l'œuvre racinienne :

> Cependant, sur le dos de la plaine **liquide**,
> S'élève, à gros bouillons, une montagne humide…

Vous le voyez, voilà déjà les molles rimes en épithètes qui arrivent, sans même avoir l'excuse sonore de la consonne d'appui ; et, aussitôt, tout faiblit, à commencer par l'image : car, si une plaine liquide peut avoir un dos, la montagne humide qui s'y élève à gros bouillons ne peut être qu'une bosse sur ledit dos. Ce bon Théramène, dans son trouble si verbeux, a vraiment là une imagination singulière ! Mais je ne m'arrête point davantage et, tout droit, comme l'intrépide Hippolyte lui-même, je « pousse au monstre » :

> L'onde approche, se brise, et vomit à nos yeux,
> Parmi les flots d'écume, un monstre **furieux**.
> Son front large est armé de cornes **menaçantes**.
> Tout son corps est couvert d'écailles **jaunissantes**.
> Indomptable taureau, dragon **impétueux**,
> Sa croupe se recourbe en replis **tortueux** ;
> Ses longs mugissements font trembler le rivage ;
> Le ciel, avec horreur, voit ce monstre **sauvage**… etc.

Évidemment, si la rime, en ces vers, n'a que médiocrement « enrichi » la raison, elle lui a, du moins, « obéi », car il est raisonnable que le monstre soit *furieux*, que les cornes soient *menaçantes*, que les écailles soient *jaunissantes*, que le dragon soit *impétueux*, que les replis soient *tortueux*, enfin que le monstre déjà nommé soit *sauvage*... C'est même le moins qu'il puisse faire. Mais où est la poésie ? Où est cette épouvante que le poète voudrait nous inspirer ?

En vérité, le rivage a bien tort de trembler et le ciel est bien bon de voir avec tant d'horreur cette risible gargouille, qui n'effraierait pas même un enfant !

Ah ! si la rime, au lieu d'être l'esclave docile que le « Législateur du Parnasse » entendait qu'elle fût, avait eu le droit de parler un peu pour son compte, elle n'aurait pas manqué de s'écrier, à cette place :

— Maître, je ne suis pas ici seulement pour servir et enrichir, d'une plus ou moins discutable manière, ta pensée raisonnable, mais pour échauffer ta raison et pour ajouter à ta pensée tout ce qu'elle contient virtuellement sans que toi-même en aies une entière conscience, en un mot, pour suggérer bien au delà de ce que tu veux que j'exprime. Quand je me suis présentée à toi sous les espèces de ces vagues et misérables épithètes, tu aurais dû me vomir avec plus de dégoût encore que l'onde dont tu parles ne vomit le monstre, et attendre que, dans ton imagination plus exaltée, sonnassent, à la fin de tes vers, des mots capables d'ébranler tout ton être, de transmettre ensuite, à quiconque les entendrait par toi, l'ébranlement que toi-même en aurais reçu. Alors, alors seulement, ton monstre eût été terrible, digne d'avoir été suscité par Neptune à l'imprudente prière de Thésée ; et tu te fusses révélé, par la bouche de Théramène, aussi grand poète lyrique et descriptif que tu venais de te montrer grand poète tragique en amenant, sur la scène, ta Phèdre rongée par les feux redoutables de Vénus et laissant échapper de son sein l'incestueuse déclaration d'amour à Hippolyte...

Mais la rime, réduite au plus strict esclavage, n'avait plus le droit de prendre la parole et ne se souvenait même plus du rôle, timide encore, délicieux déjà, qu'elle avait joué au seizième siècle, au temps de Ronsard et de ses disciples. Et, pendant tout le dix-huitième siècle, ce fut pire qu'au dix-septième : le vocabulaire des rimeurs continua de se restreindre, au point que les rimes ; de plus en plus inexpressives et sourdes, se réduisirent peut-être à quelques centaines. Misère des misères !

Pourquoi ? C'est qu'un tout petit nombre de vocables sont du domaine immédiat de la raison, et que tous les autres, ceux qui ne pourraient la servir qu'en faisant appel aux sens, sont du domaine de l'imagination, alors fermé. Jean-Jacques Rousseau, puis Chateaubriand, le rouvrent à la prose ; la poésie y pénètre avec Lamartine ; Victor Hugo, enfin, renverse toutes les murailles qui séparaient le vocabulaire de l'imagination du vocabulaire de la raison, celui de la prose de celui des vers ; et voici qu'il réintègre dans la poésie tout ce qui évoque, tout ce qui sculpte, tout ce qui dessine, tout ce qui colore, tout ce qui chante, tout ce qui, en un mot, ajoute la nature à l'âme et les fait se pénétrer à tel point l'une l'autre, qu'elles ne pourront plus, désormais, être séparées.

Lisez maintenant, après le si prosaïque *Art poétique* de Boileau, qui, dans ses bons endroits, n'est que judicieux de pensée et heureux de formules, celui — extraordinaire de lyrisme, d'éloquence, d'esprit et de profondeur, — que Victor Hugo a écrit, dans les *Contemplations*, sous les titres de *Réponse à un acte d'accusation* et de *Suite*. Méditez les deux pièces, d'un bout à l'autre, car je n'en puis citer ici que quelques vers, ceux où la grande révolution verbale est affirmée et justifiée :

> Je fis souffler un vent révolutionnaire,
> Je mis un bonnet rouge au vieux dictionnaire.
> Plus de mot sénateur, plus de mot roturier
> Je fis une tempête au fond de l'encrier,
> Et je mêlai, parmi les ombres débordées,
> Au peuple noir des mots l'essaim blanc des idées,
> Et je dis : « Pas de mot où l'idée au vol pur
> Ne puisse se poser, tout humide d'azur ! »
> ....
> Et je n'ignorais pas que la main courroucée
> **Qui délivre le mot délivre la pensée.**

Parole d'une portée immense, que les vers suivants vont éclairer :

> **Car le mot, qu'on le sache, est un être vivant.**
> La main du songeur vibre et tremble en l'écrivant ;
> La plume, qui d'une aile allongeait l'envergure,
> Frémit sur le papier quand sort cette figure,
> Le mot, le terme, type on ne sait d'où venu,
> Face de l'invisible, aspect de l'inconnu,
> Créé par qui ? forgé par qui ? jailli de l'ombre,
> Montant et descendant, dans notre tête sombre,
> **Trouvant toujours le sens comme l'eau le niveau ;**
> **Formule des lueurs flottantes du cerveau.**
> ....
> La vieille empreinte y reste auprès de la nouvelle ;

Ce qu'un mot ne sait pas, un autre le révèle.

Vous le voyez, le mot n'est plus, ici, l'arme inerte et passive que la pensée, indépendante de lui, supérieure et antérieure à lui, va patiemment chercher, et choisir, après mûre délibération, dans l'arsenal de la langue : il vit, il agit, il est le révélateur, le créateur presque de la pensée elle-même :

> Car le mot, c'est le verbe et le verbe, c'est Dieu.

Sans aller, avec le maître, jusqu'à cette apothéose du verbe, sentons tout ce que cette analyse du phénomène de la création poétique a de juste, de profond, de lumineux enfin. Oui, de lumineux, car, où l'expression rationnelle aurait été impuissante à nous faire *comprendre* ce mystérieux travail, non seulement le poète nous le fait *sentir* par la vertu des images, mais il nous y fait, en quelque sorte, assister.

De cette nouvelle théorie du mot, une nouvelle théorie de la rime devait naître, puisque, dans un vers, la rime est le mot essentiel, ou, du moins, le mot culminant, celui, entre tous, sur lequel s'arrêtera la pensée, en même temps que la voix, par l'expiration de l'unité rythmique. Théodore de Banville me semble être le théoricien qui l'a le plus hardiment exposée, en son *Petit Traité de Poésie Française*. Selon lui, et bien qu'il n'emploie pas le terme même, la seule origine de la rime est dans une *illumination* du poète, qui voit « spontanément » apparaître, « dans la chambre noire de son cerveau », en même temps que la vision qu'il veut montrer à ses auditeurs, les deux mots-rimes chargés de l'évoquer et de la fixer. Et il ne craint pas d'ajouter :

« Ce n'est ni le bon sens, ni la logique, ni l'érudition, ni la mémoire, qui fournissent ces mots armés d'un si étrange pouvoir : ils ne se présentent qu'en vertu d'un don spécial, qui ne s'acquiert pas. »

Nous voilà aux antipodes de la doctrine de Boileau. Qui est dans le vrai, de Boileau ou de Banville ? — Il y a beaucoup de vérité, dans ce que dit celui-ci ; il y en avait un peu dans ce qu'avait dit celui-là : l'illumination spontanée, c'est le grand fait de la création de la rime, et Banville a dit juste ; mais la volonté au service de la raison n'en est pas absente, et Boileau n'a donc pas tout à fait tort.

Je voudrais essayer d'analyser ici ce que c'est que l'état d'inspiration chez le poète, état que j'aimerais à qualifier d'*hallucination lucide*. Quand le poète y est entré, c'est-à-dire quand il se sent possédé, non plus seulement par l'*idée* stricte et sèche, mais par l'*émotion* infinie de son sujet, est-il vrai que, du premier coup, les rimes nécessaires lui apparaissent ? Non. Est-il vrai qu'il les cherche avec une volonté tendue ? Pas davantage. Que lui arrive-t-il donc ? Ceci : Sa raison, non plus pleinement active et volontaire, mais à demi passive, quoique consciente encore, cesse de raisonner sur les rapports purement logiques de la pensée avec les mots ; elle regarde, pour ainsi dire, — je reprends ici les images de Victor Hugo, — elle regarde « monter et descendre » ces rimes qui cherchent à s'adapter à la pensée, ces mots qui tendent à « trouver leur niveau » dans la pensée. Ils « passent » devant elle :

> Sombre peuple, les mots vont et viennent en nous :
> Les mots sont les passants mystérieux de l'âme.

Tant que ce ne sont pas les mots-rimes qui, par une sorte d'harmonie préétablie, doivent s'accorder avec elle, la raison les laisse passer. Mais que ces mots-là se présentent, et, aussitôt, sentant s'éveiller entre eux et elle une mystérieuse correspondance, elle les arrêtera, les élira, les *voudra*, dans une espèce de joie divine.

Et c'est ainsi que, selon la formule de notre vieux Joachim Du Bellay, la rime est, chez les vrais poètes, « reçue, non appelée », ou si vous l'aimez mieux, *moins cherchée que reconnue.*

Lorsque la rime est telle, il y a poésie. Lorsqu'elle est, au contraire, moins reçue qu'appelée, moins reconnue que cherchée, lorsqu'on la sent née, non d'un allégement, mais d'un effort, il n'y a plus que versification, traduction en vers plus ou moins habile, mais non poésie.

5. Dernières considérations sur la Rime

Vous connaissez, maintenant, les deux conceptions opposées de la rime : la rime *raisonnée et volontaire*, la rime *imaginative et inspirée*. Et, tout en sachant bien que les vrais poètes les ont toujours conciliées d'instinct, vous ne vous étonnerez pas que les théoriciens de la première conception n'aient pas porté, sur la rime, le même jugement que les théoriciens de la seconde.

Ceux de la première assurent qu'elle est une gêne ; ceux de la seconde affirment qu'elle est une aide. Qui a raison ? Ces derniers. « Pour ce qui est de la gêne que la rime impose, assure-t-on, rien de plus saugrenu qu'une pareille idée », écrit Catulle Mendès dans son *Rapport sur le Mouvement poétique français.* Et « saugrenu » ne me semble pas un mot trop fort.

Entendons-nous, pourtant : la rime est une gêne — et plût au ciel qu'elle fût plus qu'une gêne, un obstacle ! — pour les vains rimeurs qui se croient destinés à la poésie et que cet embarras seul devrait avertir suffisamment qu'ils se trompent sur leur vocation véritable. Elle est une gêne encore — et j'ajoute encore : Dieu merci ! — pour les vrais poètes eux-mêmes, lorsque, ne se sentant pas soulevés et brûlés par l'inspiration, ils sont coupables de vouloir, aux heures où leur pensée est tiède et lourde, l'associer malgré tout au rythme et à la rime. Car la poésie n'est et ne doit être, selon la belle parole de Shelley, que « le souvenir des meilleurs et des plus heureux moments des meilleurs et des plus heureux esprits de ce monde ».

Mais quand, pour ces esprits-là, ces moments-là ont sonné, alors, loin que la rime, ou une autre quelconque des lois de la prosodie, leur soit une gêne, voici qu'elle leur devient une aide, une aide à ce point délicieuse et puissante qu'elle leur en paraît à eux-mêmes comme surnaturelle, et qu'ils se demanderont presque, — lorsque, après avoir librement plané dans la lumière, ils seront retombés au terre à terre et à l'obscurité de la vie médiocre, — si c'est bien à eux qu'une telle faveur a pu être un instant donnée.

Et savez-vous pourquoi la rime est une aide ? Retenez bien ceci : *c'est qu'elle est une discipline*, et que toute discipline, préalablement acceptée, est, à la fois, un renfort et une délivrance. Quand donc avez-vous senti vos pas libres et forts ? Était-ce quand vous erriez au hasard entre les arbres d'un bois ou entre les pierres d'une lande, sans autre loi que votre caprice ?

Non, c'est quand vous avez pris la grand'route élue, et qu'une fanfare sonnée à votre oreille, ou une allègre chanson montée à vos lèvres, a soudain, comme par magie, allégé, affermi, délivré votre marche en la rythmant.

Nous allons voir, tout à l'heure, la rime agir ainsi dans l'imagination du poète. Mais, puisqu'on a dit que la rime était une gêne, cherchons d'abord qui l'a pu prétendre, et sous quels prétextes.

Bien entendu, ce ne pouvaient être des poètes et ce devaient être, fatalement, des théoriciens de la rime-esclave, de la rime purement rationnelle, selon le cœur de Boileau.

Voici ce que dit la *Poétique* de Port-Royal :

« La rime étant une gêne, quoique très agréable et très nécessaire pour la beauté du vers, il vaut mieux y être un peu libre, pour favoriser un beau sens, que trop scrupuleux. »

Et voici ce que dit Fénelon dans la *Lettre à M. Dacier sur les Occupations de l'Académie* :

« Je n'ai garde de vouloir abolir les rimes ; sans elles, notre versification tomberait... Mais je croirais qu'il serait à propos de mettre nos poètes un peu plus au large sur les rimes, pour leur donner le moyen d'être plus exacts sur le sens et sur l'harmonie. En relâchant un peu sur la rime, on rendrait la raison plus parfaite ; on viserait avec plus de facilité au beau, au grand, au simple, au facile... »

Autant de mots, autant d'erreurs. Du reste, en laissant de côté l'auteur anonyme du traité de Port-Royal, — celui, peut-être, qui avait commis les vers du *Jardin des Racines Grecques*, — si vous voulez, pour Fénelon, mesurer la valeur du témoignage à l'autorité du témoin, lisez tout simplement l'*Ode* qu'on a retrouvée dans ses papiers et qui termine l'édition posthume et définitive de *Télémaque* : c'est à ruiner, irrémédiablement, la légende sur le chant du cygne, fût-il le cygne de Cambrai lui-même ! Au reste, dans la susdite *Lettre à M. Dacier*, au chapitre dont j'ai extrait quelques lignes et qui est consacré au projet de poétique *française*, dont il voudrait que se chargeât l'Académie, nous le voyons citer avec abondance et commenter, avec une grâce exquise, d'ailleurs, des hexamètres de Virgile, dont il est certain qu'il a le sens le plus délicat ; mais il se garde bien de citer un seul vers *français* à l'appui de ses critiques, se contentant de dénigrer, sans la moindre preuve, notre prosodie, dont il est clair qu'il parle comme un aveugle-né ferait des couleurs !

La fondamentale absurdité dans laquelle il se complaît, après Port-Royal et après Boileau, c'est de croire qu'il peut y avoir, chez le vrai poète, chez le poète inspiré, — le seul qui compte, — désaccord entre la raison et la rime ; c'est de s'imaginer que le rôle du poète consiste à négocier péniblement entre elles des mariages de convenance, tandis qu'en réalité la raison et la rime sont à ce point mutuellement attirées qu'on ne saurait distinguer quelle est celle des deux qui a fait le premier pas vers l'autre, et qu'on a même pu dire que parfois, chez Victor Hugo, notamment, l'idée avait procédé de la rime et non la rime de l'idée. Non : même chez Victor Hugo, l'idée essentielle préside toujours, dans cette demi-inconscience qu'est l'inspiration géniale, à la création de la rime ; mais celle-ci ne vient pas seulement servir l'idée directrice : elle vient l'achever, la confirmer, l'amplifier, la fortifier d'idées accessoires suggérées par les images, qui ont été elles-mêmes suggérées par les rimes ; si bien que l'on peut dire que la rime, à son tour, est devenue créatrice de raison et génératrice de pensée.

Voici un exemple. Je le prends, à dessein, dans l'un des poèmes les plus contestés de Victor Hugo, l'un de ceux où il semble s'être le plus abandonné à la suggestion verbale, dans l'*Ane*. C'est le passage où le poète développe, sur le ton ironique et familier,

cette pensée que tout novateur, apportant à la routine humaine
« quelque nouveauté sainte ayant l'odeur des cieux », — inventeur ou sociologue, philosophe ou découvreur de mondes, — est prédestiné à l'incompréhension ou à la persécution de ses contemporains. Et vous aller voir les rimes — d'une plénitude et d'une rareté extraordinaires, et, cependant, si naturelles à leur place, qu'elles paraissent, à la fois, les plus aisées et les plus nécessaires du monde, — être beaucoup plus que les servantes de la pensée, mais quelque chose comme le ferment, actif et libre, sans lequel la pensée n'aurait point évolué jusqu'à son terme.

— Malheur, dit le poète, à tous ces hommes, dont il a déjà cité quelques noms, et dont il va citer quelques-uns encore :

> Malheur ! Papin en France ou Galilée à Rome,
> Quel que soit le prodige, hélas ! quel que soit l'homme,
> Quel que soit le bienfait, quel que soit l'ouvrier,
> Qu'il se nomme Jackson, qu'il se nomme Fourier,
> Malheur ! huée ! affronts, et clameurs triomphantes !

Cela fait, il va ranger en deux catégories les adversaires du grand homme : ceux, les croyants, qui le dénoncent au nom d'un dogme, — d'où la belle rime de sycophantes, par laquelle ce premier développement sera enchaîné au suivant, — et ceux, les douteurs, qui raillent au nom d'un bon sens étroit dont la médiocre portée ne saurait pourtant l'atteindre, — et, ici, le nom de Voltaire devait apparaître à la rime :

> Tous se jettent sur lui : les uns, les sycophantes,
> Au nom des livres saints, védas ou rituels ;
> Les autres, les douteurs, bourreaux spirituels,
> Parfois railleurs profonds, comme Swift et Voltaire,
> Au nom du vieux bon sens, bouche pleine de terre.

« Bouche pleine de terre... » Oh ! l'admirable définition amenée par une image, amenée elle-même par la rime !

> On vous l'assomme avec maint argument plombé,
> Là, par Christ plus Moïse, ici par A plus B.

La rime n'est pas seulement piquante : après une forte et plaisante image, elle amène le résumé, en un seul vers, des deux façons d'assommer un novateur. Puis le poète va nous faire entendre, sur le ton approprié que donne la rime *cavernes* et *balivernes*, comment parlent, au nom du sens commun, ceux qui assomment de la première façon, par la raillerie :

> Que veut ce songe creux ? et de quelles cavernes
> Sort-il pour nous conter de telles balivernes ?
> Avoir du temps passé jeté le vieux bâton,
> Quel crime ! — S'appeler Gutenberg ou Fulton.
> Quel cynisme ! — Aller seul ! l'audace est fabuleuse
> Si c'est Flamel, Cardan, Saint-Simon ou Deleuze,
> Pour en avoir raison l'éclat de rire est là.

Mais il n'y a pas que les moqués au nom du bon sens, il y a les torturés et les brûlés au nom du dogme ; une rime lumineuse a surgi dans l'imagination du poète : *Campanella* ; et alors, changeant de ton, il continue :

> Si c'est Jordan Bruno, si c'est Campanella
> Qui, le premier, a dit : « Les soleils sont sans nombre »,
> Qu'il se sauve ; sinon, demain, le bûcher sombre
> Leur mettra la fumée et la nuit dans les yeux...

« Le bûcher *sombre*. » La rime pourrait être commune ; non, elle est redevenue forte et neuve, car le poète n'a vu, d'abord, sur ce bûcher, que la fumée qui aveuglera le martyr... Mais, à présent, ce sont les étincelles qu'il aperçoit : une comparaison s'établit aussitôt, dans son esprit, entre leurs tourbillons infimes et les innombrables constellations de l'univers infini ; de cette comparaison jaillit une rime : *envieux*, et par cette rime, qui nous fait passer du monde physique au monde moral, s'achève, en plein sublime, la personnification, déjà commencée au vers précédent, de ces étincelles envieuses des étoiles :

> Et l'affreux tourbillon des braises, envieux,
> Châtiera ce rêveur du tourbillon des astres !

Ce vers, si logiquement amené par la rime précédente, est d'une magnificence extraordinaire. Mais n'oublions pas que c'est le bon âne Patience, dont les oreilles se sont allongées dans les bibliothèques, qui parle ici au bonhomme Kant, indulgent philosophe, et qu'il ne peut, sans invraisemblance, se maintenir toujours à cette hauteur. Il lui faudra, néanmoins, retomber dans son pré sur une bonne rime. Médicastres en serait une, riche entre toutes ; mais comment l'amènera-t-il ? Sera-ce par quelque gambade sentant son tour de force d'âne savant ? Point. Ce sera par l'abandon pur et simple au cours normal de sa pensée. Rappelez-vous Thomas Diafoirus qui, comme le dit M. Diafoirus, son père, « s'attache aveuglément aux opinions de nos anciens, et jamais n'a voulu comprendre ni écouter les raisons et les expériences des prétendues découvertes de son siècle touchant la circulation du sang, et autres opinions de même farine ». La circulation du sang, c'est Harvey qui l'a démontrée ; notre âne continuera donc tout naturellement :

> Harvey mourra, moqué de tous les médicastres,

pour achever ainsi sa période :

> Kind raillera Kepler ; et tous les culs-de-plomb
> Ferreront cet oiseau de l'Océan, Colomb.

Que dites-vous de ce dernier accouplement de mots à la rime, aussi riche de sens qu'inattendu ? de ce mot composé, *culs-de-plomb*, aux trois syllabes sourdes, pesantes, ridicules, vulgaires, et qui, placé là en vedette, peint et flétrit d'un seul trait les grotesques et féroces adversaires du navigateur ? Puis de ce mot *Colomb*, qui, détaché par une virgule des dix premières syllabes de l'alexandrin, s'envole, comme un grand albatros ouvrant tout à coup ses ailes, ou s'élance vers la pleine mer, comme la caravelle même du navigateur, dont on aurait, d'un coup de hache, coupé l'amarre ?

Et surtout, que dites-vous, à présent, de la prétendue *gêne* causée par la rime et de la nécessité prétendue qu'il y a de « se relâcher sur la rime pour rendre la raison plus parfaite » ?

Quant aux terribles et non moins imaginaires conséquences de cette gêne, c'est à peine si j'ai besoin de les réfuter : la cause cessant, l'effet cesse, comme dit l'adage. Et vous m'en voudriez si je cherchais à vous démontrer « qu'on vise avec plus de facilité au beau, au grand… », par le moyen des mauvaises rimes que par le moyen des bonnes. Vous savez tous qu'il n'existe pas, dans la poésie française, un seul chefd'œuvre qui soit mal rimé ; qu'un poète tel que Racine lui-même, écrit, nous l'avons vu, des vers de mirliton, dénués de grandeur, dénués de beauté, dès qu'il s'abandonne aux rimes indigentes ; que le siècle le plus pauvre de poésie, le dix-huitième siècle, a été aussi le plus pauvre de rimes ; que le splendide épanouissement de la poésie lyrique, au dix-neuvième siècle, a été celui de la remise en honneur de la rime rare, — de la rime riche.

Fénelon ajoute qu'on viserait avec plus de facilité « au simple, au facile ».

« Au simple ? » Mais c'est sous le régime de la rime pauvre qu'on a vu naître le goût de la périphrase, du mot ampoulé, du terme impropre, et qu'on a vu disparaître tout naturel, donc, toute simplicité de notre poésie.

« Au facile ? » Mais la rime pauvre ou banale donne l'impression du *lâché*, non du *facile*. Dès que nous nous disons : « Pourquoi ces rimes et non pas d'autres », l'impression de facilité n'existe plus parce qu'elle n'est donnée, en poésie comme dans tous les arts, que lorsqu'on perçoit l'*aisance dans la discipline*, c'est-à-dire dans la difficulté *apparente*. Trouvez-vous faciles ces vers de Jean-Baptiste Rousseau sur la calomnie ?

> ... Quel ravage affreux
> N'excite point ce monstre ténébreux,
> A qui l'Envie, au regard homicide,
> Met dans la main son flambeau parricide, etc.

Non, vous les trouvez abominablement lâchés, voilà tout. Mais en connaissez-vous de plus faciles, de plus aisés, de plus cursifs, que ceux-ci d'Alfred de Musset, au début de *Don Paez* ?

> Je n'ai jamais aimé, pour ma part, ces bégueules
> Qui n'osent point aller au Prado toutes seules,
> Qu'une duègne toujours, de quartier en quartier,
> Talonne, comme fait sa mule un muletier ;
> Qui s'usent, à prier, les genoux et la lèvre,
> Se courbant sur le grès, plus pâles dans leur fièvre,

> Qu'un homme qui, pieds nus, marche sur un serpent,
> Ou qu'un faux monnayeur au moment qu'on le pend.
> Certes, ces femmes-là, pour mener cette vie,
> Portent un cœur châtré de toute noble envie ;
> Elles n'ont pas de sang et pas d'entrailles. — Mais,
> Sur ma tête et mes os, frère, je vous promets
> Qu'elles valent encor quatre fois mieux que celles
> Dont le temps se dépense en intrigues nouvelles.
> Celles-là sont au bal, courent les rendez-vous,
> Savent, dans un manchon, cacher un billet doux,
> Serrer un ruban noir sur un beau flanc qui ploie,
> Jeter, d'un balcon d'or, une échelle de soie,
> Suivre l'imbroglio de ces amours mignons,
> Poussés en une nuit comme des champignons ;
> Si charmantes, d'ailleurs ! aimant en enragées
> Les moustaches, les chiens, la valse et les dragées.
>
> (Poésies nouvelles.)

Ces vers semblent *faciles* jusqu'à l'impertinence, et voyez, pourtant, — sans parler de la savante hardiesse des coupes, — quelle plénitude et quelle nouveauté dans les rimes !

Fénelon écrit encore, dans la même *Lettre*, — et, ici, sa remarque mérite quelque considération :

« Souvent la rime qu'un poète va chercher bien loin, le réduit à allonger et à faire languir son discours ; il lui faut deux ou trois vers postiches pour en amener une dont il a besoin. »

Cela devait arriver fatalement, en effet, aux faux poètes qui allaient « chercher bien loin » leurs rimes, au lieu de les attendre ; et je ne m'y arrêterais pas si, pour une raison opposée, — un excès d'imagination de la rime, — ce défaut d'allongement inutile ne se présentait chez les poètes véritables, incités quelquefois à prolonger, à surcharger l'exposition de leur thème, parce que de nouvelles rimes, surgissant dans l'esprit, leur suggèrent des variations nouvelles de ce thème, — ou tentés, au contraire, de s'en écarter, à cette même sollicitation des mots consonants.

Ni les uns ni les autres ne sont dans cet état d'hallucination lucide en quoi j'ai dit que consistait l'inspiration, et qui est un état d'équilibre entre l'inconscient et le conscient. Les premiers ont trop de lucidité : ils peinent froidement, à l'état de veille. Les seconds sont trop hallucinés, et, comme à l'approche du sommeil, ils laissent, sans assez de contrôle, presque automatiquement, les idées s'associer en eux par l'effet des associations sonores. Mais ces derniers, du moins, et ceux-là seuls, sont des poètes ; c'est pourquoi les torts en question — torts des rimeurs, non de la rime — ne sont ni très fréquents ni très redoutables.

Mais je ne veux pas plus longtemps mettre en présence ceux qui demandent la rime relâchée et ceux qui exigent la rime forte. J'aime mieux les montrer à l'œuvre et vous faire juges. Puisque les citations sont « les lumières du discours » — *lumina orationis* — comme dit Cicéron, je ne saurais mieux terminer cette longue étude de la rime que par deux citations, topiques, ce me semble, et qui, pour éclairer la matière, seront plus lumineuses que toutes les théories. Et vous comparerez d'autant mieux les ressources des deux systèmes, que les deux auteurs ont traité, chacun avec le sien, le même sujet. Ce sont deux chants funèbres sur la mort d'un poète.

Le premier est de l'un des plus distingués esprits de l'école symboliste, M. Francis Vielé-Griffin, né à Norfolk (Virginie), États-

Unis, de souche gaélique. Le poème est écrit en strophes formées de ces lignes inégales improprement nommées « vers libres », par lesquelles le poète s'efforce d'effacer toute symétrie rythmique ; et il est orné, à la fin de ces lignes ou vers, de mots dont l'auteur s'ingénie à rendre la consonance aussi vague ou aussi distante que possible :

THRÈNE POUR STÉPHANE MALLARMÉ

Si l'on te disait : « Maître !
Le jour se lève ;
Voici une aube encore, la même pâle ;
Maître, j'ai ouvert la fenêtre,
L'aurore s'en vient encore du seuil oriental,
Le jour va naître ! »
Je croirais t'entendre dire : « Je rêve. »

Si l'on te disait : « Maître, nous sommes là,
Vivants et forts,
Comme ce soir d'hier, devant ta porte ;
Nous sommes venus en riant, nous sommes là,
Guettant le sourire et l'étreinte forte. »
On nous répondrait : « Le maître est mort.

Des fleurs de ma terrasse,
Des fleurs comme au feuillet d'un livre,
Des fleurs, pourquoi ?
Voici un peu de nous, la chanson basse
Qui tourne et tombe
Comme ces feuilles-ci tombent et tournoient.
Voici la honte et la colère de vivre
Et de parler des mots — contre ta tombe.

Mais, lorsque Théophile Gautier était mort, Victor Hugo avait chanté, sur un rythme solide, aux fortes rimes, des vers, dont voici quelques-uns :

> Je te salue au seuil sévère du tombeau !
> Va chercher le vrai, toi qui sus trouver le beau.
> Monte l'âpre escalier. Du haut des sombres marches,
> Du noir pont de l'abîme on entrevoit les arches ;
> Va ! meurs ! la dernière heure est le dernier degré !
> Pars, aigle, tu vas voir des gouffres à ton gré ;
> Tu vas voir l'absolu, le réel, le sublime ;
> Tu vas sentir le vent céleste de la cime
> Et l'éblouissement du prodige éternel.
> Ton Olympe, tu vas le voir du haut du ciel ;
> Tu vas, du haut du vrai, voir l'humaine chimère,
> Même celle de Job, même celle d'Homère,
> Ame, et du haut de Dieu tu vas voir Jéhovah !
> Monte ! esprit ! grandis, plane, ouvre tes ailes, va !...
> (Toute la Lyre.)

Gloire à la rime !

VII
De la Césure

Quand, au commencement de ce travail, nous avons jeté un coup d'œil d'ensemble sur les éléments constitutifs du vers français, nous avons vu qu'ils se réduisaient à trois : le nombre fixe de syllabes, la rime, la césure. Les deux premiers étant approfondis, passons au troisième, dont je ne saurais mieux faire que d'emprunter la définition à deux métriciens excellents, MM. Ch. Le Goffic et Ed. Thieulin :

« La césure est un repos de la voix, marqué à l'intérieur du vers par une syllabe tonique plus fortement accentuée que les autres toniques du vers. »

Prenons un exemple, ce vers d'Alfred de Vigny :

J'**aime** la majes**té** | des souf**fran**ces hu**main**es.
(Les Destinées.)

J'y ai numéroté quatre accents, que la voix d'un bon lecteur ne manquera pas d'y marquer par une certaine intensité du son, lequel s'atténuera, au contraire, en prononçant les autres syllabes. Mais deux de ces accents sont plus fortement appuyés : le quatrième celui de la rime, et le deuxième, celui qui porte sur la dernière syllabe de « majesté », où la voix prendra cette sorte de repos qui coupe le vers en deux et détermine, à l'endroit où j'ai mis une barre de séparation, la césure, mot qui signifie coupure. Il ne s'agit, d'ailleurs, que d'une coupure sonore, et non visuelle, car la césure peut aussi bien se produire au milieu d'un mot, quand ce mot est terminé par un *e* muet et que la tonique, par conséquent, tombe sur l'avant-dernière syllabe :

> Est-ce toi, chère **Eli(se)** ? | O jour trois fois heureux !
> (RACINE, Esther.)

> Comme les **prê** | tres catholiques...
> (François COPPÉE, le Reliquaire.)

On comprend que ce repos de la voix sera d'autant plus utile à la perception du rythme par notre oreille, que le vers sera plus long. Aussi la césure est-elle seulement *facultative* dans les vers les plus courts, de deux à cinq syllabes ; *obligatoire sans être fixe*, dans les vers de six à huit syllabes ; *obligatoire et fixe*, dans les vers supérieurs à huit syllabes, sauf dérogations à la loi de fixité dans le vers de douze syllabes ou alexandrin, auquel nous consacrerons, pour cette cause, une étude spéciale.

Comme nous allons passer en revue, rangées sous ces quatre divisions, toutes les différentes espèces de vers, me contenterai-je de vous faire connaître, pour chacune d'elles, où peut se placer la césure ? — Non. J'en profiterai pour chercher, avec vous, quelles sont les ressources expressives de ces divers mètres ; je vous en citerai de courts exemples ; je vous indiquerai les œuvres où chacune de ces mesures pourra être plus longuement étudiée ; et, de la sorte, vous aurez fait encore un grand pas dans la connaissance et, par conséquent, dans la jouissance de l'incomparable instrument de poésie qu'est notre métrique française.

Mais, d'abord, je dois vous parler, en peu de mots, d'une règle dont nous allons retrouver à chaque instant la justification, à laquelle les poètes ont obéi d'instinct, bien avant que personne ait songé à la formuler, et qui préside à l'euphonie, à l'harmonie de notre vers.

Vous savez que la sensation du rythme, c'est-à-dire d'une cadence agréable dans la suite des mots, est causée par une succession de temps forts et de temps faibles ou, si vous l'aimez mieux, de syllabes frappées de l'accent tonique et de syllabes non accentuées, ou atones. Or, tandis que plusieurs atones peuvent se suivre sans choquer l'oreille, — ce qui fait que les mots les plus longs restent harmonieux, bien qu'ils ne puissent avoir de tonique autre que leur dernière syllabe sonore, — l'oreille repousse, avec une gêne qui va quelquefois jusqu'à la souffrance, la succession immédiate de deux syllabes accentuées.

Voici un vers harmonieux :

> Et mes derniers regards ont vu fuir les Romains.
> (RACINE, Mithridate.)

Il serait atroce, ainsi modifié :

> Et mes derniers regards ont vu les Ro**mains fuir**,

cette modification ayant rapproché, à la fin du vers, deux syllabes frappées de l'accent tonique, lesquelles, dans Racine, étaient séparées par des syllabes atones.

Donc : *la succession immédiate de deux syllabes accentuées est interdite.* Cela posé, sans insister davantage pour le moment, nous pouvons commencer notre étude.

1. Vers où la Césure est facultative

Ce sont les vers de deux, trois, quatre et cinq syllabes. Dans le vers d'une seule, pas de césure possible, bien entendu. Mais est-ce un véritable vers qu'un monosyllabe dont la seule fonction possible est la rime ? Toutefois, disons, pour mémoire, que des rimeurs ont, par simple jeu, composé de petits poèmes tout en vers monosyllabiques, ainsi Jules de Rességuier, un romantique de 1830, l'auteur du sonnet, souvent cité, qui commence par ce quatrain :

>Fort
>Belle
>Elle
>Dort…

Ajoutons que Victor Hugo s'est amusé à écrire, dans les *Odes et Ballades*, la très plaisante *Chasse du Burgrave* où, après chaque vers de huit syllabes, un vers monosyllabique arrive en écho :

>Mon page, emplis mon escarcelle ;
>Selle
>Mon cheval de Calatrava ;
>Va !

>Archers, mes compagnons de fêtes,
>Faites
>Mon épieu lisse et mes cornets
>Nets.

> Nous ferons, ce soir, une chère
> Chère ;
> Vous n'y recevrez, maître-queux,
> Qu'eux.

Et passons vite au premier vers qui ait un commencement d'organisme, au

Vers de deux syllabes.

Ce n'est encore que par une sorte d'amusement, par un caprice de virtuose, que Victor Hugo l'a employé seul, dans la première et la dernière strophe des *Djinns*. Voici la dernière :

> On doute
> La nuit...
> J'écoute :
> Tout fuit,
> Tout passe ;
> L'espace
> Efface
> Le bruit.
> (Les Orientales.)

Nous n'y avons rencontré aucune césure.

— Comment, me direz-vous, pourrait-elle s'y produire, puisqu'il n'y a que deux syllabes et que la règle interdit la succession *immédiate* de deux syllabes accentuées ?

C'est qu'il n'y a plus succession immédiate, plus de heurt par conséquent, lorsqu'un signe de ponctuation force la voix à séparer très nettement les deux mots. D'où cette césure, très légitime, au premier vers de la première strophe des Djinns :

>   Murs, | **ville**
>   Et port...

Où le vers de deux syllabes peut être d'un emploi plus sérieux, c'est dans son mélange avec des vers d'autres longueurs. Vous connaissez le parti qu'en a tiré La Fontaine, à la fin de sa fable de *la Montagne qui accouche*, — qui accouche d'une souris :

>   Quand je songe à cette fable
>   Dont le récit est menteur
>   Et le sens est véritable,
>   Je me figure un auteur
>   Qui dit : « Je chanterai la guerre
>   Que firent les Titans au maître du tonnerre. »
>   C'est promettre beaucoup ; mais qu'en sort-il souvent ?
>   Du vent.

Rien ne pouvait traduire plus spirituellement que ce vers dissyllabique, venant après deux grands vers, la déception piteuse qui suit une prétention ridicule.

Et quelle grâce aérienne cette sorte de vers ne donne-t-elle pas, mêlée aux vers de six syllabes, dans la *Ballade à la Lune*, d'Alfred de Musset :

>   Rends-nous la chasseresse
>   Blanche, au sein virginal,
>   Qui presse
>   Un beau cerf matinal !
>
>   Oh ! sous le vert platane,
>   Sous les frais coudriers,
>   Diane
>   Et ses grands lévriers !

> Oh ! le soir, dans la brise,
> Phébé, sœur d'Apollo,
>   Surprise
> A l'aube un pied dans l'eau,
>
> Phébé qui, la nuit close,
> Aux lèvres d'un berger
>   Se pose
> Comme un oiseau léger !
>   (Premières Poésies.)

Enfin, voulez-vous savoir quel parti peut tirer, d'un mètre si court et d'un emploi si limité, semble-t-il, un poète tel que Victor Hugo ? Lisez, dans les *Quatre Vents de l'Esprit*, la *Chanson* qui commence par cette stance :

> J'aime à me figurer, de longs voiles couvertes,
> Des vierges qui s'en vont chantant dans les chemins
> Et qui sortent d'un temple avec des palmes vertes
>   Aux mains.

Ici, au lieu d'une impression de légèreté, le vers de deux syllabes donne à la strophe — par l'espèce de prolongement qu'il apporte au troisième vers, auquel il est comme soudé par la liaison de l'*s* final — une sorte de lenteur processionnelle qui rend, à miracle, la sensation que le poète a voulu nous communiquer.

Plus loin, le prolongement sera moins accentué, parce que le troisième vers de la strophe se terminera par un *e* muet, lequel se fondra davantage avec la voyelle initiale du vers dissyllabique ; mais voyez si, alors, il n'en naîtra point comme une grâce délicate et furtive :

Un rêve qui m'enchante encore et qui me charme,
C'est une douce fille à l'âge radieux,
Qui, sans, savoir pourquoi, songe avec une larme
    Aux yeux.

Et quand, après d'autres évocations charmantes, le poète, changeant de ton, arrive au trait pour lequel sa pièce a été écrite, jugez de l'effet extraordinaire produit par le petit vers aux deux syllabes raides et brusques, vers qui, à la lecture, se détachera de l'alexandrin qui précède :

Mais des rêves dont j'ai la pensée occupée,
Celui qui, pour mon âme, a le plus de douceur.
C'est un tyran qui râle avec un coup d'épée
    Au cœur.

On a la sensation même du coup d'épée, du coup droit, rapide, impitoyable.

Vers de trois syllabes.

Pour en étudier le mécanisme, on lira, dans les *Odes et Ballades* de Victor Hugo, le surprenant *Pas d'Armes du Roi Jean* :

Ça, | qu'on selle
Ecuyer,
Mon fidèle
Destrier !
Mon cœur ploie
Sous la joie
Quand je broie
L'étrier.

> Par saint Gille
> Viens-nous-en,
> Mon agile
> Alezan ;
> Viens, | écoute,
> Par la route,
> Voir la joute
> Du roi Jean.

On voit combien la césure, facultative encore, y est rare. En deux strophes, je n'en ai marqué que deux et encore sont-elles déterminées par la ponctuation, par le sens, plutôt que par le besoin d'accentuer fortement une syllabe. L'oreille, en effet, ne peut guère désirer de repos intérieur en un vers où le repos final est si fréquemment ramené déjà par le retour de la rime. En outre, il n'y a qu'une place pour la tonique intérieure ; elle ne peut porter que sur la première syllabe ; sur la seconde, elle contreviendrait à la loi qui interdit deux accents consécutifs.

Si le vers de trois syllabes est encore trop court pour qu'on le puisse fréquemment et sérieusement employer seul, il est d'un excellent usage, mêlé à des vers plus longs :

> Avril, l'honneur et des bois
>   Et des mois ;
> Avril, la douce espérance
> Des fruits qui, sous le coton
>   Du bouton
> Nourrissent leur jeune enfance.
>
>   (Rémi BELLEAU, les Bergeries.)

>France, être sur la claie à l'heure où l'on te traîne
>>Aux cheveux,
>O ma mère, et porter un anneau de ta chaîne,
>>Je le veux !
>
>J'accours, puisque sur toi la bombe et la mitraille
>>Ont craché.
>Tu me regarderas debout sur la muraille,
>>Ou couché.
>>>(HUGO, les Châtiments.)

Et vous savez avec quelle malice, dans les *Animaux malades de la Peste*, le lion, après avoir complaisamment avoué qu'il avait « dévoré force moutons », glisse rapidement, par le moyen du petit vers de trois syllabes, sur un détail auquel il ne faudrait pas que le tribunal attachât trop d'importance :

>Même il m'est arrivé, quelquefois, de manger
>>Le berger.
>>>(LA FONTAINE, Fables.)

Vers de quatre syllabes.

On en trouvera les plus délicieux exemples chez Gabriel Vicaire, qui a composé dans ce mètre, non mélangé à d'autres, de petits chefs-d'œuvre de fraîcheur et de grâce ailée :

>Dans une rose
>Au cœur mouillé,
>S'est éveillé
>Le matin rose,

> Le vert matin
> Qui fait tapage,
> Effronté page
> Tout en satin.
>
> Quelle jonchée
> De roses d'or
> Sous l'aube | encor
> Un peu fâchée !
>
> Le bois riant
> Est dans la brume ;
> Tout le ciel fume
> A l'Orient.
>
>   (L'Heure enchantée.)

Aucune césure, sauf après la seconde syllabe de ce vers, « sous l'*au*-be encor », afin de mieux rattacher le mot « encor » au vers suivant, conformément au lien grammatical.

Mais déjà, sans doute, vous avez remarqué une faute, qui m'a fait choisir ces strophes de préférence à d'autres absolument parfaites : vous avez été un peu gêné pour scander ce vers :

    Effronté | page,

où, selon la règle absolue qui, dans tous les mots de plusieurs syllabes, met la tonique sur la dernière, deux accents se rencontrent. Si l'on avait renversé les mots, vous auriez tout naturellement lu :

    Page e*ff*ronté ;

et voilà que, dans le vers, tel qu'il est, vous avez été obligé, pour l'euphonie, de scander, en mettant sur la seconde syllabe d'« e*ff*ronté », un accent impossible et de supprimer, sur la troisième, l'accent nécessaire :

Ef**fron** | té page.

Une fois de plus, la faute du poète vient justifier l'interdiction salutaire de deux toniques consécutives, et nous devons en conclure que, dans les vers de quatre syllabes, la césure ne peut porter que sur la première ou sur la seconde.

Exemples de l'emploi de ce vers mêlé à des vers d'autres longueurs :

> J'ai bu le flot profond
> Avec délice :
> L'ivresse était au fond
> Du noir calice.
> (Théodore DE BANVILLE, Améthystes.)

> Quand on est sous l'enchantement
> D'une faveur d'amour nouvelle,
> On s'en défendrait vainement,
> Tout le révèle.
> (Sully PRUDHOMME, les Vaines Tendresses.)

Vers de cinq syllabes.

La césure, facultative, ne pourra porter — nous savons pourquoi — que sur l'une des trois premières syllabes :

> C'est le mois des mois.
> Les rosiers | boutonnent ;
> Voici que fleuronnent
> Les arbres des bois.

> L'épine vinette
> Commence à pousser,
> On va voir danser
> La bergeronnette.
>
> Les ruisseaux chantants
> De pour | pre se teignent;
> Des sau | les y baignent
> Leurs cheveux | flottants.
> (Gabriel VICAIRE, l'Heure enchantée.)

Et, ici encore, le vers est si court que l'oreille ne s'attarde que rarement à une tonique intérieure. Si j'en marque une à la seconde syllabe de « *rosiers* » et de « *cheveux* », c'est qu'elle aidera à mettre en valeur le mot qui suit. Et, s'il en faut absolument faire sentir une à la première syllabe de « *pourpre* » et de « *saules* », c'est qu'autrement la seconde, qui est muette, serait trop prononcée à la lecture. Ainsi, on entendrait :

> Des sau-leu-z'y baignent... ;

tandis qu'en appuyant sur « *sau...* », on pourra atténuer, sans l'effacer, la syllabe muette « les », par une espèce de compensation qui laissera au vers tout son nombre. Et cet exemple suffirait à lui seul, n'est-il pas vrai? pour nous montrer le rôle délicat de la césure dans la musique du vers français.

Il semble que le mètre de cinq syllabes ne puisse guère servir qu'à rythmer des chansons d'amour et de printemps. Détrompez-vous. Il faut lire, dans les *Années funestes*, œuvre posthume de Victor Hugo, un poème intitulé *Coups de clairon*, que je n'hésite pas à qualifier de prodigieux. Pendant cent quarante-trois strophes, écrites uniquement en vers de cette longueur, le poète sonne, contre la symbolique forteresse de l'Empire, une charge au rythme bref, monotone, obstiné, et pourtant jamais las, mais qui, au contraire, semble s'accélérer, s'exalter de mesure en mesure, jusqu'à la folie :

> J'ai la foi, la flamme,
> La religion
> Par laquelle une âme
> Devient légion.
>
> Qu'en mon cœur se forme
> Et déborde à flot
> La parole énorme
> Qui semble un sanglot !
>
> Que de mes entrailles
> Sorte le grand mot
> Qui court aux murailles
> Et donne l'assaut...
>
> Que chaque vers chante
> Et soit un guerrier !
> Que la strophe ardente
> Se mette à crier !
>
> Que ce fier poème,
> Apre, ouvrant son flanc,
> Semant l'anathème,
> Bondissant, mêlant
>
> Au choc de l'épée
> Le pas du lion,
> Semble une épopée
> En rébellion ! ...

Et pour nous reposer, dans la grâce, de ce déploiement de force inouïe, pour achever de sentir toute la souplesse de ce vers de cinq syllabes, écoutons-le, mêlé à un vers de sept, s'alanguir délicieusement dans ce lied d'Émile Blémont :

> J'ai peur de cueillir la fleur
> Fraîche et satinée :
> Elle serait, sur mon cœur,
> Si vite fanée !
>
> Mais un autre la prendra,
> Si je ne la cueille ;
> Ou le vent l'emportera
> Bientôt, feuille à feuille ;
>
> Viens donc, ô fleur, apaiser
> Mon deuil quelques heures,
> Et mourir dans un baiser,
> S'il faut que tu meures !
> (Les Pommiers en fleurs.)

Nous allons, maintenant, passer aux vers où la césure est obligatoire sans être fixe.

2. Vers où la Césure est obligatoire sans être fixe

Vers de six syllabes.

Ici, déjà, le vers est trop long pour que l'oreille n'attende pas un repos sur une tonique intérieure. La césure est donc obligatoire et pourra frapper l'une des quatre premières syllabes :

> Viens, | loin des catastrophes,
> Mêler, | sous nos berceaux,
> Le frisson | de tes strophes
> Au tremblement | des eaux.

> Viens, | l'étang solitaire
> Est un poè | me aussi.
> Les lacs | ont le mystère,
> Nos cœurs | ont le souci.
>
> Tout com | me l'hirondelle,
> La stan | ce, quelquefois,
> Aime | à mouiller son aile.
> Dans la ma | re des bois.
>
> (Hugo, les Chansons des Rues et des Bois.)

Rien que dans la première de ces trois strophes, nous voyons la tonique principale tomber successivement sur la première, la deuxième, la troisième et la quatrième syllabes. Dans la seconde, nous remarquerons, en passant, le parallélisme de la césure des deux derniers vers, qui corrobore si délicatement le parallélisme de la pensée. Le poète aurait pu tout aussi bien écrire :

> Et nos cœurs | le souci ;

mais il ne l'a point fait, car si la correspondance de la pensée, entre ces deux vers, fût restée la même, la correspondance musicale ne s'y fût plus aussi exactement adaptée.

Qu'on lise tout le morceau : *Fuite en Sologne*, d'où j'ai tiré la citation. Qu'on y joigne la pièce intitulée *Rêves*, dans les *Odes et Ballades*, du même poète, et la *Retraite*, dans les *Harmonies*, de Lamartine, et l'on possédera suffisamment la technique du vers de six syllabes.

Son emploi est plein de ressources lorsqu'on le mêle à d'autres espèces de vers plus longs ou plus courts. Voyez comme il est glissant et alangui dans ces rimes funambulesques de Théodore de Banville :

> Je puis faire des vers pour nos derniers neveux,
> Et, sans qu'il y paraisse,
> Baiser pendant trois jours de suite, si je veux,
> Le front de la Paresse !
> (Occidentales).

Mais, au contraire, quelle fermeté, quelle majesté prend ce mètre si court, dans l'ode de Ronsard : *De l'Election de son Sépulcre* :

> Antres, et vous fontaines,
> De ces roches hautaines
> Qui tombez contre-bas
> D'un glissant pas ;
>
> Et vous, forêts et ondes
> Par ces prés vagabondes.
> Et vous rives et bois,
> Oyez ma voix !
>
> Quand le ciel et mon heure
> Jugeront que je meure,
> Ravi du beau séjour
> Du commun jour,
>
> Je défends qu'on ne rompe
> Le marbre pour la pompe
> De vouloir mon tombeau
> Bâtir plus beau…
>
> Mais bien je veux qu'un arbre
> M'ombrage au lieu d'un marbre,
> Arbre qui soit couvert
> Toujours de vert…
> (Les Odes.)

D'où vient cette différence d'allure, entre des vers d'un même compte de syllabes ? Chaque unité métrique n'aurait-elle donc pas son mouvement propre ? Et, par suite, chaque espèce de vers ne serait-elle pas plus particulièrement favorable à tel ordre de sentiments, à tel genre de poésie ?

Pour répondre à ces questions, il est temps que je pose, ici, un principe qui éclairera toutes les citations où déjà nous avons vu, et celles où nous verrons encore, le même vers nous paraître, tour à tour, pesant ou léger, bref ou rapide. Et laissez-moi donner à ce principe toute son évidence et toute sa force par une comparaison avec la musique, ainsi que l'a fait un savant musicographe, M. Jules Combarieu, qui l'a supérieurement mis en lumière dans son livre sur les *Rapports de la Musique et de la Poésie* :

En musique, c'est la vitesse du rythme qui impose son caractère au sentiment ; et, lorsqu'on change le mouvement d'une phrase, on transforme aussitôt le sentiment lui-même. Il m'en vient, à l'esprit, un exemple que chacun retrouvera dans son souvenir. Vous vous rappelez l'air de *Malbroug* :

> Malbroug s'en va-t-en guerre
> (Mironton, tonton, mirontaine).

Cela se chante *allegretto* : c'est un air de marche légère et gaie. Essayez de le chanter avec lenteur sur les mêmes paroles et, aussitôt, la disconvenance, entre ces paroles et cet air, éclatera.

Rappelez-vous, maintenant, la romance que Beaumarchais fait soupirer par Chérubin à sa marraine, au second acte du Mariage de Figaro :

> Auprès d'une fontaine,
> (Que mon cœur, mon cœur a de peine !)

C'est également chanté, mais *lento*, sur l'air de *Malbroug* ; aussitôt ce ralentissement du rythme a établi une parfaite convenance avec ces nouvelles et mélancoliques paroles; et, pour que la disconvenance éclatât de nouveau, il suffirait de les chanter sur le même rythme que les anciennes.

Si, de la musique, nous passons à la poésie, que voyons-nous ? Tout l'inverse : *en poésie, c'est le caractère du sentiment ou de la pensée qui détermine la vitesse du rythme.* En musique, le rythme était roi; en poésie, l'idée est reine; c'est elle seule qui accélère et ralentit tour à tour le même mètre, qui crée la lenteur ou la rapidité des mots, des vers, des strophes. Et c'est ainsi, par exemple, que le petit quatrain de trois vers de six syllabes suivis d'un vers de quatre, si magnifique tout à l'heure et si ample dans la voix de Ronsard, peut devenir sautillant et pétillant à souhait, quand Théodore de Banville l'emploie à décrire le fantasque défilé du carnaval :

> Ohé! voici les masques!
> Fiévreux, coiffés de casques,
> Costumés en titis,
>   En ouistitis.
>
> Sans mesure et sans règles,
> Ils poussent des cris d'aigles,
> De chenapans, de paons
>   Et d'ægipans!
>   (Occidentales).

Il ne faudrait pourtant pas pousser jusqu'à l'absurde les applications de notre principe; et il n'en reste pas moins vrai que les vers les plus courts, où le jeu de la rime est plus apparent, où la pensée a le moins d'espace pour évoluer entre une rime et une autre, se prêtent médiocrement à l'expression de sentiments profonds et d'idées sérieuses, surtout en des poèmes de longue haleine. Et l'on peut dire que, en thèse générale, plus un vers compte de syllabes, plus s'accroît sa portée expressive, plus il est apte à servir d'instrument à tous les genres de composition poétique ; si bien que le plus long de nos vers, l'alexandrin, sera aussi le seul auquel ne sera interdite aucune région de l'infini domaine de la poésie.

Fermons ici cette petite parenthèse et reprenons l'étude des divers mètres, en nous occupant du

Vers de sept syllabes.

La césure y peut frapper, indifféremment, l'une des cinq premières syllabes, comme dans cet extrait d'*Harmonies poétiques et religieuses*, de Lamartine :

> Voilà les feuil | les sans sève
> Qui tom | bent sur le gazon ;
> Voilà le vent qui s'élève
> Et gémit | dans le vallon ;
> Voilà l'errante | hirondelle
> Qui ra | se, du bout de l'aile,
> L'eau dorman | te des marais ;
> Voilà l'enfant | des chaumières
> Qui gla | ne, sur les bruyères,
> Le bois tombé | des forêts.

Il est certain que, dans plusieurs de ces vers, le lecteur pourrait placer autrement la césure et, par exemple, placer quatre fois la tonique sur la seconde syllabe du mot « voi*là* ». C'est affaire de goût et d'oreille que cette distribution de l'accent mobile, et quelquefois le goût et l'oreille peuvent hésiter. Ce qui est impossible, c'est de le placer sur l'avant-dernière syllabe sonore, — ici, donc, sur la sixième, — à moins, pourtant, que le poète n'y force le lecteur, qu'il n'ait dérogé lui-même, pour produire un effet, à la règle qui interdit deux toniques consécutives :

> La respirat**ion dou** | ce
> Des bois, | au milieu du jour
> Donne une len | te secousse
> A la vague, | au brin de mousse,
> Au feuilla | ge d'alentour.
> (LAMARTINE, Recueillements poétiques.)

Le premier vers de cette strophe du *Cantique sur un Rayon de Soleil* est délicieux, et je ne peux dire que ce soit malgré les deux accents qui se suivent, car c'est plutôt parce qu'ils se suivent, que le vers a tant de mélodie. En effet, pour éviter que les deux toniques se relient désagréablement, la diction mettra, entre la première et la seconde, une légère pause, — un « soupir », dirait-on en musique, — et donnera ainsi, à l'organe chargé de l'émission de la dentale *d*, — c'està-dire à la langue bandée sur les dents, — le temps de préparer cette consonne, de la détacher dans une sorte de vibration moelleuse dont le mot *douce*, mot caractéristique du ton de la strophe entière, tirera toute sa valeur expressive. On peut figurer ainsi, pour plus de clarté, le procédé qu'un bon lecteur emploiera d'instinct pour tirer une grâce mélodique de cette exceptionnelle dérogation à la règle, dérogation qui s'est imposée d'elle-même à l'instinct du poète :

> La-res-pi-ra-ti-**on**... **dou**ce...

Nous rencontrerons certainement, au cours de ces études, d'autres exemples d'effets heureux produits par la consécution de deux toniques ; mais c'est déjà le cas de répéter, ici, que « les exceptions confirment la règle ».

Pour une cause que nous rechercherons plus tard, le vers de sept syllabes ne peut s'allier à un vers plus long ; mais il s'unit harmonieusement à un vers de cinq ou de trois syllabes :

> Il est dans l'île lointaine,
> Où dort la péri,
> Sur le bord d'une fontaine,
> Un rosier fleuri.
> (De Banville, Odelettes).

> Fuis, fuis le pays morose
> De la prose,
> Les journaux et les romans
> Assommants.
> (Charles Nodier.)

Je conseille à ceux qui veulent étudier à fond le vers de sept syllabes, et voir avec quelle souplesse il se plie à des emplois très différents, de lire les pages que je vais indiquer : dans Ronsard et dans La Fontaine, les ravissantes imitations que ces deux poètes ont faites de l'*Amour mouillé*, d'Anacréon ; dans Racine, le cantique *Sur les Vaines Occupations des Gens du Siècle* ; dans les *Harmonies*, de Lamartine, la *Pensée des Morts* ; dans Victor Hugo, le morceau des *Contemplations* qui commence par ce vers : « Je respire où tu palpites » ; cinq ou six pièces des *Chansons des Rues et des Bois*, dont le *Vrai dans le Vin* et, surtout, ce merveilleux poème : les *Etoiles filantes*, où, pour peindre les enchantements d'une nuit d'été, — digne de celle dont Shakespeare nous avait conté le « Songe » — le poète a su allier la grâce la plus légère et la plus terrestre à la plus sublime beauté de l'inspiration sidérale. Vous pourriez, à la rigueur, vous contenter de lire ce chef-d'œuvre : tout s'y trouve.

Vers de huit syllabes.

Nous voici arrivés, avec l'octosyllabe, au vers le plus universellement employé, en notre langue, après le vers alexandrin, — au moins par la poésie lyrique, car, lorsque notre poésie dramatique prit toute son ampleur, on renonça, pour le théâtre, à ce mètre trop court pour elle, qui avait été celui des « mystères » et des « farces », des *Miracles de Notre-Dame* et de l'*Avocat Pathelin*.

La césure peut y porter sur l'une quelconque des six premières syllabes.

Voici une strophe de l'ode de Malherbe : *A la Reine Marie de Médicis sur sa Bienvenue en France*, qui offre à peu près toutes les coupes de ce vers :

> Peu | ples, qu'on mette, sur la tête,   (1+7)
> Tout ce que la ter | re a de fleurs ;   (5+3)
> Peu | ples, que cette belle fête   (1+7)
> A jamais | tarisse nos pleurs ;   (3+5)
> Qu'aux deux bouts du mon | de se voie   (5+3)
> Lui | re le feu de notre joie   (1+7)
> Et soient dans les cou | pes noyés   (5+3)
> Les soucis | de tous ces orages   (3+5)
> Que, pour nos rebel | les courages,   (5+3)
> Les dieux | nous avaient envoyés !   (2+6)

Au sixième vers, on pourrait aussi assigner une autre place à la césure, c'est-à-dire à l'arrêt principal de la voix, en scandant :

<blockquote>
Luire le feu | de notre joie.   (4+4)
</blockquote>

Et, ainsi, nous aurions, en cette strophe, toutes les coupes possibles, sauf celle en 6+2, telle que nous la trouvons, par exemple, dans ces vers de Victor Hugo :

<blockquote>
Alors Gama cria : | « La terre ! »
Et Gamoëns cria : | « Les cieux ! »
</blockquote>

En général, quoi qu'il n'en soit pas ainsi dans la citation de Malherbe, la coupe dominante est celle qui divise le vers de huit syllabes en deux parties égales. Si l'on prend, au hasard, une page de ces vers, on s'aperçoit que la moitié d'entre eux environ présente cette division en 4+4 :

<blockquote>
Tandis que dor | ment les faucilles,   (4+4)
Aux hangars | vers la fin du jour,
Autour des feux, | les jeunes filles   (4+4)
Dansent en rond | au carrefour.   (4+4)

Dans le crépuscu | le que dore,
Un dernier rayon | incertain,
Sur l'horizon | où vibre encore   (4+4)
La brume chau | de du matin,   (4+4)

On voit | leurs silhouettes sombres
Que bai | gne un reflet azuré,
Dans le mystè | re exquis des ombres,   (4+4)
Décri | re leur pas mesuré.
        (Jules BRETON, les Champs et les Bois.)
</blockquote>

On voit que six vers sur douze ont, ici, la tonique médiane. Une telle césure, si on l'avait rendue obligatoire, eût fait, de notre octosyllabe, un vers monotone; mais les vrais poètes, sans s'éloigner trop longtemps de cette coupe, — en quelque sorte essentielle parce qu'elle est celle qui, par sa symétrie, demande à l'oreille le moindre effort, — savent adapter le jeu de la césure mobile à toutes les nuances de leur pensée, à tous les frémissements de leur sensibilité; et c'est pourquoi ce vers est entre leurs mains si prodigieusement souple.

Quels poèmes recommanderai-je pour son étude ? Ici, mon embarras est grand, tant est grande l'abondance des chefs-d'œuvre écrits sur ce mètre. Deux livres entiers sont composés exclusivement, ou presque, de quatrains octosyllabiques : les *Émaux et Camées*, de Théophile Gautier, dont chaque vers semble serti dans l'or ou taillé dans l'agate, avec un art où il entre plus de précision plastique, en vérité, que d'enthousiasme lyrique; — et les *Chansons des Rues et des Bois*, de Victor Hugo, où, au contraire, comme il le dit lui-même, « son caprice énorme voltige », où on le voit passer de la gambade la plus leste, parfois même la plus hasardée, à l'essor le plus majestueux, le plus sublime, selon qu'il a « mis Pégase au vert » en le tirant

> ... Vers la prairie
> Où l'aube, qui vient s'y poser,
> Fait naître l'églogue attendrie
> Entre le rire et le baiser,

ou qu'il lui a débouclé le licol et permis de « rouvrir son envergure » :

> Je t'ai quelque temps tenu là.
> Fuis! Devant toi, les étendues
> Que ton pied souvent viola
> Tremblent, et s'ouvrent, éperdues.

Redeviens ton maître, va-t'en !
Cabre-toi, piaffe, redéploie
Tes farouches ailes, Titan,
Avec la fureur de la joie.

Retourne aux pâles profondeurs,
Sois indomptable, recommence,
Vers l'idéal, loin des laideurs,
Loin des hommes, ta fuite immense !

Entre deux livres essentiels et si différents, et pour que le vers de huit syllabes achève de vous livrer tous ses secrets, vous chercherez comment il s'est plié à la familiarité de la fable et du conte, dans le *Statuaire et la Statue de Jupiter* de La Fontaine, ou dans *Simone*, d'Alfred de Musset. Vous relirez, dans les *Recueillements*, de Lamartine, l'admirable élégie *Sur la Mort du Baron de Vignet*. Et vous saurez quelle profondeur de tendresse et de pensée ce vers peut traduire, en vous rappelant quelques-uns des morceaux les plus célèbres de Sully Prudhomme : *Première Solitude, la Voie lactée, le Repentir, Ce qui dure, les Yeux, le Vase brisé.*

Enfin, il se mêle si souvent, et de tant de façons, à des vers de douze, dix, six et quatre syllabes, que je ne juge point utile de citer, à cette place, des exemples de ces mélanges : on en trouvera, dans tous les recueils de poésie, presque à chaque page.

Je ne veux plus que faire ici deux citations, pour que vous vous rendiez compte de toute la richesse musicale du vers octosyllabique. J'emprunterai l'une au *Chant d'Amour*, de Lamartine, l'autre aux *Mages*, de Victor Hugo ; et ce seront, de chacun de ces poèmes, deux strophes construites exactement sur le même modèle, quant au nombre de vers et à la disposition des rimes. Bien plus : la dernière strophe de Victor Hugo et la dernière strophe de Lamartine semblent calquées l'une sur l'autre pour le mouvement de la pensée et le développement de la phrase. Ainsi, vous serez frappés davantage de ce que, sur une mesure identique, deux génies différents puissent chanter une musique si différente :

> Viens, cherchons cette ombre propice,
> Jusqu'à l'heure où, de ce séjour,
> Les fleurs fermeront leur calice
> Aux regards languissants du jour.
> Voilà ton ciel, ô mon étoile !
> Soulève, oh ! soulève ce voile,
> Éclaire la nuit de ces lieux ;
> Parle, chante, rêve, soupire,
> Pourvu que mon regard attire
> Un regard errant de tes yeux !
>
> Si l'onde, des lis que tu cueille [a].
> Roule les calices flétris ;
> Des tiges que ta bouche effeuille,
> Si le vent m'apporte un débris ;
> Si la boucle qui se dénoue
> Vient, en ondulant sur ma joue,
> De ma lèvre effleurer le bord ;
> Si ton souffle léger résonne,
> Je sens, sur mon front qui frissonne,
> Passer les ailes de la mort.
>
> (Nouvelles Méditations poétiques.)

---

a. Pour : que tu cueilles. Nous nous expliquerons plus loin sur cette licence orthographique.

Qu'avez-vous entendu ? Le chant suave d'un instrument unique, de quelque divin violoncelle dont l'archet caresse amoureusement les cordes. Écoutez, maintenant, ceci :

> Quand les cigognes du Caystre
> S'envolent aux souffles des soirs ;
> Quand la lune apparaît, sinistre,
> Derrière les grands dômes noirs ;
> Quand la trombe aux vagues s'appuie ;
> Quand l'orage, l'horreur, la pluie,
> Que tordent les bises d'hiver,
> Répandent, avec des huées,
> Toutes les larmes des nuées
> Sur tous les sanglots de la mer ;
>
> Quand, dans les tombeaux, les vents jouent
> Avec les os des rois défunts ;
> Quand les hautes herbes secouent
> Leurs chevelures de parfums ;
> Quand, sur nos deuils et sur nos fêtes,
> Toutes les cloches des tempêtes
> Sonnent au suprême beffroi ;
> Quand l'aube étale ses opales,
> C'est pour ces contemplateurs pâles
> Penchés dans l'éternel effroi !
> (Les Contemplations.)

Ici, ce n'est plus un seul instrument qui chante, c'est tout un formidable orchestre qui se déchaîne ; après une mélodie de Mozart jouée sans accompagnement, une symphonie de Beethoven ou de Berlioz, avec toutes ses cordes, tous ses bois, tous ses cuivres, toutes ses timbales !

— Et le vers de huit syllabes y a suffi.

3. Vers où la Césure est obligatoire et fixe

Nous savons que le propre de la versification est de nous procurer, avec le moindre effort, la plus grande somme de jouissance musicale qui se puisse atteindre avec le langage parlé. Or, au-dessus de huit syllabes, l'expérience nous montre que l'oreille ne perçoit plus nettement le rythme d'un vers, ni la symétrie entre plusieurs vers d'égale longueur, si une tonique, non plus mobile, mais toujours posée à la même place, ne vient lui servir de point de repère et assurer sa jouissance en diminuant l'effort de la mémoire auditive.

C'est pourquoi, dans les vers de neuf, dix et onze syllabes. — nous laissons de côté, pour le moment, celui de douze, — la césure est, à la fois, obligatoire et fixe. Et, par fixe, je n'entends point que, dans chacune de ces espèces de vers, il n'y a qu'une place pour la césure, car nous verrons, au contraire, qu'il y en a plusieurs, entre lesquelles on pourra choisir ; mais j'entends que, ce choix une fois fait, il faudra s'y tenir jusqu'au bout.

Nous étudierons d'abord, brièvement, les vers de neuf et de onze syllabes, pour mémoire, car ils sont et ne peuvent être que d'un emploi peu fréquent, et nous nous étendrons davantage sur le vers, très employé, de dix syllabes.

Vers de neuf syllabes.

Ce vers se présente sous quatre aspects :

1º Avec une seule césure obligatoire, après la troisième syllabe, comme dans cette chanson de La Fontaine :

> Ses refus | sont si remplis de charmes,
> Que l'on croit | recevoir des faveurs.
> La douceur | est celle de ses armes
> Qui se rend | la plus fatale aux cœurs.

2º Avec deux césures, l'une à la troisième syllabe, l'autre à la sixième, qui divisent ainsi le vers en trois parties égales :

> L'Océan | devant moi | s'étendait ;
> Le soleil | reluisait | sur la vague ;
> Et mon œil | au lointain | regardait.
> Onde et feu | se mêler | dans le vague.
> (Armand Renaud, les Nuits persanes.)

Cette coupe est si saccadée qu'on la supporterait difficilement dans un morceau de longue haleine. Du reste, on n'en trouve guère d'exemples que dans les poèmes destinés à la musique, où l'on comprend qu'elle aide à rythmer fortement certains airs ; ainsi dans une chanson de Malherbe :

> L'air est plein | d'une halei | ne de roses...

Dans un divertissement de Molière :

> Croyez-moi, | hâtons-nous, | ma Sylvie...
> (La Pastorale comique.)

Dans les opéras de Quinault, où le poète, doué d'un sens lyrique auquel on n'a pas rendu assez justice encore, mêle très heureusement à d'autres vers le vers de cette formule. Ainsi, voyez, dans un passage d'*Armide*, le vers de neuf syllabes, coupé en 3+3+3, alterner avec le vers de douze, savamment accentué lui-même de trois en trois, pour une plus parfaite association des deux mètres :

> C'est l'amour | qui retient | dans ses chaînes
> Mille oi**seaux** qu'en vos **bois** | nuit et **jour** on en**tend**.
> Si l'amour | ne causait | que des peines,
> Les oi**seaux** amou**reux** | ne chanteraient pas tant.

3° Vers de neuf syllabes avec une seule césure placée après la quatrième (4+5) :

> De la musique | avant toute chose,
> Et pour cela | préfère l'Impair,
> Plus vague et plus | soluble dans l'air,
> Sans rien en lui | qui pèse et qui pose.
>
> Il faut aussi | que tu n'ailles point
> Choisir les mots | sans quelque méprise :
> Rien de plus cher | que la chanson grise,
> Où l'indécis | au précis se joint...
>
> Car nous voulons | la Nuance encor,
> Pas la Couleur, | rien que la Nuance !
> Oh ! la Nuan | ce seule fiance
> Le rêve au rêve | et la flûte au cor !
> (Paul VERLAINE, Jadis et Naguère.)

Si je cite ces vers de l'*Art poétique*, de Verlaine, c'est, d'abord, parce qu'ils sont à peu près bien rythmés selon la coupe 4+5. Je dis « à peu près », car le troisième vers, par exemple, serait plus logiquement scandé ainsi, en 2+7 :

> Plus vague | et plus soluble dans l'air,

tandis que la tonique y tombe fort gauchement sur le mot *plus*.

C'est aussi pour ne pas laisser passer une occasion de dire combien les idées en sont fausses ou obscures. Je défie bien qu'on me montre en quoi les vers impairs sont plus musicaux que les pairs. Quant à être plus « vagues et plus solubles dans l'air... », rappelez-vous, entre autres vers impairs, ceux de cinq syllabes qui sonnent la charge dans les *Coups de clairon*, de Victor Hugo, — avec quelle précision et quelle fermeté, vous l'avez entendu ! Enfin, que les vers impairs soient plus propres que les autres à exprimer les nuances, c'est une absurdité telle qu'il n'est pas même nécessaire que je la relève.

Au fond, en nous recommandant les mètres impairs, Verlaine n'a, sans doute, songé à préconiser que celui même qu'il employait à cette place, le vers de neuf syllabes divisé en 4+5 ; et cela, non parce qu'il est vague, mais parce que, avec ses deux hémistiches dont l'un compte un nombre pair et l'autre un nombre impair de syllabes, *il boite*. Et Verlaine recommande cette boiterie dans sa première stance, comme il recommandera, dans la seconde, l'impropriété des termes, comme aussi, avec une faute de français, il interdira aux poètes d'être éloquents :

> Prends l'éloquence | et tords-lui son cou ;

comme, enfin, il leur conseillera de mal rimer. Tout se tient dans cette charte de la poésie déliquescente, que quelques disciples —

mais non pas toujours le maître lui-même, fort heureusement —
ont eu la naïveté de prendre au sérieux.

4° Vers de neuf syllabes avec une seule césure, placée après la cinquième (5+4) :

> Bleu du crépuscule, | ô bleu si tendre.
> Doux comme les yeux | qu'on aime tant,
> Robe que la nuit | passe en chantant,
> Dès qu'un rossignol | s'est fait entendre...
>
> Comme vous savez, | d'un autre monde,
> Parler à mi-voix | d'un cœur lassé !
> Évoquez pour moi | le cher passé,
> Le cher passé mort | avec ma blonde.
>   (Gabriel VICAIRE, l'Heure enchantée.)

Ici, comme dans la coupe en 4+5, — et toujours parce que les hémistiches ne sont pas tous les deux ou pairs ou impairs, — on a le sentiment d'une gêne ; il semble que, dans l'un ou l'autre, on ait oublié une syllabe ; et ce n'est qu'à la longue, par la répétition de la même coupe fortement accentuée, que l'oreille s'habitue à cette claudication, y trouve un charme bizarre, dont elle se fatigue, d'ailleurs, très vite.

Ce qui est plus difficilement admissible, c'est le mélange du vers en 5+4 et du vers en 4+5, tel que le même poète l'a tenté dans le même morceau :

> Tous les vains bruits | se sont apaisés.   (4+5)
> Le soleil expire | et la nuit tombe   (5+4)
> Au firmament | avec la colombe,   (4+5)
> Vite en volez-vous | derniers baisers.   (5+4)

> Dans l'or et le bleu | la lune rose   (5+4)
> Comme autrefois, | s'éveille à demi,   (4+5)
> A sa lueur | le bourg endormi   (4+5)
> Semble un insecte j au cœur d'une rose. (4+5)
>
> Entrecoupé d'ombre | et de clarté   (5+4)
> Le ruisseau d'argent I bruit à peine.   (5+4)
> On croirait entendre | une âme en peine. (5+4)
> Pleurant tout bas | le temps enchanté. (4+5)

Cette boiterie, tantôt sur le pied droit, tantôt sur le pied gauche, — et, encore, sans régularité dans le changement, est trop déconcertante.

Vers de onze syllabes.

Plus encore que le vers de neuf, ce vers a besoin, pour être clairement perçu, d'être divisé par une césure fixe. C'est pourquoi, malgré le nombre égal des syllabes et malgré les rimes, l'oreille se refuse à jouir de certains alignements sans nom, tels qu'en voici :

> Le poète, dans un désolé silence,
> Sans plus se rebeller contre aucune loi,
> Sans invoquer, dès lors, aucune clémence,
> Comme un vieil enfant, regarde devant soi...
> O mon Dieu, je ne suis qu'un simple poète,
> Sans volonté, sans responsabilité... etc.
>   (Paul VERLAINE, Parallèlement.)

L'absence d'une césure fixe rend le rythme des vers précédents tout à fait insaisissable.

La césure pourra se placer après la sixième syllabe, et l'on aura ainsi la formule 6+5 :

> La jeune femme chante | au balcon assise,
> Et sa triste chanson | pleure dans la bise.
> (Jean MORÉAS, les Cantilènes.)

Mais la déception de l'oreille est grande : le premier hémistiche annonçait un alexandrin, qui semble avorter en route, avant d'avoir pu arriver à la douzième syllabe attendue.

Dans la versification grecque et latine, on appelait *catalectique* le vers auquel il manquait une syllabe par rapport au vers-type dont il dérivait. Or, dans notre prosodie, le vers de onze syllabes est comme le catalectique du vers de douze, et c'est le vers de douze qu'à travers lui nous poursuivons d'instinct. C'est pourquoi l'oreille semble plus disposée à y admettre la coupe contraire à celle de tout à l'heure, celle qui met en avant le plus court des deux hémistiches, celle qui césure ainsi le vers en 5+6, et où l'alexandrin poursuivi, au lieu de se dérober après s'être promis, semble se laisser partiellement atteindre dans le second hémistiche :

> O champs paternels, | hérissés de charmilles,
> Où glissent, le soir, | des flots de jeunes filles !
>
> O frais pâturage, | où de limpides eaux
> Font bondir la chèvre | et chanter les roseaux !
>
> O terre natale ! | A votre nom que j'aime,
> Mon âme s'en va | toute hors d'elle-même,
>
> Mon âme se prend | à chanter sans effort.
> A pleurer aussi, | tant mon amour est fort !

J'ai vécu d'aimer, | j'ai donc vécu de larmes ;
Et voilà pourquoi | mes pleurs eurent leurs charmes ;

Voilà, mon pays, | n'en ayant pu mourir,
Pourquoi j'aime encore, | au risque de souffrir...
(DESBORDES-VALMORE, Poésies posthumes.)

Certes, pendant les deux ou trois premiers distiques, nous avons eu quelque peine à saisir ce rythme anormal ; mais, ici, le poète a pris un tel soin de marquer avec force, dans chacun de ses vers, l'accent tonique de la cinquième syllabe, — en le faisant correspondre avec un certain arrêt du sens, de manière à empêcher toute hésitation de l'oreille et de l'esprit sur la place de la césure, — que, bientôt, nous avons cessé la résistance et nous sommes abandonnés en toute sécurité à cette cadence insolite. Le poème entier, intitulé *Rêve intermittent d'une Nuit triste*, est d'une inspiration géniale. On le lira. Quand on y aura joint une autre pièce du même auteur : *la Fileuse et l'Enfant*, et, dans notre ancienne poésie, les deux *Odes saphiques* de Ronsard, on connaîtra, ce me semble, à peu près tout ce qui a été écrit de remarquable sur ce mètre.

[Les strophes des *Odes saphiques* sont composées de trois vers de onze syllabes divisés en 5+6 et d'un vers de cinq syllabes, ainsi :

Donc sonnets adieu, adieu douces chansons,
Adieu danse, adieu de la lyre les sons,
Adieu traits d'amour, volez-en autre part
Qu'au cœur de Ronsard !]

Vers de dix syllabes.

Ce vers, à la différence des précédents, est de parfaite constitution et de fréquent usage.

Nous avons deux sortes de décasyllabes : celui dont la césure tombe sur la quatrième syllabe et celui où elle ne tombe que sur la cinquième.

1° Décasyllabe césure en 4+6. — C'était, à l'origine de notre littérature, le vers héroïque par excellence, celui de la Chanson de Roland :

> Carles li Reis | nostre emperere magnes,
> Set ans tuz pleins | ad estet en Espaigne.

Ayant des ressources harmoniques assez médiocres, très inférieures à celles du vers de douze syllabes, il cessa, dès le treizième siècle, d'être le vers favori de l'épopée ; mais il se maintint dans la poésie lyrique, où il domina même jusqu'aux premières années du seizième siècle ; ainsi, l'œuvre de Marot est presque tout entière écrite sur ce rythme. Fort délaissé au dix-septième siècle, si ce n'est par La Fontaine en ses Contes, il reprend faveur au dix-huitième, avec Voltaire et les poètes badins de son temps, pour s'épanouir, une dernière fois, dans les chansons de Béranger. Sa musique, un peu maigre, semble le vouer, décidément, à la poésie légère. Pourtant, Lamartine a essayé, une fois, de l'appliquer à une inspiration grave : dans le poème des *Harmonies* intitulé *Pensée des Morts*, entre deux séries de strophes en vers de sept syllabes, il a introduit quelques strophes en vers de dix, césures en 4+6 :

Ils t'ont prié, | pendant leur courte vie,
Ils ont souri | quand tu les as frappés,
Ils ont crié : | « Que ta main soit bénie ! »
Dieu, tout espoir ! | les aurais-tu trompés ?

Étends sur eux | la main de ta clémence.
Ils ont péché ; | mais le ciel est un don !
Ils ont souffert ; | c'est une autre innocence !
Ils ont aimé ; | c'est le sceau du pardon !

Cette cadence a je ne sais quoi de chantonnant, qui s'accorde mal avec le sérieux d'un pareil sujet. Par l'inégalité régulière de ses deux parties, elle est, à la fois, disloquée et monotone, comme le serait l'alternance prolongée d'un vers de quatre syllabes et d'un vers de six.

[Et la médiocrité musicale de ce rythme vient du peu de place qu'ont les accents secondaires pour évoluer. En effet, sous peine de rencontrer l'un des deux accents obligatoires, les accents rythmiques ne peuvent, ici, se poser ni sur la troisième ni sur la cinquième syllabe. Mais que le poète abandonne ce rythme pour reprendre le vers de sept syllabes, et aussitôt, et par cela seul que l'accent secondaire aura cinq syllabes de suite entre lesquelles il pourra choisir pour se poser, voilà toute monotonie disparue. Et, autant le vers de dix syllabes, — le plus long, pourtant, — paraissait étroit et contraint, autant celui de sept, — le plus court, — va nous paraître large et libre :

Ils *fu*rent ce que nous sommes,
Pous*siè*re, jouet du vent ;
Frag*i*les comme des hommes,
Fa*i*bles comme le néant !
Si leurs *pieds* souvent glissèrent »
Si leurs tevres transgressèrent
Quelque *lettre* de ta loi,
O *Père* ! ô Juge suprême !

> *Ah*! ne les vois pas eux-mêmes,
> Ne regarde en *eux* que toi!

Et nous voyons, une fois de plus, à quel point le jeu des accents est le grand générateur de la beauté des vers français.]

Victor Hugo l'a employé trois ou quatre fois; mais si l'on étudie ces pièces, notamment les deux qui se trouvent dans les *Contemplations* (*Lise* et *Un soir que je regardais le ciel*), on verra comment l'admirable instinct du maître lui a fait éviter, dans une certaine mesure, la monotonie que j'ai dite. De temps en temps, au lieu d'accentuer plus fortement que les autres la quatrième syllabe, en faisant coïncider l'arrêt de la voix avec un certain arrêt du sens, il supprime cette coïncidence, ne laisse à la quatrième syllabe qu'un accent secondaire, suffisant pour rappeler le rythme primitif, et reporte un peu plus loin l'arrêt du sens avec la syllabe la plus accentuée. Ainsi, au cinquième vers de la strophe suivante, où je marque d'un trait simple la césure régulière, ici affaiblie, et d'un trait double la césure psychologique, ainsi reculée :

> Elle me dit, un soir, en souriant :
> « Ami, pourquoi contemplez-vous sans cesse
> Le jour qui fuit, ou l'ombre qui s'abaisse,
> Ou l'astre d'or qui monte à l'Orient ?
> Que font vos yeux | là-haut? || Je les réclame.
> Quittez le ciel ; regardez dans mon âme. »

Il est certain qu'on ne peut arrêter la voix sur *yeux* plus que sur *haut*, car on entendrait :

> Que font vos yeux? Là-haut je les réclame,

ce qui serait absurde. Il faut donc bien, en lisant ce vers, atténuer l'accent de la quatrième syllabe, pour fortifier celui de la sixième. Et cette atténuation légère à la place habituelle, atténuation qui laisse subsister comme le souvenir et la trace de la césure normale, est d'un effet délicieux. Voici, pris dans les deux mêmes pièces, des vers écrits selon cette formule :

> Quand nous étions | à vêpres, || le dimanche...
> Le ciel que j'ai | dans l'âme || est plus céleste...
> Ne songe plus | au ciel ! || J'en suis jalouse...

Et après des vers de cette sorte, où nous avons joui d'une brève et discrète altération de la mesure, nous retrouvons avec d'autant plus de contentement la coupe ordinaire, avec sa césure absolue à la quatrième syllabe.

Ce vers se mêle parfaitement avec celui de douze syllabes :

> Tandis que le sommeil, réparant la nature,
> Tient enchaînés le travail et le bruit,
> Nous rompons ses liens, ô clarté toujours pure !
> Pour te louer dans la profonde nuit.
> (RACINE, Hymnes traduites du Bréviaire romain.)

avec celui de quatre :

> S'asseoir tous deux au bord du flot qui passe,
> Le voir passer ;
> Tous deux, s'il glisse un nuage en l'espace,
> Le voir glisser...
> (SULLY PRUDHOMME, les Vaines Tendresses.)

et avec celui de trois :

> Sois bonne et douce, et lève un front pieux.
> Comme le jour dans les cieux met sa flamme,
> Toi, mon enfant, dans l'azur de tes yeux,
> Mets ton âme !
> (HUGO, les Contemplations.)

2° Décasyllabe césure en 5+5 :

> Dans la plaine blonde | et sous les allées,
> Pour mieux faire accueil | au doux messidor,
> Nous irons chasser | les choses ailées,
> Moi, la strophe, toi, | le papillon d'or.
> (François Coppée, le Reliquaire.)

Croirait-on que cette coupe charmante, — usitée dès le treizième siècle, dans nos chansons populaires, mais que les poètes lettrés avaient dédaignée et méconnue, au siècle de Ronsard comme au siècle de Corneille, — n'est entrée qu'au temps du romantisme dans le trésor de notre prosodie ? Et pourtant, c'est ainsi. Depuis, par un retour de fortune, elle a presque détrôné l'ancien décasyllabe césuré en 4+6.

Voici les morceaux les plus propres à vous en communiquer l'harmonie. Dans Alfred de Musset, la *Chanson* : « J'ai dit à mon cœur, à mon faible cœur… » Dans Victor Hugo, deux chansons aussi, un peu perdues dans son roman des *Misérables* : celle de Fantine (1re partie, livre VII) et celle de Jean Prouvaire (4e partie, livre XII) ; on y ajoutera *Choses du Soir* (l'*Art d'être Grand-Père*). Dans Leconte de Lisle, les *Elfes* (*Poèmes barbares*) et les *Odes anacréontiques* (*Poèmes antiques*). Enfin, pour juger de l'heureuse alliance de ce vers de dix syllabes avec le vers de cinq, le seul auquel il se puisse associer, on lira l'*Agonie*, de Sully Prudhomme :

> La musique apaise, enchante et délie
> Des choses d'en bas :
> Bercez ma douleur, je vous en supplie,
> Ne lui parlez pas.
> (Les Solitudes.)

et les *Conseils à une Parisienne*, d'Alfred de Musset, dans les *Poésies nouvelles*.

La coupe du décasyllabe en 5+5 n'échapperait pas non plus à une certaine monotonie, à cause de l'absolu balancement de ses deux hémistiches, qui lui donnent, de plus, une allure presque dansante, si on n'y pouvait porter remède, comme dans la coupe, en 4+6, en affaiblissant quelquefois la césure normale sans la détruire, et cela en ne la faisant point toujours coïncider avec l'arrêt du sens, avec ce que j'ai appelé la « césure psychologique ». On sentira toute la souplesse que peut donner, à notre décasyllabe nouveau, cette avance ou ce retard de la césure psychologique par rapport à la césure phonique ainsi atténuée, en lisant un des poèmes de Leconte de Lisle, que je vous recommandais ci-dessus. Aux quatre vers où le poète a usé de ce procédé, je marquerai, d'un trait double, la place où l'arrêt normal de la voix frappe une syllabe d'un accent plus fort que celui de la césure médiane, laquelle restera indiquée par un trait simple :

> Je dirai la rose aux plis gracieux.
> La rose ‖ est le souffle | embaumé des Dieux,
> Le plus cher souci des Muses divines.
> Je dirai ta gloire, ô charme des yeux,
> O fleur de Kypris, reine des collines !
> Tu t'épanouis entre les beaux doigts
> De l'Aube ‖ écartant | les ombres moroses ;
> L'air bleu devient rose, et rose le bois ;
> La bouche et le sein | des Nym ‖ phes sont roses !
> Heureuse la Vierge aux bras arrondis
> Qui dans les halliers | humi ‖ des te cueille !
> Heureux le front jeune où tu resplendis !
> Heureuse la coupe où nage ta feuille !

> Ruisselante encor du flot paternel,
> Quand de la mer bleue Aphrodite éclose
> Étincela nue aux clartés du ciel,
> La Terre jalouse enfanta la rose ;
> Et l'Olympe entier, d'amour transporté,
> Salua la fleur avec la Beauté.

Cette petite pièce, digne des odes d'Anacréon qui l'ont inspirée, est vraiment le plus parfait modèle du vers décasyllabique à césure médiane.

VIII

De la Césure dans l'Alexandrin

Nous voici arrivés au vers le plus important et le plus usuel, à celui qui, nommé *alexandrin*, dès le douzième siècle, pour avoir été mis en honneur par Alexandre de Paris ou de Bernay dans son *Roman d'Alexandre*, est devenu le mètre des sonnets de Ronsard, des tragédies de Corneille et de Racine, des comédies de Molière, des *Méditations*, de la *Légende des Siècles*, des *Destinées*, des *Poèmes barbares*, de presque tous les chefs-d'œuvre anciens ou récents, dramatiques, épiques ou lyriques, de notre littérature.

Nous ne pouvions, sous le rapport de la césure, ranger l'alexandrin dans aucune des catégories précédentes ; car s'il est, en principe, un vers à césure fixe dans les siècles classiques, il est déjà timidement, dès ce temps-là, le vers à une ou deux césures mobiles qu'il va devenir franchement avec les poètes romantiques. Nous l'étudierons sous ces deux aspects, et nous chercherons, enfin, si son évolution ne doit pas, en bonne logique, aboutir à certaines réformes que le romantisme lui-même n'a pas admises et que réclament les écoles nouvelles.

1. Alexandrin à Césure fixe

Deux vers de Boileau en donnent, à la fois, le précepte et l'exemple :

> Que toujours dans vos vers, | le sens coupant les mots,
> Suspende l'hémistiche, | en marque le repos.
> (L'Art poétique.)

Cet alexandrin-type, à la rigidité duquel les classiques ne se sont pas toujours soumis, présente donc deux caractères :

1° La césure en est unique et fixe ; elle est placée à la sixième syllabe, coupant ainsi le vers en deux parties égales, appelées hémistiches.

2° Ce repos de la voix sur la tonique médiane doit coïncider avec un certain arrêt du sens ; autrement dit, à la sixième syllabe, la césure doit être psychologique en même temps que phonique.

De ce qui précède, il s'ensuit que la sixième syllabe du vers portant la tonique sera : ou la dernière syllabe d'un mot non terminé par un *e* muet « Que toujours dans vos *vers* », ou l'avant-dernière d'un mot terminé par cette voyelle muette « Suspende l'hémis*ti*che... » ; mais, alors, il faudra que l'*e* muet se puisse élider, que, par conséquent, il se trouve lui-même devant une voyelle, « en marque le repos... ». Avec grande raison,

Boileau se serait refusé à écrire :
> Suspende l'hémisti | che, marque le repos.

car, avec cette césure dite « enjambante », la syllabe muette n'étant plus supprimée par l'élision, c'est seulement après elle, donc après la septième syllabe, que la voix se serait reposée et que se serait arrêté le sens ; et la division du vers par moitié n'existerait plus. La césure « enjambante » est donc interdite.

Pourvu qu'il se soumette à l'obligation de cette forte tonique médiane, le poète disposera à son gré, à l'intérieur de chaque hémistiche, des accents secondaires, ou accents rythmiques, par le moyen desquels il variera la cadence de ses vers ; toutefois, il ne les fera jamais porter sur la syllabe qui précède l'une des deux toniques obligatoires, — celle de la césure et celle de la rime, — c'est-à-dire qu'il évitera d'accentuer la cinquième ou la onzième syllabe ; car, alors, il y aurait succession de deux accents, d'où cacophonie :

De ce sourci**lleux roc** l'inébranlable cime.
(CHAPELAIN, La Pucelle.)

Boileau ignorait la véritable cause de la dureté de ce vers ; mais voulait-il, par dérision, imiter le style rugueux de l'auteur de la *Pucelle*, que, instinctivement, c'est par des successions de toniques indues qu'il y arrivait :

De mon flambo**yant cœur** l'âpre état vous savez...
Maudit soit l'aut**eur dur** dont l'âpre et rude verve...
(Épigrammes.)

Et, d'ailleurs, quand nous rencontrons des vers, de coupe classique ou non, dont la prononciation nous inquiète, nous pouvons être sûrs que c'est parce que le poète a placé des accents rythmiques à la cinquième ou à la onzième syllabe. Ainsi, j'ai relevé, dans l'œuvre posthume de Victor Hugo, *Dieu*, ces alexandrins :

L'être est un hi**deux tronc** qui porte un divin buste...

Dont un bout est **nuit froi**de et l'autre bout clarté...

Au sommet resplendit l'Olympe, ca**verne astre**...

Si Victor Hugo avait révisé ce poème, il aurait certainement modifié de pareils vers, tout comme Corneille corrigea celui-ci, qu'on peut lire dans la première édition d'Horace :

> Je suis Romaine, hélas ! puisque mon **époux l'est**,

qui devint, dans les éditions suivantes :

> Je suis Romaine, hélas ! puisque Horace est Romain.

Ce n'est pas qu'on doive proscrire absolument l'accentuation sur la cinquième ou la onzième syllabe.

Elle est admissible :

1° Quand la cinquième ou la onzième syllabe peut, sans dureté pour l'oreille et sans obscurité pour l'esprit, se lier — en perdant son accent propre, en devenant proclitique, — avec la sixième ou la douzième, puisque alors, en somme, il n'y aura plus deux toniques en contact :

> Ne verrez-vous **point Phèdre** avant que de partir ?
> (Racine, Phèdre.)

> Qui ne demandent compte à ce malheu**reux fils**…
> (Racine, Andromaque.)

Par la loi naturelle du moindre effort, la voix peut, ici, glisser sur « point », en reculant l'accent jusqu'à « Phèdre », et sur la dernière syllabe de « malheureux », en le reculant jusqu'à « fils ». Il n'en résulte, en effet, aucun heurt désagréable pour l'oreille, et l'esprit distingue clairement les deux mots malgré leur fusion. C'est ce qui rend supportable, dans le vers de Victor Hugo cité plus haut, l'hémistiche : « qui porte un *divin* buste », tandis que l'hémistiche : « L'être est un *hideux* tronc… » est horrible à prononcer, et que « caverne astre » — qu'on entend comme un seul mot :

« cavernastre » — surprend la pensée qui hésite à le décomposer, tout comme « mon *époux l'est* », de Corneille.

2° Lorsque les deux accents consécutifs sont séparés par un signe de ponctuation, puisque, alors, il n'y a plus choc :

Soit ! Que te faut-**il** ? **Prends**, dit l'être avec dédain…
Les yeux de l'éléphant, le cou du tau**reau**, **maî**tre.
(Hugo, la Légende des Siécles)

3° Lorsque cette rencontre des accents force le lecteur à mieux frapper, l'un après l'autre, deux mots qui, pour l'effet intellectuel à produire, doivent être bien détachés, quoique aucune ponctuation ne les sépare. Ainsi, dans ce vers de Racine :

Je n'épargne**rai rien** dans ma juste colère,
(Andromaque.)

où le détachement du mot « *rien* » traduira la dureté, l'inflexibilité de Pyrrhus ; et dans cet autre, du même poète :

Le sang de vos **rois crie** et n'est point écouté,
(Athalie.)

où la forte accentuation, bien distincte, des deux mots « *rois* » et « *crie* » donnera toute sa force aux objurgations de Joad.

Hors ces trois cas, tenons-nous-en à notre règle, et ne posons d'accents rythmiques que sur l'une des quatre premières syllabes de l'hémistiche.

En général, dans chaque hémistiche, il n'y a qu'un de ces accents mobiles, donc, deux dans chaque vers ; le cas le plus fréquent. Mais ces accents ne sont absolument obligatoires. On peut n'en trouver aucun, comme dans ce vers où, avant le mot de l'hémistiche et celui de la rime, il n'y a que des enclitiques :

Avec Britannicus | je me réconcilie.
(Racine, Britannicus.)

Et l'on peut n'en trouver qu'un seul, soit au premier, suit au second hémistiche :

> Imaginations ! | Cé**les**tes vérités !
> (Corneille, Polyeucte.)

> Un **trou** prodigieux | et perpendiculaire !
> (Hugo, la Légende des Siècles)

Admirez, en passant, quel mouvement d'âme cette suppression d'un accent rythmique donne au vers de *Polyeucte*, et quelle vision pittoresque elle suggère dans celui de la *Légende* ! Ce sont les trouvailles du génie.

Par contre, on doit éviter de mettre, sans raison, plus d'un accent rythmique à chaque hémistiche ; le vers devient désagréablement saccadé :

> Moi-**mê**me, Arnauld, **ici** | qui te **prê**che en ces rimes...
> (Boileau, Épîtres)

> Là je **dors, chante, lis, pleu**re, étu**die** et **pense**.
> (André Chénier, Épîtres)

Mais on peut aussi tirer des effets de cette multiplication des accents, et des effets très diversement heureux. Voyez, dans un sonnet de Jules Lemaître, quelle délicieuse nonchalance les deux accents rythmiques du dernier hémistiche achèvent de donner à ce vers, sur la Loire, en soulignant l'effet produit par l'allitération de ces trois mots où glisse la liquide *l* :

> Muette, énigmatique, | et **souple** et **len**te, et **bleue**...

Et lisez, par contraste, dans la comédie de Corneille, l'*Illusion comique*, le couplet où le capitaine Matamore déclare qu'il ne peut mettre l'épée hors du fourreau, parce que, dit-il, les feux jaillissant de la lame,

Auraient, en un moment, embrasé la maison,
Dévoré, tour à tour, ardoises et gouttières,
Faîtes, **lat**tes, che**vrons**, mon**tants**, **cour**bes, **filières**,
Entre**toi**ses, som**miers**, co**lon**nes, soli**veaux**,
Parnes, **sol**es, ap**puis**, jam**bages**, trave**teaux**,
Portes, **gril**les, ver**rous**, ser**rures**, **tui**les, **pier**re,
Plomb, **fer**, **plâ**tre, ci**ment**, pein**ture**, **mar**bre, **verre**,
Caves, **puits**, **cours**, per**rons**, **sal**les, cham**bres**, gre**niers**... etc.

Je m'arrête, comme essoufflé par ce tourbillon, qui m'entraîne d'un mouvement de plus en plus accéléré, au fur et à mesure que le nombre des accents s'accroît : il n'y en avait que quatre — en comptant les deux toniques obligatoires — dans le quatrième vers ; il y en a cinq dans le cinquième, six dans le sixième, sept dans le septième et le huitième !!! Et tout l'effet comique est dans cette progression.

Un exemple encore, — et je n'en connais pas de plus remarquable, — dans l'avant-dernier des huit vers suivants, dont les sept autres se contentent d'un seul accent rythmique à l'intérieur de chaque hémistiche :

Voilà donc que tu dors sous cette pierre grise
Voilà que tu n'es plus ayant à peine été !
L'astre attire le lys, et te voilà reprise,
O vierge, par l'azur, cette virginité !
Te voilà remontée au firmament sublime,
Échappée aux grands cieux comme la grive aux bois,
Et, **flam**me, **ai**le, **hym**ne, o**deur**, | replongée à l'a**bî**me
Des rayons, des amours, des parfums et des voix.
(HUGO, les Contemplations.)

Au premier hémistiche du septième vers, cinq syllabes sur six sont accentuées : d'abord « *et* », car ce mot, après lequel la virgule marque une respiration, cesse d'être enclitique ; puis la première syllabe de « *flam*me, *ai*le, *hym*ne », enfin la dernière de « o*deur* », tonique obligatoire de la césure. Et, loin que nous en souffrions, cette multiplicité des accents est ici une source d'extraordinaires beautés. En effet, entre la virgule qui suit « et » et celle qui suit « odeur », le poète force notre voix et notre pensée à s'arrêter quatre fois sur les quatre substantifs qui symbolisent les vertus de la jeune morte. Et il le faut pour que soient réalisées ses intentions secrètes ; car, que veut-il ? Il veut, au vers suivant, nous rendre sensible le retour, par la mort, de ces quatre vertus terrestres aux célestes essences dont elles émanaient pendant la vie. Et qu'allons-nous voir ? Nous allons voir chacun de ces quatre accents, par une correspondance exacte, donner naissance, pour ainsi dire, à chacune des quatre parties égales du dernier vers, accentué de trois en trois syllabes :

Des ray**ons**, | des a**mo**urs, | des par**fums** | et des **voix**.

Correspondance intellectuelle, cela saute aux yeux, mais aussi correspondance musicale, traduisant, corroborant l'autre, comme celle de quatre notes frappées isolément dans une mesure, qui, à la mesure suivante, deviendraient les génératrices de quatre accords différents et successifs parmi lesquels chacune irait se fondre et se perdre. L'art du vers ne saurait aller plus loin.

J'ai appelé, en commençant, le vers de douze syllabes divisé en 6+6, avec arrêt du sens à la césure, l'alexandrin-type du système classique. C'est, en effet, le modèle sur lequel presque tous les vers de nos poètes étaient construits, jusqu'à l'avènement du romantisme. Les classiques se sont pourtant, comme nous le verrons bientôt, écartés quelquefois de cette coupe ; mais, lors même qu'ils s'y soumettaient le plus rigoureusement, un Corneille ou un Racine n'en trouvaient pas moins le moyen d'introduire les modulations les plus variées dans l'inflexibilité de ces deux mesures égales.

Dans les dix vers suivants, par exemple, d'une si caressante mélodie, les places diverses assignées aux accents rythmiques suffisent à créer huit cadences différentes, quoique toutes soumises au balancement de la césure médiane :

Croyez-**moi**, chère Es**ther**, | ce **scep**tre, cet em**pire**, (3+3|2+4)
Et ces pro**fonds** res**pects** | que la te**rreur** ins**pire**, (4+2|4+2)
A leur pom**peux éclat** | **mêl**ent peu de dou**ceur**, (4+2|1+5)
Et fa**ti**guent sou**vent** | leur **tris**te posses**seur**. (3+3|2+4)
Je ne **trou**ve qu'en **vous** | je ne **sais** quelle **grâ**ce (3+3|3+3)
Qui me **char**me tou**jours** | et ja**mais** ne me **las**se. (3+3|3+3)
De l'ai**ma**ble ver**tu** | **doux** et puis**sants** at**traits** ! (3+3|1+3+2)
Tout res**pi**re en Es**ther** | l'inno**cence** et la **paix**. (3+3|3+3)
Du cha**grin** le plus **noir** | elle é**carte** les om**bres**, (3+3|3+3)
Et **fait** des jours se**reins** | de mes **jours** les plus som**bres**. (2+4|3+3)
(Racine, Esther.)

Et pourquoi, — puisque je ne suis pas ici seulement pour vous enseigner les lois précises de la versification, mais pour vous faire entrevoir, chaque fois que j'en ai l'occasion, les causes plus mystérieuses de la beauté des vers, — pourquoi, dis-je, ne vous ferais-je point remarquer que la suavité de ceux-ci ne tient pas seulement à la savante ondulation des accents mobiles, mais au grand nombre de syllabes muettes non élidées qui s'y trouvent ?

Relisez-les à ce point de vue, et vous compterez une douzaine de ces syllabes (scep*tre*, mê*lent*, fati*guent*, tris*te*, trou*ve*, *je ne*, quel*le*, char*me*, *ne me*, aima*ble*, écar*te*, qui, après l'inévitable vigueur de l'accent, font glisser ou expirer les mots en douceur et comme en sourdine.

[Est-il utile de faire ici remarquer, après tous les grammairiens, que ces expressions : « e muet, syllabe muette », sont impropres ? A proprement parler, le seul e véritablement muet, le seul que l'on n'entende point, est celui qui s'élide en rencontrant une autre voyelle.]

A présent, par contraste, lisons dans le *Sertorius*, de Corneille, une fière et virile réponse de la reine Viriate. Même régularité de césure, également sauvée de la monotonie par la coupe intérieure des hémistiches ; mais, ici, le poète, ayant à donner une impression d'énergie, loin d'accumuler des syllabes muettes, n'emploie, d'un bout à l'autre du morceau, que des syllabes fortes. En dix-sept vers, nous ne rencontrons que trois fois des mots terminés par une muette non élidée : *Rome*, au premier et au quinzième vers, *garde*, au dernier ; partout ailleurs, l'*e* muet, quand il se présente, est annulé par une élision, de sorte que nous n'entendons plus sonner que des sons éclatants, pleins, robustes :

> Et que m'im**por**te à **moi** | si Rome souffre ou **non** ? (4+2|2+4)
> Quand j'au**rai** de ses **maux** | effa**cé** l'in**famie**, (3+3|3+3)
> J'en obtien**drai** pour **fruit** | le **nom** de son a**mie** ! (4+2|2+4)
> Je vous ver**rai**, con**sul**, | m'en appor**ter** les **lois** (4+2|4+2)
> Et m'abais**ser** moi-**même** | au **rang** des autres **rois** ! (4+2|2+4)
> Si vous m'ai**mez**, Sei**gneur**, | nos **mers** et nos mon**tagnes** (4+2|2+4)
> Doivent bor**ner** vos **vœux**, | ainsi que nos Es**pagnes**. (4+2|2+4)
> Nous pou**vons** nous y **faire** | un assez **beau** des**tin**, (3+3|4+2)
> Sans cher**cher** d'autre **gloire** | au **pied** de l'Aven**tin**. (3+3|2+4)

Affranchis**sons** le **Ta**ge | et laissons **faire** au Tibre. (4+2|4+2)
La liber**té** n'est **rien** | quand tout le **mon**de est **libre** ; (4+2|4+2)
Mais il est **beau** de l'**être**, | et **voir** tout l'uni**vers** (4+2|2+4)
Soup**irer** sous le **joug** | et gé**mir** dans les **fers** ; (3+3|3+3)
Il est **beau** d'éta**ler** | cette prérogative (3+3|6)
Aux yeux du **Rhône** esc**lave** | et de **Ro**me cap**tive** ; (4+2|3+3)
Et de **voir** en**vier**, | aux **peu**ples abat**tus**, (3+3|2+4)
Ce res**pect** que le **sort** | gar**de** pour les ver**tus**. (3+3|1+5)

Nous avons encore, ici, neuf cadences différentes ; et si c'est moins, en proportion, que dans le passage de Racine, c'est qu'ici le sentiment exige, non plus une caresse nuancée, mais une frappe impérieuse, dont l'impression nous est communiquée, notamment, par le parallélisme des accents d'un vers à l'autre. Ainsi, relisez les vers 3, 4 et 5 : le premier hémistiche de chacun d'eux est accentué à la quatrième syllabe : « J'en obtien*drai* pour fruit… Je vous ver*rai*, consul… Et m'abais*ser* moi-même… » Et, chaque fois, cette quatrième syllabe est la dernière d'un verbe, c'est-à-dire d'un mot qui, par essence, exprime l'action, la volonté, et qui, souligné ainsi trois fois de suite à la même place, par l'accent rythmique, est comme la révélation même de l'âme hautaine et tendue de l'héroïne.

Ce n'est pas tout : une âme de cette sorte, bien cornélienne, a naturellement le goût de ces sentences, de ces formules lapidaires qui semblent accroître encore, par la concentration de la pensée, l'autorité de celui qui parle.

Or, comment ces formules se gravent-elles dans l'esprit ? Par le parallélisme des mots, que corrobore celui des accents :

Affranchis**sons** le **Ta**ge | et laissons **faire** au Tibre.

Symétrie absolue des deux hémistiches : les deux accents rythmiques tombent sur les deux finales sonores des deux verbes, comme les deux accents toniques — celui de la césure et celui de la rime — tombent sur les deux compléments de ces deux verbes. Au vers qui suit, même symétrie, quant à la place des accents :

> La liber**té** n'est rien — quand tout le **monde** est libre,

ce qui fait déjà, quatre fois de suite, sonner la cadence en 4+2. Une cinquième fois, la voici :

> Mais il est **beau** de l'être...

Et l'accent rythmique est magnifiquement placé sur ce mot « *beau* », déjà rencontré un peu plus haut, et qui traduit si bien toute la superbe de Viriate. Puis, après ce cinquième retour, insistant, obstiné, d'une même cadence, le vers l'abandonne, enfin, dans ce second hémistiche :

> ... et voir tout l'univers (2+4)

pour achever de se détendre dans la formule (3+3|3+3) :

> Soupi**rer** sous le **joug** et gé**mir** dans les **fers**,

qui permettra au personnage de mettre en valeur, au moyen de quatre accents également espacés, — les deux rythmiques et les deux toniques, — chacun des quatre mots, méprisants et humbles — « *soupirer, joug, gémir, fers* » — dans lesquels continuera de se refléter son orgueilleuse attitude.

Je n'en finirais pas, si je voulais montrer toutes les beautés que ces alexandrins tirent de leur accentuation ; ainsi, quand Viriate reprend, en l'accentuant pour la troisième fois, ce mot essentiel, « il est *beau* », dans ce vers si expressif :

> Il est **beau** d'étaler | cette prérogative,

où la suppression exceptionnelle de tout accent rythmique, au second hémistiche, semble *étaler*, en effet, ce long mot de « prérogative », mot d'orgueil et d'autorité encore... Mais il faut que je m'arrête.

J'espère que vous aurez bien voulu suivre avec attention, avec patience, cette analyse assez minutieuse. Si vos yeux avaient couru trop vite sur la page, je vous demanderais de la relire, car jamais, sans doute, je ne pourrai vous mettre mieux à même de surprendre un des secrets de l'action des beaux vers. Vous y aurez appris qu'écrire un alexandrin poétique ne consiste pas à aligner une phrase quelconque de douze syllabes, fût-elle exactement coupée à la sixième et ornée, à la douzième, d'une rime sonore ; mais que presque toute sa beauté, tant intellectuelle que musicale, vient de l'art savant, ou, plutôt, du bonheur inspiré avec lequel sont placés sur les mots essentiels, non seulement les deux accents fixes, mais les deux accents mobiles, et avec lequel les syllabes dites muettes sont mêlées aux syllabes à sonorité vigoureuse. Enfin, contre ses détracteurs, vous pourrez conclure que l'alexandrin classique, malgré la fixité de la césure médiane, est déjà un instrument d'une sensibilité, d'une souplesse merveilleuses, qui suffirait encore, entre les mains de qui saurait s'en servir, à la création des chefs-d'œuvre.

[On lit dans l'*Esthétique de la langue française*, de M. Rémy de Gourmont — et il faut que de pareilles choses soient imprimées pour qu'on croie qu'elles aient pu être écrites — : « Depuis le XVIIe siècle, la plupart des vers français contenant des *e* muets sont faux. » Suivent, à l'appui, des citations de Racine où les *e* muets sont imprimés en italiques, comme ne devant pas être comptés dans la numération des syllabes. L'auteur, qui est bon prince et ne désire pas accabler trop lourdement le poète de

Phèdre, ajoute aussitôt que « la faute de l'*e* muet (sic) est rare dans son œuvre : il voulait douze syllabes et savait les trouver ». Ayant, par ces deux verbes qui trahissent quelque condescendance, délivré 4+4 ce certificat à l'élève Racine, M. de Gourmont cite quelques vers pareillement fautifs, des *Contemplations*, d'où il ressort, selon lui, que « le vers de dix syllabes se rencontre à chaque instant parmi les alexandrins de Hugo, celui de neuf syllabes ça et là ».

Donc, quand M. de Gourmont lit le passage ci-dessus d'*Esther* il prononce et entend, avec la délicatesse d'oreille d'un vieil habitué des cafés concerts pour qui « C'est dans l'nezqu'ça m'chatouille » est la vraie prononciation de la poésie française :

Je n'trouv' qu'en vous je n'sais quell' grâce
Qui m'charm' toujours et jamais ne m' lasse.

ce qui fait que, pour lui, le second de ces alexandrins n'a que neuf syllabes, et que le premier n'en a même que huit.

On connaît cette maladie de la vue qui s'appelle le *daltonisme* : c'est un vice qui empêche de distinguer les couleurs. Et je ne crois pas que, jusqu'à présent, — cela viendra sans doute, — aucune personne atteinte de cette infirmité se soit avisée d'écrire sur la peinture et de disserter sur les nuances du coloris chez Raphaël ou chez Rubens. Mais, s'agit-il de prosodie, on ne se demande point, avant de prendre la plume, si par hasard on ne serait pas atteint, quant à l'ouïe, d'une disgrâce analogue à celle des daltonistes, puisqu'on n'entend pas ce que Racine, Victor Hugo et tous les poètes de tous les siècles ont cru entendre. On ne se dit pas que, en somme, la sensibilité de l'oreille à la poésie n'est pas plus universellement donnée que la sensibilité de l'oreille à la musique, et que le plus honnête homme du monde, — fût-il, comme M. de Gourmont, un écrivain très original et un très érudit philologue, — pourrait ne point posséder ce don naturel et en convenir sans honte. Non pas, on préfère penser que Victor Hugo et Racine, et tous les poètes de tous les temps ont eu l'oreille moins délicate que M. Rémy de Gourmont, — à preuve qu'ils ont fait des milliers de vers faux sans même s'en apercevoir, tandis que lui n'en aurait pas laissé échapper un seul et n'aurait pas hésité, par exemple, à compléter à peu près ainsi les alexandrins écourtés d'*Esther* :

Vraiment, je ne trouve qu'en vous je ne sais quelle divine grâce
Qui me charme la nuit et le jour et qui jamais ne me lasse,

puisque, les *e* muets ne se comptant pas, on devrait lire :
Vraiment, je n'trouv' qu'en vous je n'sais quell' divin' grâce
Qui m'charm' l'a nuit et l'jour et qui jamais ne m'lasse.

Certes, l'opposition des syllabes étouffées et des syllabes éclatantes n'y serait plus, ni les exquises nuances qui différencient la prononciation des divers *e* muets eux-mêmes, — tantôt complètement appuyés comme dans « je, ne, me », tantôt atténués aussitôt qu'émis, comme dans « trouve » et dans « charme », où l'on entend, selon la si jolie et si juste expression de Voltaire, « un son qui subsiste encore après le mot prononcé, comme un clavecin qui résonne quand les doigts ne frappent plus les touches ». Certes, tout cela supprimé, il ne resterait plus rien de ce qui contribue si fort à rendre la versification française, par la richesse de ses modulations, l'égale, au moins, de la versification latine et de la grecque ; mais, qu'importe, puisque, à ce prix, l'oreille de M. de Gourmont serait satisfaite ?]

2. Alexandrin à Césures mobiles

Ouvrons une œuvre classique et appliquons-nous à en bien scander les vers selon leur construction grammaticale, sans autre souci que de faire porter les arrêts principaux de la voix sur les syllabes où la pensée elle-même s'arrête le plus naturellement. Presque toujours, la voix et la pensée s'arrêteront ensemble à l'hémistiche, selon le précepte de Boileau, mais non pas toujours. Çà et là, nous sentirons une résistance à cet accord, nous percevrons une lutte entre deux éléments devenus opposés : d'une part l'instinct de l'oreille, fortifié par l'accoutumance, qui tend à dissocier les mots juste au milieu du vers, selon la loi du moindre effort ; — d'autre part la logique de la pensée, qui demande au contraire le rapprochement de ces mots que voudrait séparer l'oreille. Mais comme la pensée, en définitive, est la créatrice et la souveraine maîtresse du rythme, il faut bien que ce soit l'oreille qui cède et se résigne à une division du vers moins symétrique ou plus complexe que la division en 6+6. Elle ne s'y résigne point d'ailleurs sans plaisir, car elle est récompensée de son léger effort par une jouissance de surprise que ne lui offrait pas au même degré le vers à césure médiane, tout en gardant, grâce à certaines précautions nouvelles, cette sécurité que lui donnait l'alexandrin-type. C'est ainsi que nous voyons apparaître, chez les classiques les plus attachés à la formule régulière, deux formules exceptionnelles :

1° L'alexandrin à césure unique mais mobile, c'est-à-dire variable quant à sa place et coupant le vers en deux parties inégales : c'est le *dimètre irrégulier* ;

2° L'alexandrin à deux césures mobiles, le divisant en trois parties tantôt égales, tantôt inégales : c'est le *trimètre* ou *ternaire*.

Les dimètres irréguliers sont assez rares, aussi bien chez les modernes que chez les classiques, et cela se conçoit ; l'une des deux parties du vers ayant plus de six syllabes, il faut que les mots qui la composent soient ou bien longs, ou bien étroitement rapprochés par le sens, pour que la voix, qui éprouverait le besoin de s'arrêter en route, n'en trouve pas l'occasion. Voici pourtant quelques exemples d'alexandrins de cette sorte, qui ne peuvent être coupés ni en deux parties égales ni en trois parties, mais seulement en deux parties inégales telles que je les indique :

Il en use, ma foi,
Le plus honnêtement du monde | avecque moi. (8+4)
(Molière, le Misanthrope.)

Je l'écoute longtemps dormir, | et me rendors ! (8+4)
(Lamartine, Jocelyn.)

Et le noir tremblement de l'ombre | nous contemple. (9+3)
(Hugo, Torquemada.)

Vous retrouvez là ce que je vous ai montré plus haut dans certains vers de dix syllabes : un affaiblissement de la tonique fixe, réduite à ne plus porter qu'un accent secondaire, par suite de sa non-coïncidence avec la césure psychologique, et le report de la césure proprement dite à la place où l'arrêt du sens amènera la tonique la plus forte :

Et le noir tremblement | de l'ombre || nous contemple.

Mais nous étudierons de plus près ce phénomène en nous occupant de l'alexandrin à deux césures mobiles, du *ternaire*.

Le ternaire le plus fréquent chez les classiques est celui qui offre trois divisions égales, en 4+4+4, coupe qui, après celle en 6+6, s'impose plus facilement que toute autre à l'oreille :

Tu sentiras | com**bien** pesante | est ma colère.
(Ronsard, les Amours.)

Facile au vice, | il **hait** les vieux | et les dédaigne.
(Mathurin Régnier, Satires.)

> Toujours aimer, | tou**jours** souffrir, | toujours mourir.
> (Corneille, Suréna.)
>
> Il ne finisse | ainsi qu'Auguste | a commencé.
> (Racine, Britannicus.)
>
> Découragés | de **met**tre au jour | des malheureux.
> (La Fontaine, Fables.)
>
> Il fera voir | si **c'est** matière | à raillerie.
> (Molière, le Dépit Amoureux.)
>
> Sophocle enfin | don**nant** l'essor | à son génie.
> (Boileau, l'Art poétique.)

Et je n'ai pas choisi des vers qui, avec un peu de bonne volonté, pourraient être scandés en 6+6, mais de ceux qu'il est impossible de ne pas césurer en 4+4+4. Quant aux ternaires à divisions inégales, nous en rencontrons aussi presque toutes les formules chez les poètes du xviie siècle, et en voici d'incontestables, de Molière :

> Permettez-moi, | Mon**sieur** Trissotin, | de vous dire. (4+5+3)
> (Les Femmes savantes.)
>
> Un bruit, | un trique**trac** de pieds | insupportable. (2+6+4)
> (L'Étourdi.)
>
> Mon amour | ne se **peut** concevoir, | et jamais... (3+6+3)
> (Le Misanthrope.)

De Racine :

> Ma foi, | j'étais un **franc** portier | de comédie. (2+6+4)
> (Les Plaideurs.)
>
> Iphigénie | a**vai**t retiré | dans son sein... (4+5+3)
> (Iphigénie.)

Votre amour | ne peut-**il** paraî | tre qu'au Sénat ? (3+5+4)
(Bérénice.)

De La Fontaine :

L'endroit | parut sus**pect** aux voleurs, | de façon... (2+7+3)
Disant ces mots, | il **fait** connaissance | avec elle. (4+5+3)
(Fables.)

De Boileau :

Derrière el | le fai**sait** lire : | Argumentabor. (3+4+5)
(Satires.)

Un sage ami, | **toujours** rigoureux, | inflexible. (4+5+3)
(L'Art poétique.)

Sur quoi, dans l'abandon de la césure médiane, se fonde ici la sécurité de l'oreille, en lui donnant la sensation immédiate d'un vers ? — Sur deux éléments :

1° une double césure mobile, compensant la césure fixe disparue ; 2° une syllabe forte à l'hémistiche » la rappelant :

Les deux césures du ternaire ont ceci de particulier que, contrairement à la règle qui régissait la césure médiane, il leur est permis d'être enjambantes, c'est-à-dire que, quand elles se produisent sur la tonique d'un mot terminé par une syllabe muette, elles peuvent engager cette syllabe muette dans la partie suivante du vers, sans qu'elle soit obligée de s'y élider.

Ainsi, dans un alexandrin à césure médiane, Racine n'aurait pas pu écrire :

Oui, je viens dans son tem | ple prier l'Éternel,

au lieu de

Oui, je viens dans son temp**l(e)** | adorer l'Éternel.
(Athalie.)

tandis qu'il écrit, avec une césure enjambante, ce ternaire :

> Roi sans gloi | **re**, j'irais vieillir | dans ma famille,
> (Iphigénie.)

ou cet autre, dont les césures enjambent toutes deux :

> Jamais fem | **me** ne fut plus di | **gne** de pitié.
> (Phèdre.)

Et les Romantiques ont, bien entendu, confirmé ce droit :

> Ils se bat | **tent**, combat terri | **ble** ! corps à corps.
> (Hugo, la Légende des Siècles.)

Ces sortes de césures, certes, sont un peu moins franches, un peu moins nettes que celles qui se produisent après un mot dont la dernière syllabe est tonique ; mais elles fournissent quand même au rythme deux points d'appui principaux à l'intérieur des vers, au lieu d'un seul, et cela est suffisant.

De plus, ai-je dit, les classiques ont cru devoir assurer mieux la sécurité de l'oreille en maintenant, à la place de l'ancienne césure, à l'hémistiche, une syllabe forte. Donc, la sixième syllabe sera toujours chez eux la dernière d'un mot, ou l'avant-dernière, si ce mot se termine par une muette, mais alors cette muette devra s'élider, tout comme si le vers n'était pas un ternaire :

> Quelquefois, | elle ap**pell**e (e) Oreste | à son secours.
> (Racine, Andromaque)

Et comme les proclitiques ou enclitiques sont atones, on n'en trouvera jamais non plus à l'hémistiche. En somme, les classiques croient devoir laisser ici un jalon, destiné à nous empêcher de perdre de vue ce qui reste toujours pour eux l'étalon de mesure, l'alexandrin en 6+6.

Voyons maintenant ce qu'est devenu le ternaire depuis les temps classiques. La vérité m'oblige à dire que chez les Romantiques, il est resté, dans sa structure, ce qu'il était au siècle de Racine, à peu de chose près. Victor Hugo, le plus hardi des innovateurs, a employé quelques coupes nouvelles, mais presque toutes celles dont il use constamment se retrouvent, ne fût-ce qu'une fois, dans Racine, dans Molière ou dans La Fontaine. Je vous montrerai, plus loin, que le poète d'*Hernani* a bien été le grand réformateur de l'alexandrin qu'il a cru être ; mais il ne l'a pas été tout à fait de la façon qu'il a cru.

    J'ai disloqué | ce **grand** niais | d'alexandrin,

proclame-t-il dans les *Contemplations,* en un vers exactement coupé, d'ailleurs, comme celui-ci, de Boileau, dans le Lutrin :

    Le sacristain | bouil**lant** de zèle | et de courage.

Non, il exagère. Il a continué d'assouplir l'alexandrin par un plus savant et plus fréquent usage des césures mobiles, mais, fort heureusement, il ne l'a point disloqué ; il ne lui a fait perdre aucun de ses points d'appui rythmiques ; il en a même soigneusement conservé un qui n'est peut-être point indispensable au ternaire : ce jalon de la syllabe forte à l'hémistiche, dont je vous parlais tout à l'heure. Dans tous ses vers à double césure, vous le retrouverez, que ce soient des ternaires à divisions égales, en 4+4+4, tels que ceux-ci :

    On s'adorait | d'un **bout** à l'au | tre de la vie.
                    (La Légende des Siècles.)

    Empreint son ongle | au **flanc** de l'homme | épouvanté.
                    (L'Année terrible.)

    Il faut donner | un **peu** de joie | aux créatures.
                    (Ruy Blas.)

ou que ce soient des ternaires à divisions inégales, comme les suivants :

> Tudor | fait un pen**dant** monstrueux | à Valois. (2+7+3)
> (L'Ane.)

> Frissonnan | tes, pas**ser** les aigles | enflammées. (3+5+4)
> (Les Châtiments.)

> Trembler | la certi**tu**de humaine | au fond des cœurs. (2+6+4)
> (Les Voix intérieures.)

> La mélodie | en**cor** quelques instants | se traîne. (4+6+2)
> (La Légende des Siècles.)

Sur ce point, son attachement aux habitudes classiques était tel qu'il s'indignait — raconte un témoin, Émile Deschanel — quand on lui citait des vers de l'école parnassienne où un pronom possessif ou un article tombait à l'hémistiche. Il exigeait qu'il y eût toujours, à cet endroit du ternaire, un mot qui, dans un vers à césure médiane, eût été capable de déterminer la césure. Il réprouvait donc des vers de cette sorte :

> Dans chacu | ne de **vos** exécra | bles minutes.
> (Leconte de Lisle, Poèmes tragiques.)

> L'habilleuse — avec **des** épin | gles dans la bouche.
> (François Coppée, Olivier.)

Cette condamnation n'était pas très conséquente, car, si lui-même n'avait jamais mis à cette place des monosyllabes enclitiques ou proclitiques par nature, il en avait mis souvent qui devenaient tels — donc atones — par l'emploi qu'il en faisait :

> On ne sait pas | à **quel** dénouement | on assiste...
> Et le sommeil | de **tous** les tombeaux, | et la paix...
> (La Légende des Siècles.)

Ces vers méritent absolument la même réprobation — ou la même approbation — que les précédents. Faut-il les condamner ou les absoudre ? La réponse dépend de celle que nous allons donner à cette autre question : Est-il vrai que, pour que l'oreille jouisse pleinement et sans effort d'un vers trimètre, il faut qu'elle y entende encore sonner, atténuée, la cadence de l'alexandrin à césure médiane ?

Et je réponds sans hésiter : Non, cela n'est point vrai, ou, plutôt, cela n'est plus vrai, après l'avoir été. L'oreille française ne pouvait s'habituer tout de suite, en effet, à ces cadences moins simples que celles de l'alexandrin à césure médiane : il fallait que les poètes l'y accoutumassent petit à petit en n'introduisant d'abord ces ternaires dans la trame de leur œuvre qu'avec beaucoup de discrétion quant à la fréquence et quelque timidité quant à la coupe même. C'est ainsi que les ternaires, assez rares, de Racine, sont presque toujours écrits de façon à pouvoir être, à la grande rigueur, scandés en 6+6. Reprenons le vers de *Britannicus* :
> Toujours punir, toujours trembler dans vos projets.

Il est bien certain que nous sommes sollicités par la logique, de le couper en trois tronçons égaux ; mais il n'en est pas moins vrai qu'un artifice de diction — qui consistera à détacher le second « toujours » en le disant avec plus de force, dans le haut de la voix, puis à redescendre sur le mot « trembler » — permettra de donner encore ici, sans trop d'invraisemblance, l'illusion de l'alexandrin-type. La transition sera ainsi ménagée.

Chez Victor Hugo, les ternaires ne seront pas seulement beaucoup plus nombreux, ils seront beaucoup plus rarement réductibles à la coupe 6+6 ; et dans ce vers :
> On s'adorait | d'un bout à l'au | tre de la vie…

aucun procédé de diction ne permettra plus d'introduire même un semblant de césure après le mot « bout ». Pourtant, ce mot reste une syllabe sonore ; et ainsi le poète a ménagé une transition nouvelle entre ce ternaire encore un peu honteux, qui n'ose s'avouer tel qu'il se présente, et le ternaire franc qui conviendra que sa double césure est l'équivalent de la césure médiane, dont le souvenir pourra, en conséquence, être effacé. Mais, déjà l'oreille *n'entend plus* la mesure 6+6 à travers l'autre, et pourtant elle jouit aussi pleinement du vers que s'il avait la césure médiane ; le ternaire est désormais goûté pour sa propre cadence, et il ne reste plus qu'à achever son affranchissement par toutes les concessions légitimer, c'est-à-dire par celles qui n'affaibliront point les deux soutiens nouveaux du rythme, les deux césures mobiles.

On arrivera ainsi, d'abord à permettre de simples enclitiques à la sixième syllabe :

> Où l'on jouait | sous **la** charrette | abandonnée.
> (François Coppée, Olivier.)

Puis, ces enclitiques étant des syllabes atones, il n'y aura plus de raison pour exiger qu'on mette à l'hémistiche une fin de mot ; on pourra tout aussi bien y placer une syllabe intérieure ou initiale :

> Serait allée | en **Palesti** | ne, les pieds nus.
> (Jean Aicard, Othello.)

Autre corollaire : puisqu'il n'y a plus, à la sixième syllabe, cette césure qui n'avait pas le droit d'être enjambante, la septième pourra désormais être une muette non élidée :

> Mais n'ayant plus | de bran**ches** ver | tes pour grandir.
> (Charles de Pomairols, Pour l'enfant.)

Enfin, la sixième syllabe elle-même pourra être une muette, aucune trace de césure n'étant plus reconnue nécessaire à cette place :

> Et tout à coup | l'ombre des feuil | les remuées.
> (Jean Moréas, Cantilènes.)

Et l'évolution du ternaire est ainsi terminée par son affranchissement complet d'avec le binaire à césure médiane.

Maintenant, vous allez relire tous ces vers à la suite l'un de l'autre, dans le même ordre, en accentuant bien les deux toniques formant césure, et vous me direz si vous n'avez point perçu, partout, exactement le même rythme, entendu absolument la même musique, du point de départ au point d'arrivée :

> Toujours pu**nir** | toujours trem**bler** |dans vos projets…
>
> On s'ado**rait** | d'un bout à l'**au** | tre de la vie…
>
> Où l'on jou**ait** | sous la char**ret**te | abandon**née**…
>
> Serait al**lée** | en Pales**ti** | ne, les pieds **nus**…
>
> Mais n'ayant **plus** | de branches **ver** | tes pour gran**dir**…
>
> Et tout à **coup** | l'ombre des **feuil** | les remuées…

Convenons qu'il n'y a pas la moindre différence rythmique entre ces divers trimètres et tenons-les donc tous pour également bons et légitimes.

Au lieu de choisir nos textes parmi les ternaires à divisions égales, en 4+4+4, j'aurais pu vous montrer la même évolution dans n'importe quelle formule trimétrique à divisions inégales. Si je prenais, par exemple, le ternaire en 3+5+4, vous le verriez, partant de ce vers de Racine, où la sixième syllabe reste forte :

> L'orgueilleu | se m'at**tend** encore | à ses genoux…
> (Andromaque.)

admettre à l'hémistiche, chez Coppée, un simple mot proclitique :

> Quelque cho | se comme **une** odeur | qui serait blonde ;
> (Intimités.)

chez Henri de Régnier, une syllabe non finale :
> Un moulin | qui se **dé**sespère | et gesticule ;
> (Sites.)

chez Albert Samain, une syllabe muette :
> Et c'était | comme **une** musi | que qui se fane ;
> (Au Jardin de l'Infante.)

sans que les véritables points d'appui du rythme aient été en rien affaiblis, car les seules toniques entendues seront celles qui déterminent les césures :

> L'orgueil**leu** | se m'attend en**core** | à ses ge**noux**...

> Quelque **cho** | se comme une o**deur** | qui serait **blonde**...

> Un mou**lin** | qui se déses**père** | et gesti**cule**...

> Et c'é**tait** | comme une mu**si** | que qui se **fane**...

Mais il ne faut pas les affaiblir, ces points d'appui ; pour que nous jouissions d'un vers en tant que vers, il faut, je le répète, que l'oreille puisse immédiatement le décomposer en ses deux ou en ses trois parties constituantes ; et toute suite de syllabes qui présente, ne fût-ce qu'une seconde, une énigm rythmique, c'est-à-dire qui laisse l'esprit et la voix hésiter un instant sur la place des toniques, *n'est pas un vers*, encore que le compte des syllabes y soit.

Tel est le cas de cette *ligne* qu'Henri de Régnier (Poèmes anciens et romanesques), revenu à la notion la plus délicate du rythme, n'écrirait certainement plus aujourd'hui :

> Secoua des roses prises parmi la soie.

Aucune division ne s'impose ici à première vue. Alors on cherche. Serait-ce un vers à césure médiane ? Le sens lui-même nous tend un piège pour nous le faire croire, car la césure psychique la plus naturelle est après le mot « roses », mais notre oreille nous empêche d'y tomber, car la sixième syllabe est muette et nous ne pourrions prononcer « secoua des ros*eu*... » Nous sommes donc en présence d'un ternaire, dont la dernière syllabe de « secou*a* » marquera certainement la première césure. Mais quelle est celle des trois toniques suivantes qui déterminera la seconde ? Ce ne pourra être la finale de « par*mi* » ; le sens s'oppose à ce que ce mot soit détaché de « la soie ». Le moins contrariant serait de scander ainsi le vers, en 3+4+5 :

> Secoua | des roses pri | ses parmi la soie...

Hélas ! nous voilà obligés de prononcer encore « des ros*eu* », sur deux temps égaux en durée et en intensité, car si nous pouvons atténuer la muette de « prises », c'est parce que nous appuyons sur la tonique « *pri* » ; tandis que nous ne pouvons produire cette compensation phonique en appuyant aussi sur la tonique de « *ro*ses », sous peine de donner à *ro* la même valeur sonore qu'à *pri*, et alors, de nouveau, la seconde césure est remise en question !

Vous le voyez, c'est bien ici une énigme rythmique, une énigme indéchiffrable ; et par cela même qu'elle nous est proposée, qu'elle fait hésiter notre esprit et notre voix, le plaisir du vers a disparu, il n'y a plus de vers, comme je l'avais dit, comme je viens de le démontrer.

Je pense que vous aurez lu toutes ces citations *à voix haute*, en appuyant sur les toniques déterminantes des césures. A cette condition seulement vous aurez, sans fatigue, compris le commentaire que j'en ai donné. Cette sorte de lecture est d'autant plus indispensable que, dans la coupe ternaire, c'est une insistance, une intensité, bien plus qu'une interruption du son, qui marque la césure, cette césure ne correspondant pas aussi souvent que dans l'alexandrin binaire à une suspension notable du sens de la phrase. Enfin, vous aurez mieux, ainsi, familiarisé votre oreille avec ces souples cadences de l'alexandrin à césures mobiles qui, au lieu d'être une joie sans cesse renouvelée, seraient une gêne perpétuelle pour les déplorables lecteurs ou récitants — il en y a beaucoup — obstinés à balancer toujours le vers en deux parties égales, quelle que soit sa construction rythmique et logique. A qui lirait bien, je n'aurais pas grand'chose à apprendre. Par cette anatomie de l'alexandrin moderne, j'espère avoir enseigné, indirectement, la façon de le bien lire.

De ce qui précède, nous avons retenu ces deux points :

1° Que, dans l'alexandrin à double césure, il est illogique — et d'ailleurs inutile à la satisfaction de l'oreille — de conserver à la sixième syllabe une trace quelconque de la césure médiane, dûment remplacée par les deux autres ;

2° Que ces deux autres césures doivent être assez fortement marquées pour que l'esprit et l'oreille ne puissent pas hésiter une seconde sur la place qu'elles occupent.

Mais, cela dit, il est grand temps d'ajouter que :

1° S'il nous faut renoncer à poursuivre, à travers un alexandrin bicésuré, le fantôme illusoire de la coupe classique, il n'en reste pas moins vrai que, dans la suite des alexandrins d'un poème, nous poursuivons d'instinct, et continuerons très légitimement de poursuivre la réalisation *dominante* du vers à césure médiane, qui reste l'alexandrin-type, l'alexandrin idéal, puisque c'est celui qui, par sa symétrie intérieure, s'impose avec le moindre effort à l'oreille ;

2° Si fortement et si clairement marquées que soient les deux césures du trimètre, ce vers ne saurait, par un emploi suivi, nous donner les mêmes satisfactions que l'alexandrin classique. Personne, en effet, n'a jamais songé à écrire une page entière en trimètres à divisions inégales, tous coupés en 3+5+4, par exemple, ou tous en 4+6+2 ; la lecture en serait à la fois pénible et monotone. Quant au ternaire à divisions égales en 4+4+4, nous savons qu'il offre une division presque aussi rapidement perceptible que la coupe binaire en 6+6 ; mais ses trois repos symétriques sont d'une monotonie bien plus grande que celle qu'on a pu reprocher au vers traditionnel. Aussi n'a-t-il été employé avec quelque suite qu'en de rares et courts morceaux écrits à titre de curiosité, par simple amusement, comme le joli sonnet de Claudius Popelin, qui commence ainsi :

> Sur l'étang bleu | que vient rider | le vent des soirs
> Séléné penche, | avec amour, | sa face blonde,
> Et sa clarté, | qui se reflète | au ras de l'onde,
> Met un point d'or | au front mouvant | des roseaux noirs.
> (Un Livre de Sonnets.)

Quelques vers de plus et ce serait trop.

L'emploi légitime du trimètre ne saurait donc être que dans son mélange discret avec l'alexandrin à césure médiane, dont il semble qu'il vienne encore souligner la royale prérogative. Nous prenons plaisir, en effet, à une altération accidentelle du rythme le plus simple; mais est-ce seulement parce qu'elle apporte à l'oreille un élément de nouveauté? Non : c'est aussi, et plus encore peut-être, parce qu'elle lui fait désirer, et par suite goûter davantage, le retour à la cadence essentielle. Il se passe alors quelque chose d'analogue à ce que, dans un autre ordre de sensations, la rencontre d'un dièse ou d'un bémol procure à l'oreille du musicien, qui jouit de cet écart momentané d'avec la tonalité générale, à la fois par la surprise qu'il apporte et par l'attente qu'il aiguillonne.

Toutefois, ce retour à la cadence essentielle de l'alexandrin ne doit pas se faire trop attendre; et c'est pourquoi j'ai dit que les ternaires ne pouvaient être mélangés qu'avec discrétion aux alexandrins classiques. L'oreille peut s'imposer, çà et là, le léger effort de décomposer un vers en éléments plus complexes que les deux hémistiches; mais, si on lui demande de renouveler plusieurs fois de suite, ou trop souvent, cet effort, elle n'est plus, alors, amusée par un accident de route, elle est *déroutée*. Sur les six vers suivants, tout en rimes féminines, de Paul Verlaine, deux seulement — le quatrième et le cinquième — sont césurés en 6+6. Jugez de l'effet :

> Un bouton manque. Un fil dépasse. D'où venue
> Cette tache, | ah çà, malvenue ou bienvenue?
> Qui rit et pleure sur le cheviot ou la toile?
> Nœud noué bien ou mal, soulier luisant et terne,
> Bref un type à se pendre à la Vieille Lanterne,
> Comme à marcher, gai proverbe, à la belle étoile,
> (Parallèlement.)

Ces alexandrins sont d'ailleurs déplorables sous tous les rapports ; mais n'est-ce pas la juste punition des poètes qui manquent au rythme sonore, de manquer presque toujours en même temps, à la syntaxe, à la logique, au bon sens, qui sont, pourrait-on dire, le rythme abstrait de la pensée ? Tout se tient, dans cette harmonie supérieure de la pensée et de la forme qu'est la poésie.

Ah ! si l'introduction définitive des coupes ternaires devait nous conduire à de pareilles incohérences rythmiques, — et c'est à ce résultat que voudraient nous amener certains poètes récents, décidément dénués de toute oreille, — comme nous demanderions vite le retour à la règle de Boileau, plus strictement appliquée encore que par lui-même ! Mais, grâce au ciel, il n'est pas nécessaire ; et les grands poètes du siècle dernier nous enseignent comment il faut que nous usions, sans en abuser, des merveilleuses ressources de cet alexandrin émancipé par la mobilité des césures.

<blockquote>Nous faisons basculer la balance hémistiche,</blockquote>

s'écrie Victor Hugo dans les *Contemplations*. Mais voyez de quelle façon, presque toute classique, il continue :

<blockquote>
Le vers, qui sur son front
Jadis portait toujours douze plumes en rond,
Et sans cesse sautait sur la double raquette
Qu'on nomme prosodie et qu'on nomme étiquette,
Rompt désormais la règle et trompe le ciseau,
Et s'échappe, | volant qui se change en oiseau,
De la cage césure, et fuit vers la ravine
Et vole dans les cieux, alouette divine.
</blockquote>

La « balance-hémistiche » n'a basculé qu'une seule fois, à la place que j'ai marquée (*Et s'échappe...*) et par quelle grâce imitative ! Jamais, en effet, Victor Hugo lui-même, celui de tous qui a le plus usé de la césure mobile, ne s'émancipe de la suspension de sens à l'hémistiche que si la pensée en doit être mieux servie.

Et dans les passages où il a introduit le plus grand nombre de vers à césure non médiane, ils ne dépassent point encore la proportion de un sur trois. Je dis « dans les passages », et non dans les poèmes ; car dans un poème entier cette proportion n'est jamais atteinte. Au reste, chez lui comme chez les autres grands poètes modernes, elle varie selon le genre et le ton de l'œuvre.

L'alexandrin asymétrique est précieux pour les récits épiques ou familiers, dans lesquels les faits se mêlent aux sentiments, et les descriptions aux discours ; car il permet au poète d'échapper au vol continu, de marcher quelquefois, de côtoyer au besoin, sans y tomber pourtant, la prose. On le rencontrera donc bien plus souvent dans la *Légende des Siècles* que dans les *Feuilles d'Automne*, dans *Jocelyn* que dans les *Méditations*, dans les *Humbles*, de François Coppée, que dans le *Bonheur*, de Sully Prudhomme. La poésie lyrique aurait presque pu s'en passer, et elle s'en passe le plus souvent, si elle en tire quelquefois de merveilleux effets. Lisez, par exemple, ces trois strophes des *Contemplations* de Victor Hugo :

> Quand nous en irons-nous ou vous êtes, colombes ?
> Où sont les enfants morts et les printemps enfuis,
> Et tous les chers amours dont nous sommes les tombes,
> Et toutes les clartés dont nous sommes les nuits ?
>
> Vers ce grand ciel clément où sont tous les dictames,
> Les aimés, les absents, les êtres purs et doux,
> Les baisers des esprits et les regards des âmes,
> Quand nous en irons-nous ? Quand nous en irons-nous ?
>
> Quand nous en irons-nous où sont l'aube et la foudre ?
> Quand verrons-nous, | déjà libres, | hommes encor,
> Notre chair ténébreuse en rayons se dissoudre
> Et nos pieds faits de nuit éclore en ailes d'or ?

Jusqu'à l'avant-dernier vers, sur des ailes aux battements de plus en plus larges, mais d'un rythme toujours égal, le poète nous avait fait monter vers le but de son ascension sublime ; mais, arrivé au terme, ayant à nous suggérer la courte lutte — donc la désharmonie momentanée — entre le corps et l'âme, à nous faire sentir le mystérieux passage de la vie à l'immortalité, voilà que tout à coup il rompt la cadence de son vers, le coupe en trois, nous force même, pour la seconde césure, à laisser complètement expirer, devant la virgule, une syllabe muette, « déjà libres », puis à faire l'effort d'une aspiration devant « *hommes encor* ». Après quoi, la mort vaincue, il nous rend, décuplée par cette courte attente, par ce bref accident rythmique, la joie du grand coup d'aile, avec les alexandrins réguliers par où la strophe s'achève en une transfiguration splendide.

C'est surtout au théâtre que l'alexandrin brisé a pris une place de plus en plus considérable. Nous savons déjà que Racine l'a introduit dans ses tragédies, où la diction échappe ainsi, le plus souvent, à ce fameux *ronron* tragique dont les poètes de 1830 n'auraient dû faire le reproche qu'aux médiocres successeurs du maître, aux Crébillon, aux Voltaire, aux

La Harpe, car c'est chez eux, non chez lui, que le vers a fini par s'ankyloser des deux hémistiches, jusqu'au jour où l'auteur d'*Hernani* et des *Burgraves* a su lui rendre, en l'augmentant, cette souplesse des articulations si nécessaire à l'allure naturellement cursive du langage dramatique. Toutefois, ici encore, l'alexandrin brisé n'apparaîtra pas partout avec la même fréquence : il abondera dans les dialogues coupés et de pure action ; il sera plus rare dans les tirades de quelque longueur, dans les morceaux d'un caractère analytique ou lyrique, plus rare aussi dans la tragédie ou le drame que dans la comédie ou la farce. Voici, pour la tragédie, un admirable exemple de la façon dont on peut introduire le vers à césures mobiles sans paraître rompre, tout en la variant, la majestueuse cadence de la période. Je le tire des *Erinnyes*, de Leconte de Lisle. C'est Kassandra qui parle :

> Et je prophéti**sais** vainement, | et toujours !
> Citadel | les des **rois** anti | ques, palais, tours !
> Cheveux blancs | de mon père auguste | et de ma mère
> Sables des bords natals où chantait l'onde amère,
> Fleuves, Dieux fraternels, qui, dans vos frais courants,
> Apaisiez, vers midi, la soif des bœufs errants,
> Et qui, le soir, | d'un **flot** amoureux | qui soupire,
> Berciez le rose essaim des vierges au beau rire !
> O vous qui, maintenant, emportez à pleins bords
> Chars, casques, boucliers, avec les guerriers morts,
> Échevelés, | souillés de **fange** | et les yeux vides !
> Skamandros, Simoïs, aimés des Priamides !
> O patrie, Ilios, montagnes et vallons,
> Je n'ai pu vous sauver, vous ni moi-même ! Allons !
> Puisqu'un souffle fatal m'entraîne et me dévore,
> J'irai prophétiser dans la nuit sans aurore ;
> A défaut des vivants, les Ombres m'en croiront !
> Pâle, ton spectre en main, ta bandelette au front,
> J'irai, chez Apollon, ô toi qui m'as aimée !
> J'annoncerai ta gloire à leur foule charmée.
> Voici le jour, et l'heure, et la hache, et le lieu,
> Et mon âme va fuir, toute chaude d'un Dieu !

Sur vingt-deux vers, cinq seulement ne sont point de coupe classique, dont les trois premiers, où le poète, a maintenu un accent secondaire à la sixième syllabe, et reporté plus loin la seconde des deux césures, ou la césure unique. Car on n'en trouvera qu'une, placée à la neuvième syllabe, dans le premier vers, où il a eu soin de mettre une virgule après « vainement », de peur que nous ne scandions en 6+6 :

 Et je prophétí**sais** | vainement, et toujours,

ce qui enlèverait aux deux derniers mots beaucoup de la valeur expressive qu'ils ont si on les détache du reste de la phrase.

Les deux suivants sont des ternaires, mais la sixième syllabe y restant tonique, y gardant un accent léger « *rois, père* », les deux épithètes « antiques » et « auguste » se détachent ainsi des substantifs qu'elles qualifient et prennent, ainsi mises en valeur, le caractère d'épithètes à la façon homérique ou eschylienne que Leconte de Lisle a voulu leur conférer pour les conformer à la couleur générale de son poème.

Et quelle délicieuse détente dans ce ternaire à divisions inégales (4+5+3) où sont multipliés, pour l'alanguir encore, les accents secondaires :

 Et **qui**, le **soir**, | d'un **flot** amou**reux** | qui sou**pire** !…

Quant au dernier de ces cinq vers à césures mobiles,

 Echeve**lés**, | souillés de **fange** | et les yeux **vides**…

comme il évoque, par sa coupe en trois parties égales, — qui force l'esprit à s'arrêter trois fois sur trois aspects différents d'une même horreur, — le spectacle affreux qui se présente à l'esprit du personnage ! C'est de très grand art… Puis l'alexandrin classique reprend sa marche vers l'apothéose entrevue par la prophétesse…

La proportion des vers brisés sera, ai-je dit, bien plus forte dans la comédie. Le maître de l'alexandrin comique, c'est, plus encore que Molière, le Racine des *Plaideurs*. Dans un seul couplet de Chicaneau, je relève :

Voici le fait : | Depuis quinze ou vingt ans en ça,
Au travers d'un mien pré certain ânon passa,
S'y vautra, | non sans faire un notable dommage...
Autre incident : | tandis qu'au procès on travaille...
Le cinquième | ou sixième avril | cinquante six...
Arrêt enfin. | Je perds ma cause | avec dépens...

C'est déjà le vers de Victor Hugo dans *Ruy Blas*, de Banville dans *le Beau Léandre*, de Rostand dans *Cyrano de Bergerac*. En écrivant *les Plaideurs*, Racine a fait plus qu'annoncer, il a réalisé un instant, deux siècles avant leur entrée définitive dans notre prosodie, toutes les hardiesses du Romantisme. Et nous en trouverons bientôt une preuve nouvelle, puisque nous voici arrivés à l'étude de cette autre conquête, non pas commencée, mais définitivement achevée par les poètes modernes, l'Enjambement.

On peut composer, assurément, des vers plus longs que le vers de douze syllabes, mais on ne l'a jamais fait qu'à titre d'amusement et d'exercice, car, n'étant point divisibles en parties égales, ou faisant trop attendre le retour de la rime, ces vers ne donnent à l'oreille qu'un plaisir bien inférieur à celui que donne l'alexandrin.

On en trouve de treize syllabes dans une chanson de Saint-Amand, où ils sont coupés en 6+7 ;

> Ainsi chantaient au cabaret
> Le bon gros Saint-Arnand | et le vieux père Faret.

Dans un autre chant bachique de Scarron, ils sont coupés en 5+8

> Sobres, loin d'ici ; | loin d'ici, buveurs d'eau bouillie !
> Si vous y venez, | vous nous ferez faire folie.

Le rythme serait, ce me semble, plus perceptible avec deux césures fixes au lieu d'une, comme dans ces vers, césurés en 5+3+5, qu'il m'est arrivé d'écrire en adaptant, par jeu, des paroles à un air de ballet de la *Korrigane*, de Widor, syllabe pour note. C'est le motif musical qui m'a donné ceci :

> Regarde là-bas, | c'est Pascou, | le bossu qui passe,
> Le boiteux maudit, | le sorcier | qui fait peur aux gens.
> Il jette des sorts, | en riant, | à qui le menace,
> Et court se damner, | chaque nuit, | chez les Korrigans.

La seule excuse de ces vers, comme des précédents, est de n'avoir d'autre but que celui, bien modeste, de se mouler exactement sur un air donné de musique, et de n'avoir pas la prétention d'être lus autre part que sous les cinq lignes de la portée.

Au-dessus de treize syllabes, les vers seraient d'une scansion plus déplaisante encore. Jugez-en par ces deux vers de quinze syllabes, du vieux Baïf :

> Franc de tout vice ne suis ; | mais j'ai mis toujours mon étude
> De sauver mon cher honneur | du reproche d'ingratitude…

Tout cela est sans intérêt, et je n'en ai parlé que pour mémoire.

IX

DE L'ENJAMBEMENT

Il y a *enjambement* toutes les fois que le sens, commencé dans un vers, se termine dans une partie du vers suivant :

> Par la sambleu, Monsieur, je ne croyais pas être
> **Si plaisant que je suis...**
> (MOLIÈRE, le Misanthrope.)

> Au-dessus de sa tête un clairon de victoire
> **S'allonge**, et sa légende achève son histoire.
> (HUGO, l'Année terrible.)

La partie de la phrase, ou du membre de phrase, qui empiète sur le second vers est dite le *rejet*.

Au XVIe siècle, l'enjambement n'est encore l'objet d'aucune proscription : Marot l'emploie couramment dans ses vers de dix syllabes, et Ronsard fréquemment dans ses longues pièces d'alexandrins à rimes suivies, où il en abuse même. Au XVIIe siècle, tout change, et le rejet, au contraire, est proscrit avec la dernière rigueur : « Enfin Malherbe vint... » s'écrie Boileau,

> Et le vers sur le vers n'osa plus enjamber.
> (L'Art poétique.)

Et cette loi devait rester pendant deux siècles, en théorie du moins, l'une des pierres angulaires de la prosodie française.

Ce n'est pas que les poètes n'essayassent d'échapper à une telle contrainte. La Fontaine s'en moquait absolument :

> Mais je suis attachée, et si j'eusse eu pour maître
> **Un serpent**, eût-il su jamais pousser si loin
> **L'ingratitude**? …

> Les derniers traits de l'ombre empêchent qu'il ne voie
> **Le filet** : Il y tombe, en danger de mourir.
> (Fables.)

Mais cela ne semblait point de conséquence dans la fable, genre qui passait alors pour si inférieur que Boileau n'en faisait même pas mention dans son *Art poétique*, où le « bonhomme » n'est pas une seule fois nommé.

On tolérait de même l'enjambement dans la comédie. Malgré la venue de Malherbe, Corneille n'avait pas craint d'y mettre, quelquefois, au temps de sa jeunesse, les rejets les plus hardis, fussent-ils d'un vers entier après une très courte amorce de la phrase au vers précédent :

> Et la justice à tous est injuste, de sorte
> **Que la pitié me doit leur faire ouvrir la porte.**
> (Clitandre.)

> Il monte à son retour, il frappe à la porte : elle
> **Transit, pâlit, rougit, me cache en sa ruelle**…
> (Le Menteur.)

Molière fait de même, timidement dans les comédies de caractère, hardiment dans les comédies de pure intrigue. Rappelez-vous la fameuse démonstration de Gros-René à Eraste, au quatrième acte du *Dépit amoureux* :

> Et comme un animal est toujours animal
> Et ne sera jamais qu'animal, quand sa vie
> **Durerait cent mille ans**; ainsi, sans répartie,
> La femme est toujours femme, et jamais ne sera
> **Que femme**, tant qu'entier le monde durera...
>
> D'où vient qu'un certain grec dit que sa tête passe
> **Pour un sable mouvant**?...
>
> C'est pourquoi le cousin Aristote souvent
> **La compare à la mer**...
>
> Les flots contre les flots font un remue-ménage
> **Horrible**, et le vaisseau, malgré le nautonier,
> Va tantôt à la cave et tantôt au grenier.

On ne saurait imaginer ce passage écrit en vers bien alignés et symétriques ; il aurait perdu tout l'esprit et tout l'art qu'il cache sous cette apparente négligence, car nous n'y sentirions plus l'effort burlesque de Gros-René pour rattacher tant bien que mal des pensées qui n'ont point de sens au moyen d'images qui n'ont point de suite, jusqu'au moment où, renonçant lui-même à suivre le fil embrouillé de ses métaphores, il conclut brusquement que : « Les femmes, enfin, ne valent pas le diable. »

Quant à Racine, j'ai dit déjà qu'il était, dans *les Plaideurs*, le grand maître du vers comique, où il a, plus que Molière, et pour des effets moins restreints, usé de l'enjambement. Il en use, en effet, tantôt pour un effet imitatif,

> ... Puis donc qu'on nous permet de prendre
> **Haleine**...

tantôt pour donner au récit et au dialogue cette familiarité, ce naturel, qui doivent, à de certains moments les rapprocher de la

prose :
> Il marmotte toujours certaines patenôtres
> **Où je ne comprends rien**…
>
> Mais j'aperçois venir, madame la Comtesse
> **De Pimbesche**… Elle vient pour affaire qui presse,
>
> Va-t'en au diable. — Et vous, venez au fait. Un mot
> **Du fait**. — Hé ! faut-il tant tourner autour du pot ?

Tantôt enfin, comme dans la plaidoirie de l'Intimé, pour mettre en vedette, en relief, les mots qui doivent particulièrement frapper le personnage qui écoute. C'est le cas du précédent rejet, comme des suivants :

> Et quand il serait vrai que Citron, ma partie,
> Aurait mangé, messieurs, le tout ou bien partie
> **Dudit chapon** : qu'on mette en compensation
> Ce que nous avons fait avant cette action.
> Quand ma partie a-t-elle été réprimandée ?
> Par qui votre maison a-t-elle été gardée ?
> Quand avons-nous manqué d'aboyer au larron ?
> Témoin trois procureurs, dont icelui Citron
> **A déchiré la robe**. On en verra les pièces.
> Pour nous justifier, voulez-vous d'autres pièces ?

Et, vous le voyez, Racine, avec son merveilleux instinct d'artiste, en même temps qu'il a pris de telles libertés, n'a pas manqué d'appliquer cette loi qui veut que si, par l'enjambement, comme par la variété des césures, on diminue en un certain sens la sécurité de l'oreille à la recherche de l'unité rythmique, il faut lui rendre aussitôt cette sécurité d'une autre manière, par la plénitude des rimes, qui marquera la fin du vers avec une irrésistible évidence.

A ces exceptions près, tolérées dans la poésie légère, la fable ou la comédie, tous les poètes classiques se soumettent à l'exemple de Malherbe et au précepte de Boileau. Et le XVIIIe siècle enchérit sur le XVIIe, jusqu'à la venue d'André Chénier, que son siècle ne connaîtra pas, d'ailleurs, et dont la voix ne sera entendue qu'après sa mort. Quelle révélation et quels exemples pour les romantiques, lorsqu'ils purent lire, dans la première édition de ses œuvres, en 1819, ce début de la première idylle, *l'Aveugle* :

> « Dieu dont l'arc est d'argent, dieu de Claros, écoute :
> O Sminthée Apollon, je périrai sans doute,
> Si tu ne sers de guide à cet aveugle errant. »
> — C'est ainsi qu'achevait l'aveugle en soupirant,
> Et près des bois marchait, faible, et sur une pierre
> **S'asseyait**. Trois pasteurs, enfants de cette terre,
> **Le suivaient**, accourus aux abois turbulents
> **Des molosses**, gardiens de leurs troupeaux bêlants.

Et, plus loin, ce passage où le grand aveugle Homère chante le combat des Centaures et des Lapithes :

> Le quadrupède Hélops fuit, l'agile Crantor,
> **Le bras levé**, l'atteint ; Eurynome l'arrête,
> D'un érable noueux il va fendre sa tête,
> Lorsque le fils d'Egée, invincible, sanglant,
> **L'aperçoit**, à l'autel prend un chêne brûlant,
> Sur sa croupe indomptée, avec un cri terrible
> **S'élance**, va saisir sa chevelure horrible,
> L'entraîne, et quand sa bouche, ouverte avec effort,
> **Crie**, il y plonge ensemble et la flamme et la mort.

Désormais, l'enjambement est entré, d'une manière définitive, dans la pratique des poètes, qui, à condition de savoir s'en servir, y trouveront toujours des effets nouveaux. Pour cela, hors les cas où il s'agit simplement d'estomper les contours du vers pour le rapprocher de la prose, — et c'est de l'art encore que de savoir quand on peut le faire, — le rejet devra se soumettre à ces deux conditions :

1° Etre un mot ou une suite de mots d'importance, à qui cette place donnera toute leur valeur. Ainsi, les trois verbes dans la dernière citation d'André Chénier, ou cet autre, si prodigieusement expressif, de Victor Hugo :

> Lorsque la lourde tombe a clos notre paupière,
> L'âme lève du doigt le couvercle de pierre
> **Et s'envole !** ...
> (Marion Delorme.)

Ou encore, cet adjectif, au dernier des vers suivants, d'Alfred de Musset :

> « Et souffre-t-on beaucoup pour en mourir ensuite ?
> — Oui, mon fils. — Donne-moi ce flacon. Meurt-on vite ?
> — Non, lentement. — Adieu, ma mère. » Le flacon
> **Vide**, il le reposa sur le bord du balcon.
> (Premières Poésies.)

Le mot « vide » n'est pas ici, en effet, une simple épithète qu'on puisse, à la lecture, accoler au mot « flacon », comme elle le serait, par exemple, dans ce vers :

> Le flacon vide était sur le bord du balcon ;

elle doit être, au contraire, détachée du substantif avec lequel elle forme une ellipse par suppression d'un mot : « Le flacon (une fois) vide, il le reposa... » Enfin, cette respiration entre les deux mots a je ne sais quoi d'imitatif qui évoque le geste même de Don Paez, de sorte que le rejet se présente avec toute la vertu possible, à la fois grammaticale, harmonique, intellectuelle et pittoresque.

2° Le rejet doit être choisi de telle sorte qu'il n'atténue jamais le sentiment de la rime précédente. Or, ce sentiment est atténué par l'abus des rejets de six syllabes, car, lorsqu'il s'en présente plusieurs de suite, l'oreille est tentée de composer indûment un alexandrin avec le dernier hémistiche d'un vers et le premier du vers suivant, et elle perd ainsi le sentiment précis de la grande unité rythmique. C'est le défaut de ces enjambements de Ronsard :

> Ni même la vertu ne s'est point augmentée :
> Si elle s'augmentait, sa force fût montée
> **Au plus haut période**, et tout serait ici
> **Vertueux et parfait**, ce qui n'est pas ainsi.
> (Les Discours.)

On y pourrait entendre :
> Sa force fut montée au plus haut période,
> Et tout serait ici vertueux et parfait.

Même défaut dans le second et le troisième rejet de ces vers de Sainte-Beuve, — car le premier est excellent :

> Et le neuvième jour, quand ma douleur cuisante
> **Redoubla**, — tout à coup, voilà que se présente
> **A mon esprit ma Dame**, et je suivis d'abord
> **Ce penser consolant**...
> (Les Consolations.)

Nous sommes en danger de constituer les vers ainsi :
> Voilà que se présente à mon esprit ma Dame,
> Et je suivis d'abord ce penser consolant.

Et comme l'oreille aura égaré la rime, il lui faudra, par la suite, quelque effort pour la rattraper, pour la raccorder avec le rythme véritable. On devra donc éviter l'emploi, et surtout la répétition, de ces enjambements d'un hémistiche entier.

Le sentiment de la rime serait encore fâcheusement atténué si le rejet ne permettait pas de laisser sur la rime qui le précède une accentuation très forte, et même un prolongement possible de la voix, indiquant indubitablement la fin du vers. C'est ce qui arrive, entre autre cas, lorsqu'on met en rejet un substantif après avoir mis à la rime l'attribut qui s'y rapporte. Comment prolonger avec vraisemblance le port de voix sur la rime, dans l'enjambement que voici ?

> Et des Astres pasteurs, près des fleuves de **blancs**
> **Diamants**, dont les flots sont des rayons tremblants.
> (Théodore DE BANVILLE, Les Exilés.)

Il y faut lier trop étroitement « blancs » et « diamants », pour que l'enjambement donne satisfaction à l'esprit et à l'oreille.

Encore, ici, le mot « blancs » est-il de ceux auxquels on peut garder, à défaut d'une prolongation de la voix, du moins un accent tonique. Mais la faute est pire lorsqu'on termine le vers sur un mot enclitique, — un article ou un pronom, par exemple, — qui ne saurait porter une accentuation notable :

> Je ne veux pas ! Je suis indigne. Vous, la Rose
> Immense des purs vents de l'amour, ô Vous, tous
> **Les cœurs des saints**, ô Vous qui fûtes le jaloux
> D'Israël, Vous la chaste abeille qui se pose…
> (Paul VERLAINE, Sagesse.)

Il faut lire « tous les cœurs des saints », sans qu'aucun accent soit possible sur le mot « tous » — et ainsi, la rime a disparu. Elle a disparu, ou, du moins, s'est dissimulée, d'autant plus que le vers qui précède enjambait déjà, que le vers qui suit enjambera encore, et qu'aucun n'est coupé par une césure médiane qui aiderait l'oreille à retrouver la place où le vers finit. L'oreille perdra donc le fil des rimes, si l'œil ne vient lui rappeler qu'elles existent et lui montrer où elles se trouvent. Livrée à elle seule, elle entendra tout aussi bien, avec des rejets tout aussi plausibles que ceux du texte, — et même plus plausibles, puisque le plus anti-naturel, « tous *Les cœurs* », sera supprimé, — les alexandrins suivants :

> ... Je ne veux pas ! je suis
> Indigne. Vous la Rose immense des purs vents
> De l'Amour, ô Vous tous les cœurs des saints, ô Vous
> Qui fûtes le jaloux d'Israël, Vous la chaste
> Abeille qui se pose...

Et ainsi, Verlaine — sans parler de la cruelle cacophonie que produit la succession de ces deux syllabes accentuées : « des *purs vents* » — nous aura donné ici le plus bel exemple de l'incohérence rythmique à laquelle on s'expose : 1° par l'abus ; 2° par la maladresse des rejets.

Notons que, dans la poésie bouffonne et parodique, le poète tirera au contraire les plus plaisants effets de certains enjambements paradoxaux, tels que celui-ci de Théodore de Banville :

> Jadis le bel Oscar, ce rival de Lauzun,
> Du temps que son habit vert-pomme était **dans un**
> **Etat difficile à décrire**,
> Et qu'enfin ses souliers, vainqueurs du pantalon,
> Laissant à chaque pas des morceaux de talon,
> Poussaient de grands éclats de rire...
> (Odes funambulesques)

Le plus novice des diseurs de vers devinera qu'il faut, pour que l'effet comique se produise, couper net la phrase, prendre une grande respiration après « dans un », contre toute logique. Et alors, l'enjambement illogique, loin de détruire le rythme, comme il le détruirait dans la poésie sérieuse, devient ici un spirituel prétexte pour le souligner et raffermir.

De même que l'alexandrin brisé, non césuré en 6+6, l'enjambement ne doit être employé qu'avec discrétion. Il n'est guère usité que dans la poésie narrative, dramatique ou familière, qui peut et doit garder un caractère cursif, et surtout lorsque le poème est écrit en rimes suivies, car alors le retour immédiat et régulier de la rime empêche que l'oreille ne s'égare à la recherche de l'unité rythmique. Dans la poésie lyrique, au contraire, dans les poèmes en strophes, où domine le caractère musical, appelant les battements réguliers de la mesure, les enjambements sont tout à fait rares et doivent l'être, à moins d'une intention profonde, dont je vais vous donner un exemple. Relisez le poème des *Contemplations* intitulé *Claire*, dont j'ai déjà cité quelques passages, et qui est l'un des grands chefs-d'œuvre de Victor Hugo. Sur quarante-deux strophes, une seule y offre des enjambements, mais voyez, mais admirez ce qu'ils sont et ce qu'ils expriment ! Le poète nous parle des enfants morts jeunes, qui n'ont fait que traverser la vie ; et aussitôt, pour nous montrer l'instabilité de leur destinée, pour la traduire par une certaine instabilité du rythme, il trouve — outre la suppression de la césure médiane au second vers — les deux rejets que voici :

> Eux, ils sont l'air qui fuit, l'oiseau qui ne se pose
> **Qu'un instant**, le soupir qui vole, avril vermeil
> **Qui brille et passe** ; ils sont le parfum de la rose
> Qui va rejoindre aux cieux le rayon de soleil !

« Une certaine instabilité de rythme », ai-je dit ? — Non, mais plutôt — et c'est là, voyez-vous, la merveille du génie — *l'impression d'une certaine instabilité qui n'existe pas*. Elle n'existe pas, en effet, puisqu'elle n'a pas inquiété notre oreille une seconde. Pourquoi ? Parce qu'ici, l'unité rythmique, la sensation du vers, avec son commencement et sa fin, est profondément assurée, pour l'esprit et pour l'oreille, par la logique et par l'harmonie.

Prenons le premier de ces deux enjambements. En prose même, un bon lecteur, pour mettre en relief les mots essentiels, ceux qui expriment la mélancolique pensée du poète, détacherait ainsi les deux parties du membre de phrase : « L'oiseau qui ne se pose — qu'un instant ». Mais n'y songeât-il point, qu'il serait encore forcé de le faire dans notre alexandrin, car la juste prononciation du mot « pose » oblige à en laisser expirer la syllabe muette avant de prononcer le mot suivant, et par là se marque avec netteté la fin du vers. Rappelez-vous maintenant le premier des trois enjambements successifs de Verlaine : « Vous, la Rose — *Immense des purs vents...* » Tout vous y incite, au contraire, à effacer la trace de la fin du vers : et la logique, car il n'y a aucune raison de détacher un substantif de son qualificatif ; et l'harmonie, car l'*e* muet de *Rose* s'élide devant la voyelle de immense, sans qu'aucune respiration puisse séparer les deux mots, donc les deux vers, l'un de l'autre.

Si nous passions au deuxième des deux enjambements de Victor Hugo, nous pourrions faire des remarques analogues. C'est la même pensée qu'au premier qui a incité le poète à mettre en vedette, par un rejet, la fin du membre de phrase : « Avril vermeil — *qui brille et passe* » ; et comme c'est la seconde fois que la même intention lui a inspiré le même procédé, la puissance expressive en est encore augmentée. Voilà pour la logique. Et, pour l'harmonie, nous remarquerons que le mot « vermeil » se termine par la plénitude d'une diphtongue, et, qui plus est, d'une diphtongue « mouillée » qu'il faut laisser *expirer*, non pas, certes, comme si elle était suivie d'un *e* muet, mais un peu, pourtant, d'où son léger détachement sonore d'avec la syllabe suivante, — d'où enfin l'isolement du vers, la sensation parfaite de l'unité rythmique. Et voilà réalisé une fois de plus cet idéal que la perfection de notre prosodie permet d'atteindre : la variété dans l'unité, la souplesse dans la fermeté, la surprise dans la sécurité, — en un mot, cette conciliation des contraires, d'où naît seul le pouvoir infini de la forme versifiée, et sa supériorité sur la plus belle prose du monde.

X
DE LA CONCORDANCE DIFFÉRÉE

Nous arrivons ici à la différence capitale entre la versification classique et la versification romantique, et nous allons voir enfin pourquoi Victor Hugo, encore qu'il n'ait inventé ni la césure mobile, ni l'enjambement, est bien le grand révolutionnaire de notre prosodie : c'est qu'il y a introduit d'une façon définitive, non plus à titre d'exception rare, mais de faculté constante, ce que j'ai appelé, en tête de ce chapitre, la *concordance différée*, pour l'opposer à ce que j'appellerai la *concordance immédiate* de la versification classique. Vous saisirez sans peine la signification de ces deux termes, et vous verrez qu'ils révèlent une véritable opposition de principes.

Examinons un vers, puis une suite de vers, à ce double point de vue : le sens, le rythme.

Si nous lisons des vers classiques, nous voyons que, sauf exception, le sens et le rythme y concordent absolument, immédiatement, *à toutes les étapes de la période*. C'est d'abord *à l'hémistiche*, où un certain arrêt de la voix coïncide avec un certain arrêt de la pensée. Puis *à la fin du vers*, par une coïncidence pareille, plus marquée encore qu'à l'hémistiche. Enfin, *au retour de la rime*, car c'est toujours sur la seconde des deux rimes accouplées que le sens s'achèvera, et toujours sur la première du couple suivant que commencera la période nouvelle : aussi, en dehors des phrases complètes en un seul vers, — et en ce cas, on ne manquera pas de trouver, à la suite, une autre phrase consistant de même en un vers unique, — les vers marcheront-ils toujours par nombres pairs, en périodes « carrées », pourrait-on dire, faites de deux vers, ou de quatre, ou de six, ou de huit..., les plus longues étant elles-mêmes divisées en sous-périodes de deux, de quatre, de six vers, mais non jamais de trois, de cinq ou de sept.

Voici, prise dans l'*Iphigénie* de Racine, une période typique, où vous retrouverez, partout, ces divisions et subdivisions formées par la concordance du sens et du rythme :

> Cessez de vous troubler, vous n'êtes point trahi :
> Quand vous commanderez, vous serez obéi.
> Ma vie est votre bien, vous pouvez le reprendre :
> Vos ordres sans détour pouvaient se faire entendre.
> D'un œil aussi content, d'un cœur aussi soumis
> Que j'acceptais l'époux que vous m'aviez promis,
> Je saurai, s'il le faut, victime obéissante,
> Tendre au fer de Calchas une tête innocente ;
> Et, respectant le coup par vous-même ordonné,
> Vous rendre tout le sang que vous m'avez donné.

Le morceau, certes, est d'une claire et noble ordonnance ; chaque hémistiche, chaque vers, chaque couple de vers, chaque assemblage de couples donne tour à tour et immédiatement, à l'esprit et à l'oreille, une impression d'harmonie réalisée. Mais que cela dure ainsi pendant des pages et des pages, et nous ne pourrons nous empêcher de trouver un peu monotone cette coïncidence perpétuelle du sens et du rythme, de souhaiter que, par une désharmonie momentanée, un peu de surprise vienne troubler notre sécurité, ou plutôt aviver de nouveau le goût que nous en avons et que voilà comme émoussé par l'accoutumance. Et c'est justement à quoi va répondre le principe nouveau de la *concordance différée*.

Lisons maintenant, en effet, quelques vers de Victor Hugo, cette courte pièce, par exemple, tirée de l'*Art d'être Grand-Père*, et qui est écrite, comme le passage de Racine, en alexandrins à rimes suivies :

> J'aime un groupe d'enfants qui rit et qui s'assemble ;
> J'ai remarqué qu'ils sont presque tous blonds : il semble
> Qu'un doux soleil levant leur dore les cheveux.
>
> Lorsque Roland, rempli de projets et de vœux,
> Était petit, après l'escrime et les parades,
> Il jouait dans les champs avec ses camarades
> Raymond le paresseux et Jean de Pau ; tous trois
> Joyeux. Un moine, un jour, passant avec sa croix,
> Leur demanda, c'était l'abbé de la contrée :
> « Quelle est la chose, enfants, qui vous plaît déchirée ?
> — La chair d'un bœuf saignant, répondit Jean de Pau.
> — Un livre, » dit Raymond. — Roland dit : « Un drapeau ! »

Le premier de ces alexandrins est du type classique le plus pur : la coïncidence du sens et du rythme s'y réalise pleinement à l'hémistiche, puis à la fin du vers, qui forme à lui seul une phrase complète. Mais le poète va-t-il, à la suite, écrire un autre vers isolé qui achèvera la période rythmique — formée au troisième degré par le retour de la rime — afin de recommencer ensuite une autre phrase sur une rime nouvelle ? C'est ce qu'aurait fait Racine ; lui, non. D'abord, dès le second vers, la césure n'est plus à la sixième syllabe, mais nous en trouvons une à la quatrième ; et le sens se poursuit en enjambant l'hémistiche, pour s'achever, non pas à la douzième syllabe, mais à la dixième :

J'ai remarqué | qu'ils sont presque tous blonds : |...

Voilà donc déjà effacée la concordance du *premier degré*, celle de l'hémistiche. Puis, par les deux dernières syllabes, « il semble », s'amorce une période nouvelle ; d'où disparition de la concordance du *second degré*, celle de la fin du vers. Et cette période s'achèvera avec le vers suivant, c'est-à-dire sur la première rime d'un couple ; d'où suppression du *troisième degré* de concordance :

Il semble
Qu'un doux soleil levant leur dore les cheveux.

Et le retour de la rime ne se produira plus qu'avec une période nouvelle. En souffrirons-nous ? Point : nous sommes, au contraire, d'autant plus excités, par cette surprise, à poursuivre, dans une délicieuse attente, la réalisation, que nous savons finalement assurée, de la concordance ainsi suspendue.

Or, cette réalisation, le poète, par une autre suite d'enjambements, les uns à l'hémistiche, les autres à la rime, va continuer de la différer, jusqu'à ce que, à partir du dixième vers, le besoin de symétrie dans le dialogue l'amène à reprendre la coupe classique et concordante. Et cette coupe, il va l'accentuer encore, au dernier vers, *par le renversement de l'expression* : au premier hémistiche, le substantif, le verbe, le nom propre, « Un livre, dit Raymond. » Au second hémistiche, le nom propre, le verbe, le substantif, « Roland dit : Un drapeau ! » Renversement qui détermine la coupure la plus complète, la plus adéquate à la pensée entre les deux moitiés de l'alexandrin, celle qui met dans la lumière la plus éclatante le mot à la fois essentiel et final : « Un drapeau », ainsi détaché du reste avec une sorte de geste, que l'esprit devine, pour le couronnement du poème. Et ainsi ce poème, où une suite de désharmonies momentanées entre la pensée et le rythme ont aiguillonné, de vers en vers, notre désir d'harmonie complète, s'achève dans la plus parfaite concordance qui se puisse imaginer entre l'architecture logique et l'architecture sonore d'un vers. C'est d'un art miraculeux.

Et je n'ai pas tout dit sur ce petit chef-d'œuvre. En effet, ne sentez-vous point que l'achèvement du poème a réalisé une autre harmonie encore, plus cachée et cependant certaine ?

Par la conclusion d'une période, au troisième vers, sur la première de deux rimes, le poète semble d'autant mieux, ici, avoir voulu nous jeter dans un état de trouble et d'attente, que, lorsque nous continuons la lecture, nous n'apercevons d'abord aucune liaison intellectuelle entre ce prologue de trois alexandrins à rime suspendue, et la suite du poème. Il manque ici, en effet, une idée intermédiaire, et un poète aux procédés purement rationnels n'eût pas manqué de traiter ce sujet en trois points :

1° J'aime un groupe d'enfants. J'ai remarqué qu'en apparence ils se ressemblent tous ;

2° Mais si on lisait dans leurs jeunes âmes, on trouverait qu'ils sont déjà très différents les uns des autres, et l'on pourrait deviner ce que sera chacun d'eux, devenu un homme ;

3° Histoire de Roland et de ses deux camarades, à l'appui de la thèse.

277

Or, Victor Hugo a supprimé le deuxième point ; et c'est au moyen de la dissociation des rimes après le troisième vers, qu'il nous a donné le sentiment de cette lacune, devant la combler à la fin du poème, pour notre plus grande joie, par une suggestion subite ; et cela, non pas en nous restituant, d'une façon précise, l'idée manquante, mais en supprimant tout à coup de notre esprit le sentiment même de ce manque, grâce à la révélation, à la communication directe de la logique inconsciente qui avait, dans son propre cerveau, présidé à l'élaboration du poème et à la liaison inexprimée des deux parties.

C'est un rare exemple de ce que j'appellerai la suggestion des idées par le rythme. Dans le prochain chapitre, nous verrons comment des sensations et des sentiments peuvent être suggérés par l'allitération et la consonance, sans prétendre, d'ailleurs, réduire davantage en préceptes ces moyens d'arriver à cette suggestion, qui restera toujours l'aboutissement le plus mystérieux de l'art des vers.

Des pages qui précèdent, et de cette analyse un peu poussée de quelques alexandrins de Racine et de Victor Hugo, retenez seulement ceci : que, grâce à l'introduction définitive, dans notre métrique, de ce que j'ai appelé la concordance ou harmonie différée, les moyens d'expression mis au service du poète se sont trouvés accrus infiniment ; et qu'entre les ressources techniques de Racine et celles de Victor Hugo, il n'y a guère moins de différence qu'entre l'orchestration de Lully et celle de Beethoven, encore que, ici comme là, tout repose sur un petit nombre de lois immuables, dont on a seulement tiré, dans la poésie moderne, des applications plus diverses et plus nombreuses.

XI

Allitération et Assonance.
Harmonie imitative et Suggestion

L'harmonie des vers ne repose pas seulement sur l'excellence de la rime, sur l'heureuse répartition des accents toniques et rythmiques, sur la délicate opposition des syllabes muettes et des syllabes pleines, mais aussi, en principe, — et les perfections que je viens d'énumérer ne sont d'ailleurs que des conséquences de ce principe, — sur *la plus grande variété possible des sonorités perçues*. On devra donc, en thèse générale, éviter l'assonance et l'allitération : l'assonance, figure qui consiste à répéter plusieurs fois dans le même vers ou dans un même groupe de vers la même ou les mêmes voyelles : — l'*allitération*, figure qui consiste à y répéter plusieurs fois la même ou les mêmes consonnes.

Écoutez les modulations de cette strophe :
>Le crépuscule ami s'endort dans la vallée,
>Sur l'herbe d'émeraude et sur l'or du gazon,
>Sous les timides joncs de la source isolée
>Et sous le bois rêveur qui tremble à l'horizon,
>Se balance en fuyant dans les grappes sauvages,
>Jette son manteau gris sur le bord des rivages,
>Et des fleurs de la nuit entr'ouvre la prison.
>>(Alfred de Vigny, les Destinées.)

Cette musique, sauf au cinquième vers, est exquise ; on ne saurait guère imaginer une succession plus variée de voyelles ni de consonnes ; et la souplesse de ces ondulations musicales est un ravissement pour l'oreille. Pourquoi, seul, le cinquième vers,

    Se balance en fuyant dans les grappes sauvages,

paraît-il relativement sourd et pesant, parmi ces vers si fluides, si légers, si mélodieux ? C'est que, sur douze syllabes, nous y entendons quatre fois le son *an* et trois fois le son *a*. C'est que, par surcroît, ces deux sons, l'un et l'autre dénués d'éclat, ont entre eux une parenté si proche que l'oreille ne trouve point un sensible plaisir de variété en passant de l'un à l'autre. C'est que, enfin, — et voilà le plus grave, — quatre de ces assonances portent, deux par deux, sur les syllabes accentuées des vers :

    Se bal**an**ce en fuy**an**t dans les **gra**ppes sau**va**ges.

Voilà le plus grave, ai-je dit. J'aurais même pu dire : cela *seulement* est grave, car, la voix glissant sur les atones et n'appuyant que sur les toniques, l'oreille n'est vraiment choquée que par l'assonance entre ces dernières.

    Supposons qu'Alfred de Vigny ait ainsi modifié son vers :

    Se **déroule** en fuyant dans les **halliers** sauvages.

Qu'importerait qu'il eût laissé, de chaque côté du mot « fuyant », ces deux atones de sonorité pareille, « en » et « dans », puisque, par la substitution du mot « déroule » au mot « balance », il aurait supprimé, dans le premier hémistiche, l'assonance de deux syllabes accentuées, assonance qui seule rendait choquantes les assonances complémentaires fournies par les atones voisines ?

Qu'importerait, au second hémistiche, qu'à la place du mot « grappes », il eût mis un mot contenant encore la voyelle *a*

« hal*liers* », puisque ce n'est plus sur l'*a* que porterait ici l'accent, et qu'ainsi n'existerait plus la fâcheuse assonance entre les deux toniques ?

Et ce vers aurait sonné, non moins varié de timbres, non moins mélodieux que ceux qui précèdent ou qui suivent, parce que l'oreille y aurait entendu, aux syllabes accentuées, se succéder ces quatre sons très différents, très éloignés l'un de l'autre sur l'échelle harmonique : *ou, an, ié, a*…

Se dér**ou**le en fuy**an**t dans les hal**liers** sauv**a**ges.

Quant aux assonances secondaires, celles qui viennent de syllabes atones, elles auraient, en quelque sorte, disparu, comme dominées et dispersées par la vertu de ces toniques diverses.

Si donc c'est surtout sur les syllabes accentuées qu'il faut éviter l'assonance, il est clair qu'on devra l'éviter par-dessus tout sur celles des toniques où l'oreille s'arrête le plus ; c'est-à-dire à l'hémistiche et à la rime d'un même vers :

> De Corneille vieill**i** sait consoler Par**is**.
> (Boileau, Épîtres.)

> Jusqu'au dernier soup**ir** je veux bien te le **dire**.
> (Corneille, le Cid.)

ce qui, d'ailleurs, avec la rime correspondante, ne rapproche pas seulement deux fois, mais trois fois, le même son :

> Je t'ai préféré même à ceux dont les pa**rents**
> Ont jadis dans mon **camp** tenu les premiers **rangs**.
> (Corneille, Cinna.)

Même faute si l'assonance se produit à l'hémistiche de deux vers qui se suivent :

> De votre dignité soutenez mieux l'éclat.
> Est-ce pour travailler que vous êtes prélat ?
> (Boileau, le Lutrin.)

ou à la rime de quatre vers consécutifs :

> Je ne veux ni Moïse à m'enseigner tes **voies**,
> Ni quelque autre prophète à m'expliquer tes **lois** ;
> C'est toi qui les instruis, c'est toi qui les en**voies**.
> Dont je cherche la **voix**.
> (Corneille, l'Imitation de J.-C.)

Il est déplaisant encore de retrouver la même sonorité à des rimes insuffisamment éloignées l'une de l'autre, que le poème soit écrit en rimes suivies ou en strophes :

> Dis-lui par quels exploits leurs noms ont écla**té**,
> Plutôt ce qu'ils ont fait que ce qu'ils ont é**té** ;
> Parle-lui tous les jours des vertus de son père ;
> Et quelquefois aussi parle-lui de sa mère.
> Mais qu'il ne songe plus, Céphise, à nous ven**ger** :
> Nous lui laissons un maître, il le doit ména**ger**.
> (Racine, Andromaque.)

> Jeune homme, on vénérait jadis ton œil sévère,
> Ton front calme et ton**nant**,
> Ton nom était de ceux qu'on craint et qu'on révère,
> Hélas ! et mainte**nant**
>
> Les méchants accourus pour déchirer ta vie,
> L'ont prise entre leurs **dents**,
> Et les hommes alors se sont avec envie
> Penchés pour voir de**dans** !
> (Hugo, les Voix intérieures.)

Si, de l'assonance, je passe à l'allitération, vous verrez que le rapprochement des mêmes consonnes ou groupes de consonnes, n'est pas moins désagréable à l'oreille que celui des voyelles :

> Mais **qu**oi ? de **qu**el**qu**e soin **qu**'incessamment il veille.
> (Malherbe.)

> **N**on, il **n**'est rien que **N**ani**n**e **n**'honore.
> (Voltaire, Nanine.)

Et ici, bien entendu, nous n'avons pas à distinguer si les consonnes allitérantes font partie, ou non, de syllabes accentuées, l'articulation d'une syllabe se faisant toujours également entendre, que la voyelle qui l'accompagne soit tonique, atone, ou même élidée.

Donc, comme je l'avançais en commençant et comme je l'ai prouvé par des exemples, la variété la plus grande possible des sonorités perçues, qu'il s'agisse d'articulations ou de voyelles, est le vœu dominant de l'oreille.

Eh bien, par une de ces contradictions apparentes qui nous feront affleurer, une fois de plus, la partie mystérieuse de l'art poétique, nous allons être obligés de reconnaître que l'assonance et l'allitération, condamnables en principe, n'en sont pas moins, dûment employées, parmi les plus précieux moyens d'expression de notre prosodie.

Jugez de la vertu musicale et expressive d'une assonance, en vous répétant le second de ces vers de Racine :

> Ariane, ma sœur, de quel amour blessée
> Vous mour**û**tes aux bords où vous **fû**tes laissée !
> (Phèdre.)

Je n'y ai souligné que les deux assonances portant sur des syllabes accentuées ; mais il y en a quatre autres, sur les syllabes atones, se correspondant deux par deux au commencement de chaque hémistiche : « *vous mourûtes, ... où vous fûtes...* » et corroborant, par leurs sonorités sourdes, la sensation du long soupir de Phèdre, donnée surtout par les deux toniques en *û* que suit la languissante expiration d'une syllabe muette.

Et c'est également un délice que cette suite d'*allitérations* :

> Un **f**rais par**f**um sortait des tou**ff**es d'as**ph**odèle ;
> Les sou**ff**les de la nuit **f**lottaient sur Galgala.
> (Hugo, la Légende des Siècles.)

Délice musical, assurément ; délice intellectuel aussi, peut-être, parce que, comme pour les assonances du vers de Racine, il semble y avoir ici un étroit rapport entre l'expression, caractérisée par cette suite d'*f* allitérantes, et la chose exprimée, — en un mot une *harmonie imitative*.

Mais de quoi et comment cette harmonie est-elle imitative ? La question est embarrassante, car la réponse ne peut être simple, et il faudrait, pour la formuler, que j'entrasse en toutes sortes de distinctions, si je n'aimais mieux paraître perdre de vue un instant cette question même pour m'élever, au-dessus d'elle, à la recherche d'un principe du haut duquel, sans doute, la réponse descendra tout naturellement.

Les lettres qui composent les mots et, par suite, les mots eux-mêmes ont-ils une vertu spécifique ? Sont-ils directement et *par ressemblance*, représentatifs des choses ? Ou, au contraire, ne sont-ils que des signes abstraits, représentatifs des choses *par simple convention* ?

Le problème n'est pas nouveau : Platon l'agitait déjà dans son curieux dialogue de *Cratyle*, dont je veux — car elles exposent la solution la plus juste — vous citer ces paroles, que l'auteur met dans la bouche de Socrate : « Certes, moi aussi, j'aime que les noms ressemblent autant que possible aux choses ; mais, en vérité, il ne faut pas se laisser entraîner à faire violence aux mots pour leur trouver des ressemblances et, toute grossière qu'elle est, il faut recourir à la convention pour expliquer leur propriété. »

En dehors des onomatopées, qui sont comme les derniers souvenirs d'un langage primitif où l'homme, tout à ses instincts, ne savait encore s'exprimer que par l'imitation réaliste des bruits entendus, — exemple : *tam-tam, hululer, zézaiement*[a] — les mots ne sont, en eux-mêmes, que des signes abstraits, sans autre rapport de ressemblance avec les choses que celui qui leur est assigné par la convention.

Mais j'ajoute bien vite ceci : le miracle du poète consiste justement à prendre ces termes conventionnels, ces vocables morts, signes inertes, et à leur insuffler, au moyen des combinaisons sonores dont il dispose, la vie intérieure qui les rendra expressifs, non plus seulement de l'objet ou de l'idée qu'ils représentaient par convention pure, mais de tout ce que cette idée ou cet objet peut éveiller de sensations et d'émotions au fond de l'âme, — et cela sans que, le plus souvent, ces combinaisons sonores ajoutent

---

a. Remarquez que ces mots imitatifs sont composés à la fois d'allitérations et d'assonances.

un élément réaliste, une traduction grossièrement imitative à l'expression abstraite de la pensée.

Des exemples vont éclairer ce que je viens de dire, et ce que je viens de dire éclairera les exemples. N'en prenons point d'autres, d'abord, que les deux vers de Racine et les deux vers de Victor Hugo.

Dans ce vers :
> Vous mou**rû**tes aux bords où vous **fû**tes laissée,

j'ai dit que ces deux *û* longs, suivis d'une muette expirante, nous donnaient la sensation du soupir de Phèdre. Oui, certes ; mais est-ce tout simplement parce qu'il y a là ces deux *u* et ces deux *e* ? Et ces deux lettres, ainsi disposées, nous donneraient-elles, ailleurs, une sensation analogue ? Ont-elles, *en elles-mêmes*, une vertu qui leur fasse, plus que l'*a*, ou l'*é*, ou l'*i*, exprimer la plainte ? — Non, cent fois non ! En voulez-vous la preuve ? Lisez ces deux vers de la *Lettre d'un Mobile Breton*, de François Coppée :
> Nous étions, Pierre et moi, chez des bourgeois cossus
> Où nous fûmes assez honnêtement reçus.

et laissez-moi, pour rendre ma démonstration plus évidente, y changer le sexe des personnages, car j'aurai alors, sur les toniques, exactement comme dans le vers de Racine, deux temps de verbes où un *û* long sera suivi d'une syllabe muette, sans parler des mêmes syllabes sourdes au commencement des vers (*vous mou*rûtes, *où nous* fûmes) :
> Nous étions, Jeanne et moi, chez des dames cossues
> Où nous **fûmes** assez honnêtement re**çues**.

Et voilà que ces sonorités, si elles expriment ici autre chose qu'un simple fait, traduisent, non plus une plainte héroïque et passionnée, mais plutôt une bourgeoise et confortable satisfaction !

Vous voyez donc bien que ce n'est point par vertu spécifique et prédestination absolue que ces mêmes voyelles ont traduit si merveilleusement le soupir de Phèdre. Pourquoi donc, alors, en sont-elles devenues à ce point *imitatives* — Tout simplement *parce que Racine l'a voulu*, et que ces voyelles, esclaves neutres et passives, ont obéi. D'autres eussent obéi de même, puisque, dès le premier vers, nous avons déjà le sentiment de cette plainte avec l'*a*, d'« Ari*a*ne » et l'*é* de « bless*é*e », l'un et l'autre suivis d'une syllabe muette.

Convenons seulement que des voyelles d'un son plus clair, telles que l'*o* bref, ou l'*é* aigu, non suivis d'une syllabe expirante, eussent résisté davantage à la volonté du poète ; qu'il y a dans les voyelles sourdes employées quelque chose comme un souvenir du langage instinctif ; et au lieu de dire que Racine a donné à ces *û* longs leur pouvoir imitatif, disons qu'il le leur a *rendu*. C'est le plus que l'on puisse concéder.

Il en est de même dans les deux vers de Victor Hugo, où non plus par assonances, mais par allitérations — par une longue succession d'*f* — nous avons l'impression d'une harmonie imitative, imitative d'une *f*raîcheur, d'un par*f*um, d'un sou*ff*le, d'un *f*lottement, idées très voisines et toutes dérivées, peut-être, de cette idée du sou*ff*le que l'homme rendait encore dans un langage non conventionnel mais instinctif, en chassant l'air de sa poitrine à travers les lèvres serrées, ce qui donne, sensiblement, le son de l'*f*. Telles sont, sans doute, les lointaines racines de cette imitation que nous croyons surprendre en lisant :

> Un frais parfum sortait des touffes d'asphodèles ;
> Les souffles de la nuit flottaient sur Galgala.

Mais quelques strophes plus haut, dans le même chef-d'œuvre,

Booz endormi, nous avions rencontré cet alexandrin :
> Il n'avait pas d'en*f*er dans le *f*eu de sa *f*orge,

où la même allitération de l'*f* ne rappelle plus en rien l'idée de tout à l'heure, l'idée de souffle, et ne peut plus s'expliquer par le vague souvenir de l'onomatopée originaire. Il est donc absolument certain que le poète n'a cherché ici aucun effet imitatif, mais plutôt un simple agrément musical.

[Cet agrément musical, il nous l'a moins procuré, peut-être, par cette triple allitération intérieure, que par une allitération parallèle entre l'hémistiche de ce vers et l'hémistiche du vers précédent :
> Il n'avait pas de *f*ange en l'eau de son moulin ;
> Il n'avait pas d'en*f*er dans le feu de sa forge.

Ce parallélisme peut se présenter, avec non moins de charme, entre deux syllabes d'un même vers, placées à égale distance, l'une de l'hémistiche, l'autre de la rime, comme dans :
> Ariane, ma sœur, de quel amour ble*ss*ée...

Et c'est un des plus délicats raffinements de l'art du poète, qu'il s'agisse, comme ici, d'allitérations, ou, comme ailleurs, d'assonances. Quoi de plus frappant, par exemple, que le parallélisme des quatre voyelles assonantes, exactement réparties, de trois en trois syllabes, sur les quatre toniques, dans ce vers qui exprime si admirablement la lassitude énervée, chagrine, insistante, de Phèdre, en proie au mal qui l'accable :
> Tout m'afflige et me nuit et conspire à me nuire !]

Montrons encore, par quelques exemples topiques, qu'aucune lettre n'a de valeur propre, qu'aucun son n'exprime fatalement, et par ressemblance préétablie, telle ou telle sensation ou idée.

Au fameux vers d'*Andromaque*, où vous croyez entendre l'affreux sifflement des reptiles, et qui nous ramène, en effet, à l'onomatopée imitative de ce sifflement,

Pour qui sont ces serpents qui sifflent sur vos têtes ?

opposez ces vers, du même Racine, où vous trouverez le même son de l'*s* encore plus de fois répété, mais où il exprimera, non moins bien, quoique sans aucune ressemblance possible avec l'idée, le calme et l'attendrissement dont Athalie se sent envahir en présence du petit Joas :

> La douceur de sa voix, son enfance, sa grâce,
> Font insensiblement à mon inimitié
> Succéder... Je serais sensible à la pitié !

Et s'il est une lettre qui paraisse, à première vue, porter en elle une menace, un tumulte, une violence, c'est bien la lettre *r*, n'est-ce pas ?

> Le gouffre roule et tord ses plis démesurés
> Et fait râler d'horreur les agrès effarés...
> (La Légende des Siècles.)

Victor Hugo y a mis, en effet, toute la tempête. Pourtant, Lamartine y mettra, lui, tout le calme et toute la caresse :

> Sur la plage sonore où la mer de Sorrente
> Déroule ses flots bleus, au pied de l'oranger,
> Il est, près du sentier, dans la haie odorante
> Une pierre petite, étroite, indifférente
> Aux pas distraits de l'étranger.

Victor Hugo a rendu à la lettre *r* quelque chose de son ancienne vertu d'onomatopée, soit ! Mais Lamartine lui en a, par sa volonté, conféré une autre toute différente et même contraire. Dans les deux cas, l'allitération n'est devenue ou redevenue imitative qu'au commandement du poète et dans le sens quelconque où il la dirigeait.

Nous devions chercher quelle était, en poésie, la nature de ce qu'on appelle l'harmonie imitative ; nous le savons à présent : *ce n'est pas une imitation réaliste, ou ce n'en est une que quelquefois et dans une faible mesure ; c'est une imitation idéale, née de la seule intention du poète, au moyen de n'importe quels éléments sonores.*

Je voudrais, du reste, que l'on pût remplacer ce terme, « harmonie imitative », par cet autre qui serait plus juste : « harmonie suggestive », puisque, la plupart du temps, il n'y a que *suggestion*, sans trace d'*imitation* aucune. Et l'on n'emploierait plus l'ancien terme que pour désigner — et condamner — la puérile et sotte recherche de l'imitation réaliste, telle qu'elle était pratiquée par certains rimeurs du XVIIIe siècle et qui passait pour le comble de l'art du poète, en un temps où le sens de la poésie avait disparu.

C'est alors, par exemple, que le chevalier de Piis écrivait, tout en vers imitatifs, un ouvrage sur l'*Harmonie imitative*, grotesque triomphe de l'assonance et de l'allitération. Jugez-en plutôt par ces vers où il imite, jusqu'à nous faire grincer des dents, l'un des bruits les plus désagréables du monde :

> Là je suis serrurier : ma vigoureuse lime
> D'un clou d'abord meurtri rive en criant la cime.

Ailleurs, il rend de la sorte le cri de l'oie :

> Que l'**oi**e au Capitole **oi**sive dans un **coin**,
> En dépl**oy**ant sa v**oix** avertisse au be**soin**.

Il y en a ainsi quatre chants, tout un volume ! J'en extrais encore, et vous verrez pourquoi, l'imitation du vent qui attise le feu du forgeron :

> Ici, du forgeron fomentant la fournaise,
> J'allume avec effort la pétillante braise,
> Et mes flasques soufflets, péniblement enflés,
> Roulent en chassant l'air dont leurs flancs sont gonflés.

Eh bien, ne reconnaissez-vous pas là ces mêmes allitérations en *f* et en *fl* qui remplissaient les deux vers de la *Légende des Siècles* :

> Un frais parfum sortait des touffes d'asphodèle,
> Les souffles de la nuit flottaient sur Galgala ?

Comment se fait-il donc que, chez Victor Hugo, elles soient délicieusement et *infiniment évocatrices*, tandis que chez Piis elles ne sont que grotesquement et *étroitement représentatives* ? — C'est que celui-ci, avec patience et froideur, en se rongeant l'esprit et les ongles, a voulu et cherché l'imitation réaliste ; tandis que celui-là, s'étant trouvé dans cet état d'hallucination lucide et fervente que nous savons être l'inspiration, — état pendant lequel ne veille plus qu'une volonté générale et presque inconsciemment directrice, — a rencontré, sans en avoir la volonté particulière, cette imitation purement idéale qui seule aboutit à la suggestion sans limites.

Et maintenant, vous pouvez comprendre toute la portée de cette parole de Richard Wagner, l'une des plus profondes qui aient été dites sur la philosophie de l'art et sur la psychologie de l'artiste : « L'homme en pleine santé » — il entend par là le musicien ou le poète en plein équilibre d'inspiration — « ne décrit pas ce qu'il veut et ce qu'il aime ; mais il veut et il aime ; et c'est par l'art qu'il communique aux autres la joie qu'il éprouve à vouloir et à aimer. »

Donc, tout est dans la pensée émue du poète ; les lettres, les mots, instruments neutres, inertes, passifs, ne s'animent qu'au souffle du poète, et d'une vie à son gré ondoyante et diverse ;

c'est par lui seul qu'ils deviennent ces « êtres vivants » que Victor Hugo a si magnifiquement chantés dans les *Contemplations*. Mais toutes les fois qu'on oublie cette vérité essentielle, et qu'on prétend attribuer à ces mots, à ces lettres, une autonomie, une vie propre, une vertu directement imitative ou symbolique, on tombe dans l'enfantin, dans l'incompréhensible, dans l'absurde. Et, chose curieuse, on y est tombé, de la même manière, à toutes les basses époques de toutes les littératures, aussi bien à Alexandrie sous les Ptolémées que — paraît-il — dans l'Inde au déclin de la poésie sanscrite. Chez nous-mêmes, au XIVe et au XVe siècle, les Pierre Cardinal, les Meschinot, les Molinet, s'ingéniaient à des jeux d'allitérations et d'assonances, aussi compliqués que ceux auxquels se livre un « décadent » moderne, tel que M. Stuart Merrill, par exemple, qui commence ainsi un *Nocturne* :

> La blême **lu**ne a**ll**ume en **l**a mare qui **l**uit,
> Miroir des gloires d'or, un émoi d'incendie.
> Tout **d**ort. Seul, à mi **m**ort, un rossi**gn**ol de **n**uit
> **M**odule en **m**al d'a**m**our sa **m**olle **m**élodie.
>
> Plus ne **v**ibrent les **v**ents en le mystère **v**ert
> Des ram**u**res. La **lu**ne a **tu** leurs voix noct**u**rnes, etc.
> (Les Gammes.)

Le quatrième vers est fort harmonieux, parce que la double allitération de l'*m* et de l'*l* y enveloppe des voyelles de sonorité très variée ; mais les autres ! Remarquez, au premier vers, l'enchevêtrement des allitérations en *l* et des assonances en *u*. Au second, admirez ces trois « oi, oi, oi, » qui imiteraient presque aussi bien le coassement des grenouilles de la mare dont il s'agit, que le même son, chez M. de Piis, imitait le cri de l'oie, si notre poète avait l'excuse de cette recherche imitative ; mais il ne l'a même point : il assonance pour le plaisir d'assonancer, en déchirant notre oreille. Il ne la maltraite pas moins au vers suivant, par le rapprochement de ces sons : « Tout *dort*, seul à mi *mort*, » compliqué par celui de ces deux *m* allitérants. Et combien il faut que l'allitération des *n* soit, à son tour, une chose précieuse en elle-même aux yeux de M. Stuart Merrill, pour qu'il ait osé, à cause d'elle, nous présenter un oiseau aussi surprenant qu'un « rossi*gn*ol de *n*uit ». Il est vrai qu'un rossignol de jour eût été plus surprenant encore ! Je n'ai plus besoin de vous faire remarquer tous les *v* du cinquième vers, ni tous les *u* du sixième, encore que l'un de ces derniers, laborieusement accolé à un *t* pour embellir l'assonance d'une allitération parallèle (*tu*, noc*tu*rnes), ait joué au poète un bien vilain tour, car il l'a induit en une énorme faute de langue, la lune pouvant *faire taire*, mais non taire des voix, au moins en France. Il serait injuste, d'ailleurs, de s'attarder à ce reproche ; si demain nous débarquions dans l'île de Long-Island, à Hempstead, patrie de l'auteur, pour y réformer la prosodie anglo-américaine, nous commettrions sans doute bien d'autres solécismes et cacophonies. Et peut-être ne saurions-nous pas, en compensation, écrire des vers anglais équivalents aux beaux vers français que M. Stuart Merrill a écrits lorsque, renonçant à les étendre jusqu'à la longueur de quinze ou seize syllabes, ou à s'exercer, dans ceux de douze, aux jeux de patience chinois dont je viens de vous donner un échantillon, il se contente modestement de la prosodie qui a suffi aux plus grands maîtres de France.

Au reste, il se peut que le poète des *Gammes*, par les mêmes procédés que le chevalier de Piis ou que l'abbé Delille, — lequel n'excellait pas moins dans ces exercices imitatifs, — ait voulu imiter ici, non pas, comme eux, des bruits, mais des couleurs, en s'inspirant du fameux sonnet d'Arthur Rimbaud :

A noir, E blanc, I rouge, U vert, O bleu, voyelles,
Je dirai quelque jour vos naissances latentes...

Quelques poètes, en effet, ont pris au sérieux cette excellente plaisanterie, en s'appuyant avec gravité sur ce que les physiologistes appellent le phénomène de l'*audition colorée*. On sait que, chez certains malades, il existe une sorte de communication entre deux centres nerveux, celui de la perception auditive et celui de la perception visuelle, de sorte que tel son évoquera, chez telle personne, la sensation de telle couleur. Les physiologistes sont d'accord, du reste, pour reconnaître que c'est là une maladie et que ces correspondances varient avec chacun des malades. Mais cette constatation ne suffit point à troubler — ai-je besoin de vous le dire ? — les poètes qui veulent fonder sur leur infirmité particulière une théorie générale de l'expression poétique.

Pour M. René Ghil, c'est un peu autre chose : les lettres, les mots ont une « signification orchestrale », et, en s'en servant comme de notes de musique, selon les lois qu'il a promulguées et qui sont équivalentes à celles de la fugue et du contre-point, il compte nous donner, enfin, ce qu'aucun poète n'a pu donner encore à la France, tant les pratiques antérieures à la sienne étaient primitives et embryonnaires, « une synthèse à la fois biologique, historique et philosophique de l'Homme ». C'est la théorie de l'« instrumentation verbale », que pratique l'« Ecole évoluto-instrumentiste » dont M. René Ghil est le « chef incontesté ». Bien que le poète n'ait point achevé son monument, on peut, à la rigueur, se faire une idée suffisante de la doctrine et de l'œuvre en lisant les douze ou treize volumes jusqu'à présent publiés. Et je ne puis, ici, que vous en communiquer le vif désir en cueillant à votre intention ce fruit par lequel, déjà, vous pourrez juger de l'arbre :

> Les strideurs de l'été qui dans l'intense azur
> Tournaient les ondes de lumière rumorantes
> Lentes, lent s'assourdissent : et
>   C'est inhérentes
> Aux unes, les terres veuves d'Espace — pur
> Qui stridulait sur elles l'air de multiptères —
> Comme monotones les eaux d'un lac
>   Où
> Se tassent par endroits en plaquants restes d'août
> Comme détritus d'ors des Soleils morts et mortes
> Feuilles, qui apparaissaient le hasard girant
> De dernières lueurs dans les détresses fortes
> Des giraumons de solitude, tempérant…
>   (Dire du Mieux : Le Vœu de Vivre, III.)

Serait-ce la poésie de l'avenir ? Peut-être. Pourtant, tel n'eût pas été l'avis de Stéphane Mallarmé qui, par une confiance plus grande encore dans la vertu spécifique des vocables, écrivait, dans sa *Divagation première relativement au vers* : « L'œuvre pure implique la disparition totale élocutoire du poète, *qui cède l'initiative aux mots*, par le heurt de leur inégalité mobilisée ; ils s'allument de reflets réciproques comme une virtuelle traînée de feux, sur des pierreries, remplaçant la respiration perceptible en l'ancien souffle lyrique ou la direction personnelle enthousiaste de la phrase. Ce caractère approche de la « spontanéité de l'orchestre. »

La « spontanéité de l'orchestre !!! » Que fût-il advenu, grand Dieu ! si Beethoven, au moment d'écrire la Symphonie en *ut mineur*, eût renoncé à la « direction personnelle enthousiaste » de son œuvre pour se fier à la « spontanéité » des violons, des flûtes et des contre-basses! — Pour en avoir quelque idée, il suffit sans doute de lire le sonnet où Stéphane Mallarmé « cède l'initiative aux mots » et pousse même la délicatesse jusqu'à ne pas vouloir atténuer « le heurt de leur inégalité mobilisée » par l'indiscrète interposition du moindre point ou de la moindre virgule :

>M'introduire dans ton histoire
>C'est en héros effarouché
>S'il a du talon nu touché
>Quelque gazon de territoire
>
>A des glaciers attentoire
>Je ne sais le naïf péché
>Que tu n'auras pas empêché
>De rire très haut sa victoire
>
>Dis si je ne suis pas joyeux
>Tonnerre et rubis aux moyeux
>De voir en l'air que ce feu troue
>
>Avec des royaumes épars
>Comme mourir pourpre la roue
>Du seul Vespéral de mes chars

José-Maria de Heredia, de qui je tiens l'anecdote, rencontra Stéphane Mallarmé le jour où ce sonnet, ou quelque autre de même farine, venait de paraître et lui fit part, non sans quelque hésitation, de ce qu'il avait cru y comprendre.

— Non, cher ami, répondit Stéphane, ce n'est pas du tout ce que j'avais pensé dire, mais votre sens est préférable et c'est celui que, désormais, j'adopterai.

L'étude du rôle des voyelles consonantes et des consonnes allitérantes nous a, vous le voyez, conduit à parler du pouvoir des *mots* eux-mêmes ; et vous soupçonnez déjà, sachant où mène la foi contraire, qu'ils n'ont pas plus de vertus propres que les lettres dont ils sont composés,

Je dois en donner quelques preuves plus directes, car des poètes comme Théophile Gautier ou Théodore de Banville ont cru, ont écrit, sans que jamais, du reste, leur œuvre se soit ressentie de cette erreur, tant leur instinct était sûr que tel mot était en lui-même, de par sa seule sonorité, joyeux ou triste, caressant ou menaçant, terne ou splendide.

Simple illusion : le mot n'est expressif de ces sensations diverses que par le sens que la convention lui attribue.

A Théodore de Banville qui déclarait que « citadelle » était « un grand mot terrible », un homme d'esprit faisait observer, avec beaucoup de justesse, que s'il était terrible autrement que par sa signification, « mortadelle » serait un mot plus terrible encore, bien qu'il ne désignât qu'une inoffensive charcuterie. Théodore de Banville analysait alors le morceau de la *Légende* des Siècles où se trouvent ces deux vers :

> C'est naturellement que les monts sont fidèles
> Et sûrs, ayant la forme âpre des citadelles.

Et, certes, à cette place, le mot évoque bien quelque chose d'abrupt et d'inaccessible, de terrible enfin. Pourquoi ? Parce que le poète *inspiré*, donc tendu vers la réalisation intégrale de sa pensée émue, l'a dirigé vers ce sentiment du terrible dont l'épithète « âpre » est l'indice, et qu'ainsi son simple pouvoir de signification, issu du sens, s'est trouvé infiniment dépassé par son pouvoir d'*évocation*, de *suggestion*, issu de la seule pensée directrice.

Lisez, pour la contre-épreuve, ce vers d'une fable de La Fontaine :

> Un arbre à des dindons servait de citadelle.

Plus de terreur ici, mais un sourire, au contraire, que provoque le même vocable *autrement dirigé* par l'émotion du poète.

Un exemple encore ; le second de ces deux vers de la *Conscience*, dans la Légende des Siècles :

> Le granit remplaça la tente aux murs de toile,
> On lia chaque bloc avec des nœuds de fer.

Voilà, formidablement évoquée, cette ville « surhumaine » dont parle le poète, avec toutes les sensations d'effort, d'énormité, d'indestructibilité qu'il a voulu qu'elle éveillât en nous. Quatre mots sont suggestifs de ces sensations : *lier, bloc, nœuds* et *fer* ; mais le sont-ils par eux-mêmes ? Non. Avec le mot *lier*, La Fontaine écrit :

> L'âge liait une amitié sincère
> Entre ces gens ; les deux pères s'aimaient
> (Fables.)

Avec le mot *bloc*, le même fabuliste fait ce vers :

> Ce bloc enfariné ne me dit rien qui vaille.

Avec le mot *nœuds*, nous trouvons dans Corneille :

> Il est des nœuds secrets, il est des sympathies
> Dont par le doux rapport les âmes assorties
> S'attachent l'une à l'autre...
> (La Suite du Menteur.)

Et Molière emploie ainsi le mot *fer* dans le délicieux couplet d'Eraste à Lucile :

> Je l'avouerai, mes yeux observaient dans les vôtres
> Des charmes qu'ils n'ont point trouvé dans tous les autres,
> Et le ravissement où j'étais de vos fers
> Les aurait préférés à des sceptres offerts.
> (Le Dépit Amoureux.)

Les quatre mots ont donc pu suggérer des sensations ou sentiments très différents de ceux qu'ils suggèrent dans le vers de Victor Hugo, et la seule vertu qui leur appartienne en propre est celle, invariable, de leur signification conventionnelle : tout le reste appartient au poète, à lui seul. C'est assez pour qu'il s'en contente ; et si, par démence, il veut aller jusqu'à enlever aux mots cette vertu de signification, et ne s'attacher plus qu'à leurs sonorités, sous prétexte de plonger ainsi dans les vagues et infinis abîmes de la suggestion musicale, nous avons vu qu'il tombait, simplement, dans l'imbécillité toute pure.

C'est que les notes de la musique n'ont aucune valeur intelligible et ne s'adressent qu'à la sensibilité, tandis que la poésie, de par l'inéluctable signification des vocables, est un art de sensibilité et de pensée tout ensemble. Autant que dans la musique, la suggestion peut y être infinie et libre *quant à son essor*, mais, à la différence de la musique, elle y reste esclave et limitée *quant à sa direction*, que les mots, qu'on le veuille ou non, déterminent. Mais cet esclavage apparent est une suprématie certaine ; et lorsque, par un maladif amour du vague, la poésie essaie de le rompre, elle descend et elle abdique, car son royaume est le seul où, à toute la joie de la Sensation, puisse et doive se joindre toute la gloire de la Pensée.

Dans un des précédents chapitres, nous avions établi que, en poésie, c'était le caractère du sentiment et de la pensée qui déterminait la vitesse du rythme.

Du présent chapitre, nous pouvons retenir cette conclusion analogue : en poésie, c'est le caractère du sentiment et de la pensée qui détermine la valeur plus ou moins expressive des assonances, des allitérations, enfin, de la sonorité des vocables.

Et de ces deux vérités réunies je veux donner une preuve dernière.

On a cherché quelquefois l'harmonie imitative, non plus dans un certain choix ou rapprochement de mots, mais dans une certaine coupe de vers. Oyez, dit-on, le bruit saccadé des sabots d'un cheval que Boileau nous fait entendre à la fin de ce passage de sa cinquième épître :

> Un fou rempli d'erreurs, que le trouble accompagne,
> Et malade à la ville ainsi qu'à la campagne,
> En vain monte à cheval pour tromper son ennui :
> Le cha*grin* |monte en *croupe* | et *galope* | avec *lui*.

Oyez encore cet alexandrin de La Fontaine où nous croyons voir le *Thésauriseur* s'acharnant, nuit et jour,

> A comp*ter*, | calcu*ler*, | suppu*ter* | sans *relâche*.

Oui, certes, cette même saccade de vers accentué de trois en trois syllabes suggère bien la besogne entêtée de l'avare ; mais, par contre, dites-moi si vous connaissez un vers plus ample, plus majestueux, plus fortement lié en toutes ses parties, plus fait pour être débité d'une seule haleine et plus propre à imiter, en quelque sorte, ce qu'il veut rendre, — le soulèvement d'une poitrine inspirée, — que ce vers de Corneille paraphrasant le Psaume 45 :

> Je me *sens* | tout le *cœur* | plein de *gran* | des idées.
> Je les sens à l'envi s'en échapper sans moi…

Et pourtant, les accents toniques sont à la même place, non seulement que dans le vers de La Fontaine, tout haché de virgules, mais que dans celui de Boileau, qu'aucune ponctuation ne découpe ; et les trois alexandrins, pour exprimer imitativement trois choses aussi différentes que possible, se scandent exactement de même :

$$\smile\smile-|\smile\smile-|\smile\smile-|\smile\smile-$$

Donc, pour l'expression imitative, nul procédé, nulle recette : au commencement il y a, seule et commandant à la matière, l'intelligence émue, l'âme.

XII
Inspiration et Suggestion

Comment agira l'intelligence du poète ? Comment fera-t-elle jaillir, au moyen des mots, l'étincelle de poésie ? Est-ce en appliquant ses ordinaires procédés logiques, ce rigoureux enchaînement des idées qui est comme sa loi naturelle et fondamentale ?

Oui et non.

Non, si l'on entend par là qu'elle les applique avec une volonté pleinement consciente et d'une manière constamment visible.

Oui, si l'on entend qu'elle les applique d'une façon à la fois cachée et certaine, dans cette *inconscience lucide*, dans cette *passivité dirigée* dont nous retrouvons le mystère, et dont je cherche en tâtonnant l'exacte formule, chaque fois que, au cours de ces études, nous rencontrons, à l'origine de toute beauté, ce phénomène : l'*Inspiration*.

De ce phénomène, je vous avais promis naguère, imprudemment, de tenter l'analyse. A quoi bon ? Voici mieux ; voici, dans une des pages les plus prodigieuses — et les plus inconnues — de l'œuvre posthume de Victor Hugo, non seulement une analyse qui dépasse en précision tout ce que pourraient formuler les plus subtils psychologues, mais une reconstitution extraordinaire, et rendue sensible, de l'inspiration germante, naissante, agissante, grandissante, ascendante.

En proie à la tristesse de l'âme et du monde, le poète voit tout à coup poindre un rêve, confus d'abord, puis le rêve se condense en images; puis les images deviennent idées et volonté; puis il semble que la main qui tient la plume, à la fois suive la pensée et la devance; puis... Mais ne commentons plus, écoutons :

> Le bien germe parfois dans les ronces du mal.
> Souvent, dans l'éden vague et bleu de l'idéal
> Que, frissonnant, sentant à peine que j'existe,
> J'aperçois à travers mon humanité triste
> Comme par les barreaux d'un blême cabanon,
> Je vois éclore, au fond d'une lueur sans nom,
> De monstrueuses fleurs et d'effrayantes roses.
> Je sens que par devoir j'écris toutes ces choses
> Qui semblent, sur le fauve et tremblant parchemin,
> Naître sinistrement de l'ombre de ma main.
> Est-ce que par hasard, grande haleine insensée
> Des prophètes, c'est toi qui troubles ma pensée?
> Où donc m'entraîne-t-on dans ce nocturne azur?
> Est-ce un ciel que je vois? Est-ce le rêve obscur
> Dont j'aperçois la porte ouverte toute grande?
> **Est-ce que j'obéis, est-ce que je commande?**
> **Ténèbres, suis-je en fuite? est-ce moi qui poursuis?**
> **Tout croule; je ne sais, par moments, si je suis**
> **Le cavalier superbe ou le cheval farouche;**
> **J'ai le sceptre à la main et le mors dans la bouche.**
> Ouvrez-vous que je passe, abîmes, gouffre bleu,
> Gouffre noir! Tais-toi, foudre! Où me mènes-tu, Dieu?
> **Je suis la volonté, mais je suis le délire.**

> O vol dans l'infini ! J'ai beau par instants dire,
> Comme Jésus criant Lamma Sabactani :
> Le chemin est-il long encore ? Est-ce fini,
> Seigneur ? permettrez-vous bientôt que je m'endorme ?
> L'Esprit fait ce qu'il veut. Je sens son souffle énorme
> Que sentit Elisée et qui le souleva ;
> Et j'entends dans la nuit quelqu'un qui me dit : « Va ! »
> (Toute la Lyre.)

Donc, dans cette chevauchée vertigineuse, c'est encore l'Esprit qui commande. Esprit extérieur au poète ? Non, mais, par dédoublement et auto-suggestion, moitié de lui-même, restée consciente, commandant à l'autre moitié, qui ne l'est plus.

« Va ! » dit l'Esprit au poète. Mais il ne lui dit pas : « A ton gré dévie et divague ; » il lui permet seulement, *dans la direction logique*, des sauts immenses par-dessus les idées et les images intermédiaires. Et c'est parce que nous l'avons accompagné dans ces bonds, c'est parce que nous allons nous retrouver avec lui, à la retombée, dans la voie d'abord élue au départ, mais sans avoir subi la lenteur et la fatigue des étapes, que nous éprouverons chaque fois, comme lui-même, le brusque et total ébranlement de la Révélation, de l'Illumination poétique.

Zim-Zizimi, padischah tout-puissant et féroce, bâille d'ennui dans la satiété des viandes et des vins, des femmes et des fleurs. Et voici que lui parle l'un des sphinx qui soutiennent son trône, pour lui montrer le néant de la force et de la gloire. « Nemrod aussi était grand », lui dit-il :

> Son sceptre altier couvrait l'espace qu'on mesure
> De la mer du couchant à la mer du levant.
> Baal le fit terrible à tout être vivant,

> Depuis le ciel sacré jusqu'à l'enfer immonde,
> Ayant rempli ses mains de l'empire du monde.
> Si l'on eût dit : « Nemrod mourra, » qui l'aurait cru ?
> Il vivait ; maintenant cet homme a disparu,
> **Le désert est profond et le vent est sonore.**

Entre ce dernier vers et celui qui précède, aucun lien visible ; et une page n'aurait pas suffi à évoquer tout ce qui les sépare : les cataclysmes, les révolutions, les destructions, le sable, les siècles, l'oubli... Mais dans ce seul vers :

> Le désert est profond et le vent est sonore,

il y a tout cela, et davantage.

Le Fiancé du *Cantique de Bethphagé* dira-t-il de la Fiancée : « Sa présence m'est douce, et j'imagine que si les champs avaient une âme, ils éprouveraient, quand Elle passe, la même douceur » ? — Non, il se contentera de dire :

> La forme de son ombre est agréable aux champs
> (HUGO, la Fin de Satan.)

et dans cette transposition, merveilleusement abréviative, d'où il semble s'être retiré, il ne mettra que plus de lui-même encore, et plus d'amour.

Sur une haute terrasse d'Alexandrie, Antoine, oublieux de son foyer, de son pays, de sa gloire, berce dans ses bras Cléopâtre. Le poète nous montrera-t-il, reliant les effets à la cause, les catastrophes qui seront la conséquence de cette abdication du devoir devant la volupté : la guerre entre les triumvirs, l'approche d'Octave, la bataille d'Actium, Cléopâtre donnant à ses vaisseaux le signal d'une honteuse retraite, Antoine abandonnant pour la suivre sa flotte et son armée ?... Non, il soulève seulement, une seconde, la tête pâle de la reine d'Egypte, lui fait tendre vers son amant « sa bouche et ses prunelles claires »…

> Et sur elle courbé, l'ardent Imperator
> Vit dans ses larges yeux étoilés de points d'or
> **Toute une mer immense où fuyaient des galères.**
> (J.-M. de Heredia, les Trophées.)

Et à ce trait unique, tout l'avenir, issu du présent, nous apparaît, comme, la nuit, un seul éclair illumine et rapproche de nous tout un immense paysage.

Parfois enfin, ce n'est plus un seul trait, mais une suite de traits, sans aucune apparence de rapport logique entre eux, qui donne au poème inspiré sa puissance d'incantation. Ainsi dans ce beau sonnet de Baudelaire :

> Sois sage, ô ma Douleur, et tiens-toi plus tranquille ;
> Tu réclamais le Soir ; il descend ; le voici :
> Une atmosphère obscure enveloppe la ville,
> Aux uns portant la paix, aux autres le souci.
>
> Pendant que des mortels la multitude vile,
> Sous le fouet du Plaisir, ce bourreau sans merci,
> Va cueillir des remords dans la fête servile,
> Ma Douleur, donne-moi la main : viens par ici,
>
> Loin d'eux. Vois se pencher les défuntes années,
> Sur les balcons du ciel, en robes surannées ;
> Surgir du fond des eaux le Regret souriant ;
>
> Le soleil moribond s'endormir sous une arche,
> Et, comme un long linceul traînant à l'Orient,
> Entends, ma chère, entends la douce nuit qui marche.
> (Les Fleurs du Mal.)

Le poète, voulant exprimer l'apaisement de la douleur à l'approche du soir, l'a d'abord personnifiée, elle seule. Mais bientôt, sans les relier logiquement l'une à l'autre, il a éveillé tour à tour, par d'autres personnifications, ces sensations *harmoniques* : l'apaisement du souvenir, l'apaisement du regret, l'apaisement de la lumière, l'apaisement des bruits nocturnes... Pourquoi notre délicieuse surprise à l'apparition de chacune de ces images ? ... C'est que nous ne pouvions prévoir que ce seraient précisément celles-là qu'évoquerait le poète. Mais pourquoi, au même instant, ce délice contraire : la *sécurité* d'une attente satisfaite ? ... C'est que, de toutes ces images, il n'en est pas une qui ne soit — comme tout à l'heure le trait unique de Heredia ou de Victor Hugo — dans le prolongement virtuel de la pensée et de l'émotion initiales.

Et voilà que nous avons retrouvé, dans le *fond* le plus intime de la Poésie, ce double plaisir d'*étonnement* et d'*aise* que notre oreille, lorsqu'il ne s'agissait que de la *forme*, demandait — vous vous en souvenez — au jeu des rimes et à celui des accents toniques. O la merveilleuse harmonie entre le fond et la forme, entre la jouissance intellectuelle et la jouissance musicale, appuyées l'une et l'autre sur cette même conciliation des contraires, sur ce même équilibre de la sécurité et de la surprise, également désiré par notre pensée et par nos sens !

Que cet équilibre soit rompu, et, aussitôt, la jouissance diminue et peut aller jusqu'à disparaître.

Nous l'avons vu se rompre, dans l'ordre musical, par l'excès de pauvreté ou de richesse des rimes, par la fixité ou la mobilité excessive des césures. Il était rompu de même, dans l'ordre intellectuel, par excès de surprise, lorsque nous lisions les vers incompréhensibles de Mallarmé, où nous ne percevions plus aucun rapport entre les idées ou images. Et il le sera, par excès de sécurité, dans tous les vers où le poète nous aura trop laissé voir l'enchaînement de ses pensées et de ses figures, n'aura pas fait naître en nous cette exquise attente de l'inconnu, que la suggestion satisfait dans son voluptueux éclair.

C'est — pour rappeler la belle parole de Wagner, citée plus haut — la différence entre l'homme qui *décrit ce qu'il aime*, et l'homme qui, tout simplement, aime et communique aux autres, par le moyen de l'art, *la joie qu'il éprouve à aimer*. Ce dernier seul est un poète.

Un rimeur descriptif et un poète véritable vont, tour à tour, écrire des vers sur le *Cygne*, et pour nous en dire, l'un et l'autre, ces trois choses, rien qu'elles : que le corps du cygne rappelle la forme du navire ; que le cygne est beau ; que le cygne semble avoir conscience de sa beauté.

Voici comment s'exprime l'abbé Delille :

> Le cygne, toujours beau, soit qu'il vienne au rivage,
> Certain de ses attraits, s'offrir à notre hommage,
> Soit que, de nos vaisseaux le modèle achevé,
> Se rabaissant en proue, en poupe relevé,
> L'estomac pour carène, et de sa queue agile
> Mouvant le gouvernail en timonier habile,
> Les pieds pour avirons, pour flotte ces oiseaux
> Qui se pressent en foule autour du roi des eaux,
> Pour voile enfin son aile au gré des vents enflée,
> Fier, il vole au milieu de son escadre ailée.
> Mais quand son feu l'atteint dans l'humide séjour,
> De quel charme nouveau vient l'embellir l'amour !

Que de folâtres jeux, que d'aimables caresses !
Doux et passionné dans ses vives tendresses,
Déployant mollement son plumage amoureux,
De quel air caressant pour l'objet de ses feux,
Il prouve aux flots émus par son ardeur féconde
Que la mère d'amour est la fille de l'onde
Et de son corps, choisi pour plaire à deux beaux yeux,
Justifie, en aimant, le Monarque des dieux !
                              (Les Trois Règnes.)

Et voici comment s'exprime Sully Prudhomme :

Sans bruit, sous le miroir des lacs profonds et calmes,
Le cygne chasse l'onde avec ses larges palmes,
Et glisse. Le duvet de ses flancs est pareil
A ces neiges d'avril qui croulent au soleil ;
Mais, ferme et d'un blanc mat, vibrant sous le zéphire.
Sa grande aile l'entraîne ainsi qu'un lent navire.
Il dresse son beau col au-dessus des roseaux,
Le plonge, le promène allongé sur les eaux,
Le courbe gracieux comme un profil d'acanthe,
Et cache son bec noir dans sa gorge éclatante.
Tantôt le long des pins, séjour d'ombre et de paix,
Il serpente et, laissant les herbages épais
Traîner derrière lui comme une chevelure,
Il va, d'une tardive et languissante allure.
La grotte où le poète écoute ce qu'il sent,
Et la source, qui pleure un éternel absent,
Lui plaisent, il y rôde ; une feuille de saule
En silence tombée effleure son épaule.
Tantôt il pousse au large, et, loin du bois obscur,
Superbe, gouvernant du côté de l'azur,
Il choisit, pour fêter sa blancheur qu'il admire,
La place éblouissante où le soleil se mire.

> Puis, quand les bords de l'eau ne se distinguent plus,
> A l'heure où toute forme est un spectre confus,
> Où l'horizon brunit rayé d'un long trait rouge,
> Alors que pas un jonc, pas un glaïeul ne bouge,
> Que les rainettes font dans l'air serein leur bruit,
> Et que la luciole au clair de lune luit,
> L'oiseau, dans le lac sombre où sous lui se reflète
> La splendeur d'une nuit lactée et violette,
> Comme un vase d'argent parmi les diamants,
> Dort, la tête sous l'aile, entre deux firmaments.
> (Les Solitudes.)

Quel abîme sépare, non seulement les deux poèmes, mais encore les deux conceptions de la Poésie ! Delille, voulant nous communiquer, à la vue du cygne, l'idée d'un vaisseau, insiste lourdement sur la comparaison, n'oubliant ni la proue, ni la poupe, ni la carène, ni le gouvernail, ni les avirons, ni même les chaloupes ! ... Hélas ! pour nous avoir tout dit, pour avoir tout *décrit*, pour n'avoir point laissé à notre imagination la moindre marge, qu'a-t-il fait ? Il a, d'insistance en insistance, détruit la grâce possible et jusqu'à la justesse même de la comparaison, dont le ridicule nous apparaît dès qu'on veut nous la donner comme exacte et précise : d'un cygne vivant, Delille a fait un oiseau en bois, un automate de Vaucanson, tout au plus. Il nous assure qu'il est « toujours beau », mais il ne nous donne point l'impression qu'il le soit, même en décrivant ses « folâtres jeux » et en appelant à la rescousse les plus fades comparaisons mythologiques. Et il croit peut-être aussi nous avoir communiqué quelque chose en nous disant que le cygne, « certain de ses attraits », vient « s'offrir à notre hommage ». Il ne nous a rien communiqué du tout.

Sully Prudhomme, au contraire, sentant que, de délicate, la comparaison avec le navire serait grossière s'il y appuyait, l'indique d'un seul vers, où l'aile même n'est qu'indirectement comparée à la voile, mais où le choix et l'ordre des mots *évoquent, sans décrire*, l'idée d'un vaisseau, et en évoquant moins la forme tangible que le mouvement impalpable. Au lieu de matérialiser, il *dématérialise*. Et c'est par le même procédé de dématérialisation qu'il nous suggérera, de plus en plus, l'idée de la beauté du cygne et de ce sentiment de sa propre beauté qu'il semble que cet oiseau possède. Bientôt, en effet, ce n'est plus par l'indication de la couleur, ni de la forme, ni même des mouvements qu'il nous montrera cette beauté, cette fierté conscientes ; ce sera par tout ce qui n'est plus le cygne lui-même : les lieux secrets et calmes qu'il fréquente, l'heure silencieuse qu'il préfère, l'harmonie entre le reflet pur des étoiles dans l'eau et la pureté lumineuse de son corps endormi.

A la fin de ses vers, Delille a complètement *effacé*, sous la *description*, l'image du cygne. A la fin des siens, Sully Prudhomme l'a complètement *évoquée*, par la *suggestion*.

L'étude de l'allitération et de l'assonance nous avait amenés à montrer la domination de l'Intelligence sur les éléments sonores du langage. Et c'est ainsi que nous venons d'être amenés à étudier comment l'inspiration modifiait à son tour les procédés ordinaires de l'Intelligence.

Il nous faut, maintenant, quitter un peu la philosophie de notre art, pour étudier une question de « métier » que je ne puis tout à fait omettre : celle des *licences poétiques*. Et il ne nous restera plus qu'à apprendre, par l'étude des strophes, des principaux poèmes à forme fixe, et enfin des vers libres, quels moules divers ces combinaisons métriques offrent à l'inspiration du poète.

XIII
Des Licences poétiques

Les anciens traités de versification consacraient à cette matière de nombreux et interminables chapitres. Par contre, dans son *Petit Traité*, Théodore de Banville leur en consacre un seul, composé de six mots : LICENCES POÉTIQUES : « Il n'y en a pas. » La vérité se trouve à égale distance des vieilles superstitions et du récent paradoxe. Il y a des licences qu'il faut condamner comme ridicules, incorrectes ou tombées définitivement en désuétude ; mais il y en a d'autres qu'il faut approuver comme heureuses, comme pouvant ajouter quelque chose à la cadence, à la rime, à la force d'expression de la pensée, et comme ayant été, pour ces raisons, maintenues dans la langue des vers par une tradition constante.

1. Licences d'Orthographe

Parmi celles que j'engagerais les poètes à ne prendre plus, il y a l'ancien emploi du mot même que les poètes avaient la faculté de compter tantôt comme adjectif, en le faisant accorder, tantôt comme adverbe, en le laissant invariable ; Racine, *Mithridate* :

Jusqu'ici la fortune et la victoire **mêmes**
Cachaient mes cheveux blancs sous trente diadèmes.

Les immortels eux-**même** en sont persécutés.
(Malherbe.)

L'usage s'est si fortement établi en sens contraire « — on dirait à présent « la fortune et la victoire *même* », adverbialement, sans accord ; et « les immortels eux-*mêmes* », adjectivement, avec accord, — qu'on ne saurait plus guère y déroger, à moins d'avoir quelque prétexte à l'archaïsme. Et j'en dirai autant du mot *grâce* ou *grâces* employé jadis avec ou sans *s* dans la formule d'exclamation :

Grâces au Ciel, mes mains ne sont point criminelles !
(Racine, Phèdre.)

Grâce aux dieux, mon malheur passe mon espérance !
(Racine, Andromaque.)

Mais je ne vois point pourquoi l'on ne continuerait pas d'écrire à volonté *certes* ou *certe*, comme l'ont fait également les classiques et les modernes :

Mais **certes** c'en est trop d'aller jusqu'à la joie.
(Corneille, Horace.)

Cela **certe** est fâcheux. — Oui, plus, qu'on ne peut dire.
(Molière, Tartufe.)

Certes, ces femmes-là, pour mener cette vie...
(Alfred de Musset, Premières Poésies.)

Certe on peut parler de la sorte
Quand c'est au canon qu'on répond.
(Hugo, Orientales.)

La raison ? — Vous la voyez en comparant ces exemples : il serait par trop contraire aux habitudes de l'oreille de faire sonner un *s* à la fin du mot *devant une voyelle*, et la liaison, « certes-z'il est fâcheux », ou « certes-z'on peut parler » paraîtrait bien prétentieuse. Maintenons donc, en vers, la faculté de supprimer l'*s*.

Même raison pour la suppression de l'*s*, devant une voyelle — ou à la rime, si l'on tient à rimer pour l'œil, — à la fin de certains noms propres : Versailles, Athènes, Londres, etc.

> O **Versaille**, ô bois, ô portiques
> Marbres vivants, berceaux antiques
> Par les dieux et les rois Elysée embelli...
>   (André CHÉNIER, Odes.)

> O campagne d'**Athène**, ô Grèce infortunée !
>   (Casimir DELAVIGNE, Messéniennes.)

> **Charle**-Edouard m'a dit : « Sers-t'en pour mon service. »
>   (François COPPÉE, les Jacobites.)

Le poète n'aurait eu qu'à compter « E-douard » comme un dissyllabe seulement, pour que « Charles » pût entrer dans le vers avec son s. Mais alors on eût entendu : « Charles-z'Edouard »... et c'eût été affreux.

Est-ce une licence poétique, en vérité, que l'emploi de *jusques à* au lieu de *jusqu'à* ?

Quel est le prosateur qui, ayant à traduire, dans Cicéron, le fameux début de la *Première Catilinaire*, hasarderait cette cacophonie : « *Jusqu'à quand*, Catilina, abuseras-tu de notre patience ? » Il n'y a donc aucun motif pour que les poètes ne conservent point l'option entre les deux formes. Et ils l'ont toujours conservée :

J'ai poussé la vertu **jusques à** la rudesse.
(RACINE, Phèdre.)

Et vous qui me rendiez le matin de mes jours,
Qui d'un charme si doux, m'enveloppez encore,
Vous pouvez m'oublier, ô chers yeux que j'adore,
Mais **jusques au** tombeau je vous verrai toujours.
(LECONTE DE LISLE, Derniers Poèmes.)

Au temps de Corneille et de Racine, ce n'était encore qu'un archaïsme que la suppression de l'*s* à la première personne de l'indicatif présent des verbes :

Elvire, où sommes-nous ? et qu'est-ce que je **voi** ?
Rodrigue en ma maison ! Rodrigue devant moi !
(CORNEILLE, le Cid.)

Vizir, songez à nous, je vous en **averti** ;
Et sans compter sur moi, prenez votre parti.
(RACINE, Bajazet.)

Cet archaïsme était plus conforme à l'étymologie latine que l'orthographe qui a prévalu ; et il avait l'avantage de distinguer mieux les trois personnes du verbe, l'*s* n'appartenant qu'à la seconde, comme le *t* à la troisième (*video, vides, videt* — je voi, tu vois, il voit).

A l'impératif, les poètes conservaient aussi la faculté, appuyée de même sur l'étymologie et les anciennes formes françaises, de supprimer l'*s* :

Fais donner le signal, cours, ordonne ; et **revien**
Me délivrer bientôt d'un fâcheux entretien.
(RACINE, Phèdre.)

Victor Hugo n'a pas hésité à revendiquer le droit à ces prétendues licences :

> Alors, dans mon esprit, je vis autour de moi
> Mes amis, non confus, mais tels que je les **voi**
> Quand ils viennent le soir...
> (Les Feuilles d'Automne.)

> ... Lorsque je **vien**,
> Personne ne me voit entrer ? — Je le crois bien.
> (Le Roi s'amuse.)

Convenons, toutefois, en le regrettant, que ces archaïsmes sont, malgré l'exemple du maître, définitivement abandonnés. Certains poètes récents ne manqueraient pas de dire, ici, que Victor Hugo pouvait tout simplement accoupler « je les *vois* » avec « de moi » et « je *viens* » avec « bien » ; mais je leur répondrais aussitôt qu'il ne s'agissait point seulement de rimer pour l'œil en même temps que pour l'oreille, mais de rimer mieux pour l'oreille elle-même, et que si en conjuguant : *je voi, tu vois, il voit*, nous rencontrons une parité de son, c'est entre la première personne et la troisième, non entre la première et la seconde, que la présence de l'*s* allonge très sensiblement pour une oreille tant soit peu délicate, comme elle allonge le substantif *mois* plus que le pronom *moi*.

En revanche, c'est une véritable licence, très condamnable, que de supprimer l'*s* à la deuxième personne, comme fait Lamartine en écrivant :

> Si l'onde, des lis que tu **cueille**,

pour rimer avec :

> Des tiges que ta bouche effeuille.

Il eût encore mieux valu ne pas tenir compte de la rime pour l'œil, puisque ici la rime pour l'oreille resterait parfaite avec l'*s*.

Personne, je pense, ne contestera aux poètes le droit d'écrire à leur choix : « encore » ou « encor », ce qui permet, notamment, de se servir de ce mot comme rime féminine dans son orthographe ordinaire, et de rime masculine — où le son sera brusquement arrêté, au lieu d'expirer avec une muette, — dans sa forme exceptionnelle. Inutile de citer des exemples : chez les poètes modernes, non moins que chez les poètes anciens, ils sont aussi nombreux que les étoiles du ciel.

2. Licences de Construction

C'est de *l'inversion* qu'il s'agit. Et Théodore de Banville rédigeait ainsi son chapitre : DE L'INVERSION : « Il n'en faut point. » Mais M. Clair Tisseur, dans ses *Modestes Observations sur l'Art de Versifier*, se faisait aussitôt un malin plaisir de relever, chez le poète des *Exilés*, une foule d'inversions, les unes regrettables et justifiant sa sévérité doctrinale, les autres délicieuses et la condamnant :

> Sa colère amoureuse et **de souffrance avide**…
> Et **de ses dents** de lys fit briller **la blancheur**…
> Et **du bassin** d'azur son petit soulier bleu
> Effleurait **les porphyres**…

Je n'eusse pas osé, face à face, prendre ainsi l'excellent maître en défaut ; mais je me souviens, sans trop de remords, de l'avoir jeté dans quelque embarras, un jour que la question était agitée, en lui citant ce vers de Racine :

> Et de David éteint rallumer le flambeau,
> (Athalie.)

et en lui demandant si, pour rallumer ce flambeau, il ne fallait pas qu'il eût été d'abord éteint.

C'est que l'inversion, en effet, est quelquefois le rétablissement de l'ordre logique des pensées par le renversement de l'ordre grammatical qui, lui, fait marcher, toujours dans le même ordre, le sujet d'abord, puis le verbe, puis le régime direct, enfin le régime indirect.

Elle peut être aussi permise ou interdite pour des raisons très différentes, des raisons de convenance, d'appropriation du style à tel ou tel genre de sujet :

> O vous, du **Sébéthus naïades vagabondes** !
> (André CHÉNIER, Idylles.)

C'est, dans un poème antique, imité d'une langue inversive, une grâce et non une faute. Mais l'inversion est ridicule dans ce vers, à la couleur ultramoderne, de Béranger :

> **De mon neveu le Jockey** vous amuse.
> (Chansons.)

Le Fabuliste aura bien raison d'écrire :

> Il **se** faut **entr'aider** ; c'est la loi de nature »
> (LA FONTAINE, Fables.)

Au contraire, le *Petit Epicier de Montrouge*, parlant de son gendre, devait dire, sans inversion :

> Quand on trouve un garçon pareil, il faut qu'on l'aide,
> (François COPPÉE, les Humbles.)

car « il le faut aider » eût été d'un épicier considérable, licencié es lettres pour le moins, et je ne sais si Potin lui-même...

Laissez-moi vous dire, à ce propos, que l'art inimitable de François Coppée dans ses récits familiers, réalistes et modernes, vient précisément de cette exacte convenance de style, dont je parlais tout a l'heure. A la moindre inversion — comme aussi à la moindre introduction d'un mot étranger au vocabulaire le plus usuel et le plus simple — tout le charme serait rompu. Eugène Manuel revendiquait, justement l'honneur d'avoir, avant Coppée, « cherché à saisir, dans les destinées des humbles et des petits, la poésie cachée ». Et si c'était sans amertume, ce n'était point sans mélancolie qu'il avait vu la gloire aller de préférence à son cadet. Mais aussi, comment l'aîné faisait-il, par exemple, dialoguer, à la terrasse d'un café du boulevard, un vieux poète bohème qui offre ses brochures, et des consommateurs qui les refusent ?

> — Ta longue litanie à la fin nous assomme.
> — Par charité, Messieurs, car je n'ai pas mangé.
> — On est **de mendiants tous les jours assiégé** !
> (Poésies populaires.)

Il n'en fallait pas davantage !

Manuel oubliait un peu, du reste, que, dans ce genre de poésie, Sainte-Beuve — sans parler de Victor Hugo, précurseur en tout, — avait fait des essais notoires. Mais, juste ciel ! dans quel style :

> Il tenait, comme on dit, un cabinet d'affaires ;
> **De finance et de droit il débrouillait les cas,**
> Et son conseil prudent disait les résultats.
> (Pensées d'Août.)

Vers 1850, tous les poètes de l'École du Bon Sens écrivent des comédies où les personnages vêtus de redingotes et coiffés de hauts-de-forme, conversent avec des inversions pareilles ; et c'est dans leur répertoire que Théophile Gautier prétendait avoir découvert cet alexandrin :

> De chemin, mon ami, va ton petit bonhomme !

Mais les Romantiques, avec moins d'excuse encore, puisque la pratique de l'enjambement leur permettait de ne point contourner la phrase, n'échappèrent pas toujours aux inversions les plus fâcheuses. Victor Hugo lui-même, dans la *Légende des Siècles*, écrit :

> Une pierre servait **à ce voleur de banc** ;

et ce « voleur de banc » n'a rien à reprocher au « mangeur de porte » du classique M. Viennet, dans sa tragédie d'*Arbogaste* :

> Mon père, en ma prison, seul **à manger m'apporte**.

Cela n'empêche point d'être superbe l'inversion de Corneille dans Rodogune :

> **Tombe sur moi le ciel**, pourvu que je me venge !

ni celle de Baudelaire d'être délicieuse, quand il nous montre sa Malabaraise :

> L'œil pensif, et suivant dans nos sales brouillards,
> **Des cocotiers absents les fantômes épars.**
> (Les Fleurs du Mal.)

Tout le vague et le lointain du rêve est dans ce mot « épars » amené, par l'inversion, à la rime, et il n'en serait plus rien resté si le poète, suivant l'ordre grammatical, avait dit :

> Les fantômes épars des cocotiers absents.

Il y a donc, sans parler des indifférentes, de bonnes et de mauvaises inversions ; et c'est, en fin de compte, au goût du poète à les discerner.

3. Licences de Grammaire

Je n'en vois guère qu'une à maintenir en poésie, où elle a enfanté d'admirables vers, de rapides et heureuses formules que, pour rien au monde, on ne voudrait ramener à la correction rigoureuse. Je veux parler de l'*ellipse*, ou retranchement d'un ou de plusieurs mots qui seraient nécessaires pour la régularité de la construction.

> Son devoir m'a trahi, mon malheur et son père...
> (Corneille, le Cid.)

pour : « son devoir, mon malheur et son père m'ont trahi ».

> Je t'aimais inconstant, qu'aurais-je fait fidèle !
> (Racine, Andromaque.)

pour : « à plus forte raison, qu'aurais-je fait si tu avais été fidèle ! » Le raccourci est merveilleux de puissance et de clarté.

Connaissez-vous cette ellipse de Victor Hugo, dans le poème de la *Légende des Siècles* intitulé *En Grèce* ?

> Tu prêteras l'oreille à de sauvages voix,
> Et tu te pencheras sur des échos sublimes :
> Car c'est l'altier pays des gouffres et des cimes,
> Belle, et le cœur de l'homme y devient oublieux
> De tout ce qui n'est pas l'aurore et les hauts lieux.
> Et tu seras bien là, toi radieuse et fière :
> **Tu seras à mon ombre, et moi, dans ta lumière.**

Pour : « et moi je serai dans ta lumière » — mais combien la licence est plus belle ! Victor Hugo semble ici s'être souvenu d'une ellipse toute pareille, au dernier vers d'un sonnet de Ronsard qui traite, d'ailleurs, un thème analogue, une invitation à la solitude et à l'amour :

> Laisse ces honneurs pleins d'un soin ambitieux ;
> Tu ne verras aux champs que nymphes et que dieux,
> **Je serai ton Orphée et toi mon Eurydice.**

4. Des Mots nobles et de la Périphrase

L'emploi de certains mots « nobles » — corroboré par l'exclusion de certains mots dits « vulgaires » — et l'usage de la périphrase au lieu du mot propre, étaient naguère une des élégances les plus recommandées par les « législateurs du Parnasse ».

Pour les mots « nobles », on dressait, sur deux colonnes, des listes comme celle qui, dans Quicherat, commence ainsi :

— *Au lieu de* : cheval, — *on dit* : coursier ;
— *Au lieu de* : colère, — *on dit* : courroux ;
— *Au lieu de* : crime, — *on dit* : forfait ;
— *Au lieu de* : hommes, — *on dit* : mortels, etc...

et je vous épargne l'*hymen*, l'*esquif*, le *nautonier*, et toute la liste des « mots poétiques » à l'emploi desquels on reconnaît d'abord, maintenant, les mauvais poètes. On est fâché aussi, du reste, de les rencontrer quelquefois chez les bons, dont ils démodent certaines pages, notamment chez Lamartine, de qui le style « de transition » n'a pas encore complètement rejeté le vocabulaire ou la phraséologie des dernières années du XVIIIe siècle et de l'époque pseudo-classique de l'Empire. Bien entendu, tous ces mots ne sont choquants que chez les poètes modernes, et parce qu'ils ne répondent plus à une certaine conception de la langue, de la versification et de la poésie qui les faisait beaux dans les œuvres anciennes, où ils étaient en harmonie avec le goût du temps et le ton général de l'œuvre.

Que Racine mette ce vers dans la bouche d'Hermione :

Je m'en vais seule au temple où leur **hymen** s'apprête,
(Andromaque.)

Ou qu'André Chénier dise de la *Jeune Tarentine* :

> Là, l'**hymen**, les chansons, les flûtes, lentement
> Devaient la reconduire au seuil de son amant,

rien de plus naturel, rien de plus légitime. Mais que, en 1853, François Ponsard fasse dire — sans un sourire de « blague » — à une jeune fille du second Empire, parlant de son cœur :

> En est-il un plus doux, plus innocent emploi,
> Que l'amour dans l'**hymen**, le roman dans la loi ?
> (L'Honneur et l'Argent.)

voilà qui est fort ridicule.

Est-ce à dire que tout soit absurde dans ces distinctions, et que malgré la fameuse déclaration de Victor Hugo :

> J'ai mis un bonnet rouge au vieux dictionnaire…
> Plus de mot sénateur, plus de mot roturier !…
> (Les Contemplations.)

il ne reste pas, même après lui, même chez lui, quelque trace d'aristocratie sur certains mots du lexique ? Si, vraiment. Et quoiqu'il ait dit, quelques vers plus loin :

> J'ai nommé le cochon par son nom. Pourquoi pas ?

le poète de la *Légende des Siècles*, ayant à parler de cet animal *dans une page épique*, — à raconter comment le sultan Mourad fut sauvé par Dieu, malgré ses crimes, pour avoir, un jour de pitié, chassé les mouches des blessures d'un cochon à l'agonie — n'appelle pas une seule fois de ce nom ce « porc fétide », cette « bête lépreuse », cet « être difforme », et surtout n'ose pas dire à la fin :

> Le cochon misérable et Dieu se regardèrent,

mais bien, trouvant encore un autre synonyme :

> Le **pourceau** misérable et Dieu se regardèrent,

Vous voyez donc que le goût, que le sentiment des convenances a le devoir d'intervenir quelquefois, et que certains mots restent encore assez roturiers pour ne point pouvoir se montrer en toutes compagnies. Mais il n'en est pas moins vrai que Victor Hugo a fait, comme il s'en vante, « souffler un vent révolutionnaire » et conféré à tous les mots le droit à la poésie, renouant en cela une vieille tradition française, celle de Régnier, de La Fontaine, de Corneille, et ne dissipant que quelques préjugés peu vénérables, car ils ne remontaient pas au delà d'une centaine d'années.

Mais pendant ces cent années, quelle avait été leur force ! Le poète F. de Rosset, dont le célèbre poème de l'*Agriculture* est encore recherché… pour les belles estampes qui l'ornent, ayant à nous dire la généalogie du mulet, ne pouvait guère éviter de nommer l'âne, cet animal vulgaire entre tous. Il y arriva pourtant, et de quelle façon ingénieuse et galante !

> Le mulet se prévaut d'une jument pour mère ;
> **Son orgueil rougirait si je nommais son père.**

Ah ! cette rougeur de l'orgueil du mulet !… — Mais tous les poètes n'étaient point capables de telles délicatesses, et, en général, ils s'en tiraient, plus simplement, au moyen de périphrases, composées, bien entendu, de termes d'autant plus nobles que le mot propre l'était peu. Aux environs de 1810, le mot « sucre » paraissait, en vers, d'une telle indécence, que l'abbé Delille, dans ses *Trois Règnes de la Nature*, n'hésitait pas à le qualifier pudiquement ainsi :

> … Le miel américain
> Que du suc des roseaux exprima l'Africain,

puisque la canne à sucre était cultivée, aux Antilles, par des noirs !

Je pourrais vous citer mille autres exemples, mais je ne veux plus que contribuer, dans la mesure de mes forces, à faire passer à la postérité la plus lointaine, les vers qui suivent, du même ouvrage :

> Ne croyez pas non plus que constamment suivie
> La chaîne de l'hymen donne seule la vie :
> Plusieurs en sont exempts ; libre d'un nœud si doux
> Le puceron n'a point d'épouse ni d'époux,
> Et, de son chaste lit dérobant le mystère,
> Sans connaître l'hymen a le droit d'être mère.
> Que dis-je ? rassemblant deux organes féconds,
> Des deux sexes divers cet autre unit les dons...

« Cet autre !! » Quel peut bien être cet autre qui, au-dessous du puceron dans la hiérarchie nobiliaire, ne peut décidément pas être désigné, même par une périphrase ? — Les lecteurs anxieux qui, en 1810, voulaient le savoir, n'avaient qu'à se reporter aux notes de la page 264, à la fin du volume, et ils apprenaient là que c'était l'escargot ou la limace. Puis, rassurés, ils revenaient au poème et reprenaient :

> Et, doublement heureux des pouvoirs qu'il rassemble,
> Est père, mère, épouse et mari tout ensemble !!!

Hélas ! en 1823, dans *Dolorida*, Alfred de Vigny lui-même ne désignait-il pas ainsi la chemise ;

> ... Ce voile incertain
> Le premier que revêt le **pudique** matin,

Et je ne dis pas tout : il y a deux vers de plus pour achever de désigner clairement « ce voile ».

Il semble donc que la périphrase doive être définitivement rayée du nombre des « licences » permises, tout comme l'emploi systématique des mots nobles. Oui, certes, mais avec quelques exceptions possibles, cependant. La périphrase de Delille pour éviter de dire « le baromètre » est ridicule :

> Des beaux jours, de l'orage exact indicateur,
> Le mercure captif ressent sa pesanteur.
> (Les Trois Règnes.)

Mais on a, bien à tort, reproché à Sully Prudhomme d'avoir qualifié ainsi le même objet :

> … L'échelle où se mesure
> L'audace du voyage au déclin du mercure.

Ces deux vers qui, détachés, sont fâcheux en effet, replacez-les dans leur contexte, dans une des strophes de l'ode aux victimes de l'ascension du ballon *le Zénith*, ode écrite en un style que le poète a voulu philosophique, lucrétien, un peu abstrait et archaïque, pour mieux se placer hors du siècle, dans la région des symboles éternels, et vous verrez que la périphrase, qui n'en est presque plus une, qui définit moins un objet qu'elle ne *montre une action*, est en parfaite harmonie avec la beauté du poème :

> Ils montent ! le ballon, qui pour nous diminue,
> Fait pour eux s'effacer les contours de la nue,
> S'abîmer la campagne, et l'horizon surgir
> Grandissant… comme on voit, sur une mer bien lisse
> Que du bout de son aile une mouette plisse,
> Autour d'un point troublé les rides s'élargir…
>
> Ils montent, épiant l'échelle où se mesure
> L'audace du voyage au déclin du mercure,
> Par la fuite du lest au ciel précipités ;
> Et cette cendre éparse, un moment radieuse,
> Retourne se mêler à la poudre odieuse
> De nos chemins étroits que leurs pieds ont quittés.

Ici, c'est le mot *technique*, « baromètre », qui eût détruit l'harmonie, rompu le charme.

Un dernier exemple, pour vous montrer, en vous faisant lire une page extraordinaire, comment le plus libre génie, ayant à conformer son style à une certaine hauteur de conception du sujet, peut être ramené au *mot noble* et à la *périphrase* elle-même, incité à dire l'*azur*, et le *firmament* pour le ciel, les *vivants* pour les *hommes*, et à employer au lieu d'un seul mot : *cimetière*, une circonlocution qui emplit presque deux alexandrins, mais qui est cent fois plus évocatrice que le mot propre n'aurait pu l'être.

Victor Hugo nous parle de Halley, qui, pour avoir prédit le retour, à date fixe, de la comète par lui découverte, fut raillé, hué, poursuivi, traité de fou et qui, mort sous l'insulte, fut enterré dans un coin de cimetière de campagne, où disparut jusqu'à la trace de sa tombe :

> Ce jouet des *vivants* tomba dans l'ouverture
> De l'inconnu, silence, ombre, où s'épanouit
> La grande paix sinistre éparse dans la nuit ;
> Et l'herbe, ce linceul, l'oubli, ce crépuscule,
> Eurent vite effacé ce tombeau ridicule.
> L'oubli, c'est la fin morne ; on oublia le nom,
> L'homme, tout : ce rêveur digne du cabanon,
> Ces calculs poursuivant dans leur vagabondage
> Des astres qui n'ont point d'orbite et n'ont point d'âge,
> Ces soleils à travers les chiffres aperçus ;
> Et la ronce se mit à pousser là-dessus.
>
> Un nom, c'est un haillon que les hommes lacèrent,
> Et cela se disperse au vent.
>   Trente ans passèrent.

On vivait. Que faisait la foule ? — Est-ce qu'on sait ?
Et depuis bien longtemps personne ne pensait
Au pauvre vieux rêveur enseveli sous l'herbe.
— Soudain, un soir, on vit la nuit noire et superbe,
A l'heure où sous le grand suaire tout se tait,
Blêmir confusément, puis blanchir, et c'était
Dans l'année annoncée et prédite, et la cime
Des monts eut un reflet étrange de l'abîme
Comme lorsqu'un flambeau rôde derrière un mur,
Et la blancheur devint lumière, et dans **l'azur**
La clarté devint pourpre, et l'on vit poindre, éclore,
Et croître on ne sait quelle inexprimable aurore,
Qui se mit à monter dans le haut firmament
Par degrés et sans hâte et formidablement ;
Les herbes des lieux noirs que les vivants vénèrent
Et sous lesquelles sont les tombeaux, frissonnèrent ;
Et soudain, comme un spectre entre en une maison,
Apparut, par-dessus le farouche horizon,
Une flamme emplissant des millions de lieues,
Monstrueuse lueur des immensités bleues,
Splendide au fond du ciel brusquement éclairci ;
Et l'astre effrayant dit aux hommes : « Me voici ! »

Et ce morceau peut servir de conclusion, et de modèle, ce me semble, non seulement à ce que je viens de dire sur l'emploi des termes nobles et de la périphrase, mais à tout ce que j'ai dit sur le pouvoir des mots, sur l'harmonie imitative, sur la magie de la suggestion, sur tout ce que nous savons, jusqu'à présent, de l'art des vers.

XIV
Des Strophes

Quand un poème n'est constitué ni par une série de vers à rimes suivies, croisées ou mêlées, mais toujours égaux entre eux et non limités quant à leur nombre (*Le Cid, Tartuffe, les Satires* de Boileau, *Jocelyn, Aymerillot, Rolla*...), ni par une série non limitée de vers inégaux à rimes mêlées (les vers libres de *Psyché*, d'*Amphitryon*, des *Fables*), il prend le nom d'*ode*, mot qui signifie *chant*, et dont la caractéristique est d'avoir pour unité rythmique non plus le vers, mais la *strophe* ou *stance*, composée d'un nombre fixe de vers offrant toujours exactement la même disposition de rimes et de mètres.

Une strophe peut n'être que de deux vers ; elle peut être de douze. Au delà, il est plus difficile à la mémoire de retenir le dessin d'une période rythmique et, par conséquent, de jouir de son retour, ce qui est le secret du pouvoir de l'ode. On devra donc, malgré quelques exemples de strophes plus longues, s'abstenir de les étendre davantage.

Les formes de strophes sont innombrables ; je ne sais si un volume suffirait à les montrer toutes ; je me contenterai donc de donner ici les types des combinaisons les plus usitées, en présentant toujours, pour chaque nombre de vers, une strophe *isométrique*, c'est-à-dire composée de vers d'égale longueur, et une ou plusieurs strophes *hétérométriques*, c'est-à-dire composées de vers de longueurs différentes. Et pour une connaissance plus complète des ressources offertes par les innombrables combinaisons de rythmes réguliers, je renverrai à l'étude de quatre poètes, en dehors desquels il n'y a pas beaucoup de formules strophiques à découvrir.

C'est d'abord Ronsard, le plus fécond créateur de rythmes de notre poésie. Toutes les sortes de stances qu'il a créées, notamment pour ses grandes odes pindariques, n'étaient pas viables; mais presque toutes celles que nous employons, parmi les strophes courtes en vers courts, sont déjà dans son œuvre.

Le second, c'est Corneille, un peu méconnu comme créateur de stances et qui, pourtant, après Ronsard, est celui qui en a inventé le plus grand nombre lorsqu'il a écrit ce livre qu'on ne saurait trop lire et relire à ce point de vue — et aussi pour apprendre à mettre, dans peu de mots, beaucoup de pensées : *l'Imitation de Jésus-Christ traduite et paraphrasée en vers français*.

C'est, bien entendu, un livre de volonté plus que d'inspiration spontanée; mais on devine comment le poète a été amené à y construire beaucoup de strophes nouvelles : au commencement de chaque chapitre, en s'appliquant à interpréter le texte latin, il accueillait la première combinaison de mètres et de rimes, connue ou inconnue, qui se présentait pour le traduire avec le plus d'exactitude et d'aisance possible; et une fois la première strophe trouvée, le poète rédigeait la suite du chapitre en strophes pareilles. Quelques-unes de ces formes de stances n'ont pas été reprises et mériteraient de l'être : il y a là un trésor d'inventions strophiques.

Le troisième poète à étudier, c'est Victor Hugo, non qu'il ait inventé beaucoup d'espèces de strophes, — il en a très peu inventé, au contraire, — mais parce que son œuvre est le répertoire de presque toutes les espèces de strophes employées depuis Ronsard jusqu'à lui — par Malherbe, par Racan, par Jean-Baptiste Rousseau, par André Chénier ; — et parce qu'il les a toutes merveilleusement assouplies. C'est surtout le répertoire des rythmes larges de l'ode.

Pour l'étude des rythmes brefs et légers, on feuillettera enfin l'œuvre de Théodore de Banville, qui a relevé, non seulement toutes les formules heureuses des odelettes de Ronsard et de son école, mais aussi les modèles de ce que nous étudierons plus loin : les petits poèmes à forme fixe de Charles d'Orléans, de François Villon, de Clément Marot.

On trouvera quelques autres formes de stances en dehors de ces quatre poètes, mais on en trouvera peu. On en pourra même inventer d'autres encore, mais il y a prudence à s'en tenir aux rythmes, si nombreux déjà, et que leur admirable équilibre a fait prévaloir, qui se rencontrent dans les œuvres susdites.

Strophe de deux vers.

La strophe de deux vers est à rimes plates. Pour qu'elle constitue vraiment une unité rythmique, pour qu'elle ne soit pas un pur trompe-l'œil uniquement dû à la disposition typographique, il faut qu'il y ait, de deux vers en deux vers, un arrêt notable du sens, au moins le plus souvent.

Rien n'est plus parfait, dans ce rythme, que le *Colloque sentimental* de Paul Verlaine. Nous donnerons donc en entier ce court chef-d'œuvre :

> Dans le vieux parc solitaire et glacé,
> Deux formes ont tout à l'heure passé.
>
> Leurs yeux sont morts et leurs lèvres sont molles,
> Et l'on entend à peine leurs paroles.
>
> Dans le vieux parc solitaire et glacé
> Deux spectres ont évoqué le passé.
>
> — Te souvient-il de notre extase ancienne ?
> — Pourquoi voulez-vous donc qu'il m'en souvienne ?
>
> — Ton cœur bat-il toujours à mon seul nom ?
> Toujours vois-tu mon âme en rêve ? — Non.
>
> — Ah ! les beaux jours de bonheur indicible
> Où nous joignions nos bouches ? — C'est possible.
>
> — Qu'il était bleu, le ciel, et grand l'espoir !
> — L'espoir a fui, vaincu, vers le ciel noir.
>
> Tels ils marchaient dans les avoines folles,
> Et la nuit seule entendit leurs paroles.
>   (Fêtes Galantes.)

On lira aussi l'admirable *Rêve intermittent d'une Nuit triste*, par Marceline Desbordes-Valmore, dont j'ai cité un fragment lorsque j'ai parlé du vers de onze syllabes. Théodore de Banville a écrit, sur la mort d'*Amédine Luther*, un chant funèbre en strophes de deux vers *hétérométriques*, mais où les distiques se relient par trop souvent entre eux, et où la succession du vers de dix syllabes et du vers de sept n'est guère plaisante à l'oreille :

> Elle était rieuse, elle était vermeille,
> Plus légère que l'abeille !
>
> Ses cheveux tombaient en flots triomphants,
> Blonds comme ceux des enfants,
>
> Et resplendissaient, fiers de leur finesse,
> Sur ce front pur de Déesse.
> (Les Exilés.)

Strophe de trois vers.

Cette strophe, appelée aussi le *ternaire*, doit être également sur une seule rime et arrêter le sens au troisième vers. Voici deux exemples tirés de Brizeux, l'un de ternaire isométrique, l'autre de ternaire hétérométrique :

> Pour avoir rang parmi les sages,
> Tout homme, durant ses trois âges
> Doit faire ici-bas trois voyages.
>
> Parcourir la terre et les mers,
> S'imprégner de climats divers,
> Sied aux jours florissants et verts.
>
> Pour les jours virils, l'âme humaine
> Ouvre son immense domaine
> Où l'esprit entre et se promène.
>
> Puis, on va calme au dernier jour ;
> Mais jeune ou vieux, le seul séjour
> C'est le royaume de l'Amour.
> (La Fleur d'Or.)

> Il est un céleste trésor
> Que tout barde pieux dans son cœur porte encor,
> Voilé comme en un vase d'or.
>
> Bons et pervers, assez, jetés dans la tourmente,
> S'agitent, foule qui fermente,
> Semant et tour à tour récoltant l'épouvante.
>
> Bien loin des troublantes cités,
> Lui, sous l'ombre des bois, au pays des beautés
> Il mène ses divinités.
> (Histoires poétiques.)

Il est une autre strophe de trois vers, la *terzine* ou *terza-rima*, mais qui, loin d'être une unité rythmique, n'existe que dans sa dépendance avec les strophes qui l'encadrent. Nous l'étudierons au chapitre des poèmes à forme fixe.

Strophe de quatre vers.

Elle est formée presque toujours de vers à rimes croisées ou embrassées, rarement de vers à rimes plates.

Avec des rimes croisées :

> O nuit, ô douce nuit d'été qui sur les mers
> Alanguis le sanglot des houles convulsées,
> Tu dis aux isolés de n'être pas amers,
> Et la paix de ton ciel descend dans leurs pensées.
> (Paul BOURGET, les Aveux.)

Un soir, t'en souvient-il ? nous voguions en silence ;
On n'entendait au loin, sur l'onde et sous les cieux,
Que le bruit des rameurs qui frappaient en cadence
    Tes flots harmonieux.
        (LAMARTINE, Premières Méditations.)

    Je porte en moi l'âme du monde,
Du monde entier, du riche et mobile univers,
    Ame agitée, âme féconde
Où des printemps hardis chassent les durs hivers !
        (Georges LAFENESTRE, Idylles et Chansons.)

Avec des rimes embrassées :

    O prince aux sandales d'or,
      Hymen, Hyménée !
    Reçois la vierge amenée
      Qui te craint encor.

    La beauté qui brille en elle
      Sied à ton dessein :
    Hymen, tire de son sein
      La vie éternelle !
        (Anatole FRANCE, les Noces corinthiennes.)

    Sous un nuage frais de claire mousseline,
      Tous les dimanches au matin
    Tu venais à la ville en manchy de rotin,
      Par les rampes de la colline.
        (LECONTE DE LISLE, Poèmes barbares.)

L'esprit calme des dieux habite dans les plantes.
Heureux est le grand arbre aux feuillages épais ;
Dans son corps large et sain la sève coule en paix,
Mais le sang se consume en nos veines brûlantes.
        (Victor DE LAPRADE, Odes et Poèmes.)

Avec des rimes plates :

> Église ! église, ouvrez vos portes
> Et vos chaînes douces et fortes
> Aux élancements de mon cœur
> Qui frappe à la grille du chœur.
>
> Ouvrez ! je ne suis plus suivie
> Que par moi-même et par la vie
> Qui fait chanceler sous son poids
> Mon âme et mon corps à la fois.
> (DESBORDES-VALMORE, Poésies posthumes.)

Strophe de cinq vers.

Elle se construit sur deux rimes, diversement combinées :

> Je suis l'enfant de l'air, un sylphe, moins qu'un rêve,
> Fils du printemps qui naît, du matin qui se lève,
> L'hôte du clair foyer, durant les nuits d'hiver,
> L'esprit que la lumière à la rosée enlève,
> Diaphane habitant de l'invisible éther.
> (HUGO, Odes et Ballades.)

> Seul, et la cime bercée,
> Un jeune et haut peuplier
> Dresse sa flèche élancée,
> Comme une haute pensée
> Qui s'isole pour prier.
> (LAMARTINE, Recueillements poétiques.)

Tant qu'a duré leur vie ils semblaient quelque chose,
Il semble après leur mort qu'ils n'ont jamais été :
Leur mémoire avec eux sous leur tombe est enclose ;
  Avec eux y repose
  Toute leur vanité.
    (Corneille, l'Imitation de J.-C.)

Strophe de six vers.

Elle se construit d'ordinaire sur trois rimes :

 Le rossignol n'est pas un froid et vain artiste
 Qui s'écoute chanter d'une oreille égoïste,
 Émerveillé du timbre et de l'ampleur des sons :
 Virtuose d'amour, pour charmer sa couveuse,
 Sur le nid restant seule, immobile et rêveuse,
 Il jette à plein gosier la fleur de ses chansons.
   (André Lemoine, les Charmeuses.)

 Leurs âmes se parlaient sous les vagues rumeurs.
 « Que fais-tu ! » disait-elle. Et lui disait : « Tu meurs ;
  Il faut bien aussi que je meure ! »
 Et, les bras enlacés, doux couple frissonnant,
 Ils se sont en allés dans l'ombre ; et, maintenant,
  On entend le fleuve qui pleure.
   (Hugo, les Contemplations.)

  Toits superbes ! froids monuments
  Linceul d'or sur des ossements !
   Ci-gît Venise.
  Là mon pauvre cœur est resté.
  S'il doit m'en être rapporté,
   Dieu le conduise !
   (Alfred de Musset, Poésies nouvelles.)

Alfred de Musset a créé une strophe de six vers écrite sur deux rimes seulement, où les trois vers masculins et les trois féminins se mêlent de diverses façons, au lieu de garder une place fixe dans toutes les strophes. La seule formule que le poète ait rejetée avec raison — ne l'ayant employée qu'une seule fois, dans une strophe de *Namouna*, et ne l'ayant pas trouvée heureuse — est celle où les trois rimes féminines ou les trois masculines se trouveraient à la suite l'une de l'autre. Toute la grâce de ce rythme, en effet, est dans le capricieux entrelacement des deux sortes de rimes. Il convient surtout à la fantaisie, au récit familier, à la causerie digressive dont *Namouna* est justement, avec *Une bonne fortune* et *Mardoché*, le brillant et dangereux modèle. Alfred de Musset a su pourtant élever cette strophe jusqu'au plus noble lyrisme de l'Élégie dans les Stances à la Malibran :

> O Maria-Félicia ! le peintre et le poète
> Laissent en expirant d'immortels héritiers ;
> Jamais l'affreuse nuit ne les prend tout entiers.
> A défaut d'action, leur grande âme inquiète
> De la mort et du temps entreprend la conquête,
> Et, frappés dans la lutte, ils tombent en guerriers…

> Comme dans une lampe une flamme fidèle,
> Au fond du Parthénon le marbre inhabité
> Garde de Phidias la mémoire éternelle,
> Et la jeune Vénus, fille de Praxitèle,
> Sourit encor, debout dans sa divinité,
> Aux siècles impuissants qu'a vaincus sa beauté.

> Recevant d'âge en âge une nouvelle vie,
> Ainsi s'en vont à Dieu les gloires d'autrefois ;
> Ainsi le vaste écho de la voix du génie
> Devient du genre humain l'universelle voix…

Et de toi, morte hier, de toi, pauvre Marie,
Au fond d'une chapelle il nous reste une croix !
(Poésies nouvelles.)

Ce rythme sans contours précis convenait à merveille au génie négligent d'Alfred de Musset, dont il est comme le vêtement naturel ; mais, dès qu'il est employé par d'autres, la désinvolture en semble empruntée, pastichée, — la *Mélænis*, de Louis Bouilhet, en est une preuve frappante ; et je ne conseillerais à aucun poète de reprendre cette forme : elle n'est bien qu'où elle est, chez son inventeur.

Strophe de sept vers.

Cette strophe est peu employée. Elle comporte ordinairement trois rimes :

Qui, dans l'ombre vivante et l'aube sépulcrale,
Qui, dans l'horreur fatale et dans l'amour profond,
A tordu ta splendide et sinistre spirale,
Ciel, où les univers se font et se défont ?
Un double précipice à la fois les réclame.
« Immensité ! » dit l'être. « Éternité ! » dit l'âme ;
A jamais le sans fin roule dans le sans fond.
(HUGO, les Contemplations.)

On fait, d'ordinaire, honneur à Alfred de Vigny d'avoir créé la formule qui précède. Non ; mais il l'a appliquée à quelques-uns des plus beaux poèmes de son œuvre posthume : la *Maison du Berger*, la *Bouteille à la Mer*, l'*Esprit Pur*. C'est là qu'il faut l'étudier, car Victor Hugo, qui l'a inventée, ne l'a employée qu'une fois, et encore en alternance avec une autre formule, dans le poème *Magnitudo Parvi*, d'où j'ai tiré mon exemple.

C'est donc d'Alfred de Vigny qu'on apprendra le beau secret de cette strophe, qui est de ne pas achever complètement le sens à la fin du quatrième vers, de peur que l'esprit et l'oreille n'aient ici la sensation d'une fin, mais, au contraire, de suspendre suffisamment le sens à cette place pour qu'ils poursuivent au delà, jusqu'au septième vers, la conclusion strophique. Ou si, quelquefois, — le moins souvent possible, — l'idée et la phrase sont complètes au bout des quatre premiers vers, le mouvement et la pensée des trois vers qui suivent devront en être, d'une façon si étroite, le prolongement et le corollaire, qu'on pourra les y relier par la diction même en ne laissant pas tout à fait retomber la voix au bout du quatrain ; et ainsi le septain gardera son unité psychique et son unité musicale ; il formera quand même un tout, comme il est nécessaire pour que sa vertu spéciale apparaisse. Tel est le cas dans la dernière des quatre strophes que je vais citer à l'appui des précédentes explications :

> Viens donc ! le ciel pour moi n'est plus qu'une auréole
> Qui t'entoure d'azur, t'éclaire et te défend ;
> La montagne est ton temple et le bois sa coupole,
> L'oiseau n'est sur la fleur balancé par le vent,
> Et la fleur ne parfume et l'oiseau ne soupire
> Que pour mieux enchanter l'air que ton sein respire ;
> La terre est le tapis de tes beaux pieds d'enfant.
>
> Eva, j'aimerai tout dans les choses créées,
> Je les contemplerai dans ton regard rêveur
> Qui partout répandra ses flammes colorées,
> Son repos gracieux, sa magique saveur ;

Sur mon cœur déchiré viens poser ta main pure,
Ne me laisse jamais seul avec la nature,
Car je la connais trop pour n'en pas avoir peur.

Elle me dit : « Je suis l'impassible théâtre
Que ne peut remuer le pied de ses acteurs :
Mes marches d'émeraude et mes parvis d'albâtre,
Mes colonnes de marbre ont les dieux pour sculpteurs ;
Je n'entends ni vos cris ni vos soupirs ; à peine
Je sens passer sur moi la comédie humaine
Qui cherche en vain au ciel ses muets spectateurs.

Je roule avec dédain, sans voir et sans entendre,
A côté des fourmis les populations ;
Je ne distingue pas leur terrier de leur cendre,
J'ignore en les portant les noms des nations.
On me dit une mère et je suis une tombe,
Mon hiver prend vos morts comme son hécatombe.
Mon printemps ne sent pas vos adorations. »
      (Alfred DE VIGNY, les Destinées.)

On peut trouver, pour la strophe de sept vers d'autres dispositions de rimes, celles-ci, par exemple :

  Plieuse, va doucement !
  Que j'aie encore un moment
  Mon blondin au front charmant.
  Voilà de la toile fine ;
  Fais-lui son nid bien douillet,
  Afin que, s'il s'éveillait,
  Il se crût sur ma poitrine.
     (François FABIÉ, Vers la maison.)

> Aimons-nous et dormons,
> Sans songer au reste du monde !
> Ni le flot de la mer ni l'ouragan des monts,
> Tant que nous nous aimons
> Ne courbera ta tête blonde,
> Car l'amour est plus fort
> Que les Dieux et la mort !
> (Théodore DE BANVILLE, Odelettes.)

Strophe de huit vers.

Ce qu'il faut éviter ici, c'est que la strophe ne semble un simple assemblage de deux quatrains arbitrairement rapprochés, ce qui a lieu quand elle est écrite sur quatre rimes, ou croisées ou embrassées deux par deux, et que le sens est notablement suspendu au quatrième vers. Tel est le défaut de cette strophe de Ronsard :

> Adieu, fameux rivages
> De bel émail couverts
> Et vous, antres sauvages,
> Délices de mes vers;
> Et vous, riches campagnes
> Où presque enfant je vy
> Les neuf muses compagnes
> M'enseigner à l'envy.
> (Odes.)

L'inconvénient est moindre dans les chansons construites de même, mais où le retour du refrain marque fortement l'unité strophique. Et il n'y a plus de doute possible sur l'unité de la strophe dès qu'elle est fondée sur trois rimes seulement :

En tes veines, de toutes parts,
Bourguignonne aux tresses dorées,
Le sang des Bacchantes sacrées
Bouillonne dans ton sang épars,
Et tu tiens tes idolâtries
De ces guerrières des féeries
Qui conduisent les léopards
Avec des guirlandes fleuries.
(Théodore DE BANVILLE, Odelettes.)

Deux exemples de strophes hétérométriques :

Comme un vain rêve du matin,
Un parfum vague, un bruit lointain,
C'est je ne sais quoi d'incertain
    Que cet empire ;
Lieux qu'à peine vient éclairer
Un jour qui, sans rien colorer,
A chaque instant, près d'expirer
    Jamais n'expire.
(Casimir DELAVIGNE, Derniers Chants.)

Mais il suffit que l'arrêt principal du sens ne soit point au quatrième vers :

Que le sort, quel qu'il soit, vous trouve toujours grande !
    Que demain soit doux comme hier !
Qu'en vous, ô ma beauté, jamais ne se répande
    Le découragement amer,
Ni le fiel, ni l'ennui des cœurs qui se dénouent,
Ni cette cendre, hélas ! que sur un front pâli,
    Dans l'ombre, à petit bruit secouent
    Les froides ailes de l'oubli !
(HUGO, les Contemplations.)

Strophe de neuf vers.

C'est une des moins employées, bien qu'elle soit susceptible de combinaisons nombreuses :

> O valse amoureuse et souple,
> Ta voix berce l'heureux couple
> Comme un chant du temps passé.
> O valse, ta voix est triste,
> Un sanglot sourd y persiste,
> Un écho du Nord glacé ;
> On dirait Mignon qui rêve
> Au bleu pays où se lève
> Un soleil jamais lassé...
>   (André THEURIET, le Livre de la Payse.)

> Chose étrange que l'homme accessible à la joie,
> Au milieu des malheurs dont il est enfermé,
> Quelque exilé qu'il soit, quelques périls qu'il voie,
> Par de fausses douceurs aime à se voir charmé !
> Ah ! s'il peut consentir qu'une telle allégresse
>   Tienne ses sens épanouis,
> Il n'en voit pas la suite, et sa propre faiblesse,
>   Qu'il reçoit pour maîtresse,
> Dérobe sa misère à ses yeux éblouis.
>   (CORNEILLE, l'Imitation de J.-C.)

> Mon saint amour ! mon cher devoir !
> Si Dieu m'accordait de te voir,
> Ton logis fût-il pauvre et noir,
> Trop tendre pour être peureuse,
> Emportant ma chaîne amoureuse,
> Sais-tu bien qui serait heureuse ?
> C'est moi. Pardonnant aux méchants,
> Vois-tu ! les mille oiseaux des champs
> N'auraient mes ailes ni mes chants !
> (DESBORDES-VALMORE, Bouquets et Prières.)

Strophe de dix vers.

Voici d'abord la formule la plus glorieusement consacrée par des odes célèbres, depuis Malherbe, son inventeur, jusqu'à Victor Hugo et Lamartine. Écrite en vers de huit syllabes, ample et légère à la fois, elle semble la strophe par excellence de l'enthousiasme lyrique :

> Sombres aboyeurs des ténèbres,
> Abîmes, que me voulez-vous ?
> Que demandez-vous, nuits funèbres ?
> Pourquoi soufflez-vous, vents jaloux ?
> Pourquoi, mêlant brumes, nuées,
> Tourbillons, flots pleins de huées,
> Multiplier autour de moi,
> Devant mes prunelles obscures,
> Dans toutes ces vagues figures
> Les attitudes de l'effroi ?

> Je suis une âme; ombres farouches,
> Je vous échappe; mon flambeau
> Ne peut être éteint par vos bouches,
> Gouffres de l'énorme tombeau!
> Je ne vous dois rien que ma cendre,
> Que ma chair qui doit redescendre,
> Vaine argile qui dure peu,
> Poussière d'où l'esprit s'élance.
> Je vous la donnerai. Silence!
> Et laissez-moi songer à Dieu.
> (Hugo, Toute la Lyre.)

Quand elle est toute en alexandrins, cette strophe semble un peu lourde; mais elle se prête, au contraire, à de magnifiques formules, lorsqu'on y mélange les mètres :

> Mourir sans tirer ma raison!
> Rechercher un trépas si mortel à ma gloire!
> Endurer que l'Espagne impute à ma mémoire
> D'avoir mal soutenu l'honneur de ma maison!
> Respecter un amour dont mon âme égarée
>   Voit la perte assurée!
> N'écoutons plus ce penser suborneur.
>   Qui ne sert qu'à ma peine.
> Allons, mon bras, sauvons du moins l'honneur,
> Puisque après tout il faut perdre Chiméne.
> (Corneille, le Cid)

> Il est beau de tomber victime
> Sous le regard vengeur de la postérité.
>   Dans l'holocauste magnanime
>   De sa vie à la vérité!
> L'échafaud pour le juste est le lit de sa gloire :

>   Il est beau d'y mourir au soleil de l'histoire,
>   Au milieu d'un peuple éperdu.
>   De léguer un remords à la foule insensée.
>   Et de lui dire en face une mâle pensée
>   Au prix de son sang répandu.
>   (Lamartine, Poésies politiques.)

La strophe de dix vers est, en somme, constituée par un quatrain suivi d'un sixain qui s'y relie, chacun ayant son système de rimes indépendant. Théodore de Banville déclare que, pour cette cause, elle n'est pas véritablement une strophe, c'est-à-dire un tout dont on ne puisse dissocier les parties. La querelle n'est pas sérieuse : qu'importe que cette forme magnifique soit faite de deux parties rapportées ? C'est l'unité de pensée et l'unité de mouvement qui lui donnent sa cohésion, sa splendeur et sa force.

Pour que les deux parties fussent *littéralement* indissociables, — ce qui, je le répète, n'importe point, — au lieu de ne l'être que moralement, il faudrait que le quatrain fût relié au sixain par la rime, qu'un même système de rimes enchevêtrât les dix vers. Cette condition est réalisée dans la strophe extraordinairement lyrique par laquelle, au début de la *Chute d'un ange*, de Lamartine, s'ouvre le *Chœur des Cèdres* du Liban :

>   Saint, saint, saint le Seigneur qu'adore la colline !
>   Derrière ces soleils, d'ici nous le voyons ;
>   Quand le souffle embaumé de la nuit nous incline,
>   Comme d'humbles roseaux sous sa main nous plions !
>   Mais pourquoi plions-nous ? C'est que nous le prions !
>   C'est qu'un intime instinct de la vertu divine
>   Fait frissonner nos troncs du dôme à la racine,
>   Comme un vent de courroux qui rougit leur narine

Et qui ronfle dans leur poitrine,
Fait ondoyer les crins sur les cous des lions!

Mais l'exemple est unique ; Lamartine n'a pas même fait deux strophes de ce modèle, et il a eu raison, car cette prouesse de virtuosité, plusieurs fois renouvelée, eût trahi l'effort du poète et émoussé l'émotion du lecteur.

Strophe de onze vers.

Prenez la strophe lyrique de dix vers dans sa forme la plus répandue, et triplez une seule des rimes du sixain, vous aurez la strophe de onze vers telle que Jean Richepin l'a plusieurs fois employée, mais qui n'est guère en usage, les poètes ayant, en général, quand ils n'emploient pas la formule de dix, préféré celle de douze, que nous verrons tout à l'heure, et où deux rimes du sixain sont triplées, pour plus de symétrie. Quoi qu'il en soit, voici une strophe isométrique de onze vers :

Qui dira la mer végétale ?
Algues, varechs et goémons,
Tout l'immense herbier qu'elle étale,
C'est ainsi que nous le nommons.
Trois mots pour le peuple sans nombre
Qui tapisse au fond de son ombre
Ses ravins, ses plaines, ses monts !
Trois pauvres mots pour cette flore
Multiforme et multicolore
Que sans-relâche fait éclore
L'éternel printemps des limons.
(Jean RICHEPIN, la Mer.)

Et voici une strophe hétérométrique :

> Fends la nue, et suscite un homme,
> Un homme palpitant de toi !
> Que son front rayonnant le nomme
> Aux regards qui cherchent ta foi !
> D'un autre Sinaï fais flamboyer la cime,
> Retrempe au feu du ciel la parole sublime,
> Ce glaive de l'esprit émoussé par le temps !
> De ce glaive vivant arme une main mortelle,
> Parais, descends, travaille, agite et renouvelle,
> Et ranime de l'œil et du vent de ton aile
> Tes derniers combattants !
> (LAMARTINE, Harmonies poétiques.)

Strophe de douze vers et au-dessus.

La forme la plus parfaite de la strophe de douze vers est celle que j'annonçais tout à l'heure, et qui est comme un allongement de la strophe classique de dix par le triplement de deux rimes de la seconde partie :

> Que n'ai-je un de ces fronts sublimes,
> David ! mon corps, fait pour souffrir,
> Du moins sous tes mains magnanimes
> Renaîtrait pour ne plus mourir !
> Du haut du temple et du théâtre,
> Colosse de bronze ou d'albâtre,
> Salué d'un peuple idolâtre,
> Je surgirais sur la cité,
> Comme un géant en sentinelle,
> Couvrant la ville de mon aile,

>Dans quelque attitude éternelle
>De génie et de majesté !
>>(Hugo, les Feuilles d'Automne)

Ce qui fait la beauté de ce rythme, c'est que le quatrain à rimes croisées qui commence la strophe met une espèce de prélude calme au crescendo des rimes triplées qui suivent, et interpose ainsi un élément de modération entre deux déchaînements lyriques. Ces rimes triplées ont aussi l'avantage de rendre bien sensible à l'oreille, et de bien fixer dans la mémoire un rythme que, vu sa longueur, on pourrait ne pas reconnaître de strophe en strophe, si ces points de repère, très insistants, n'existaient pas. Son inconvénient, c'est de souligner la virtuosité du poète avec une sorte d'indiscrétion, et de souligner quelquefois aussi, même chez Victor Hugo, les chevilles dont ce triple retour de la rime induit le poète à charger son thème. C'est pourquoi la strophe analogue de dix vers, qui est d'une aussi belle ordonnance de lignes, mais, pourrait-on dire, sans surcharge d'ornements, a servi de moule à beaucoup plus d'œuvres parfaites.

Il n'y a guère d'exemples heureux de strophes hétérométriques de douze vers. Le dessin n'en apparaît plus suffisamment. On a plutôt l'impression de vers libres que de stances régulières.

Le même inconvénient — celui de s'imposer mal à la mémoire auditive — existe, à plus forte raison, dans les rares exemples de strophes supérieures à douze vers.

Pourtant, dans le Chœur des Cèdres, de Lamartine, que nous avons déjà cité plus haut, on trouve *une* strophe de seize vers, isométrique il est vrai, d'une ordonnance parfaitement claire et à laquelle une même rime masculine, encadrant des rimes féminines diverses, mais d'abord doublées, puis triplées, puis quadruplées, donne une cohésion aussi complète que possible, — et un lyrisme véritablement prodigieux :

> Glissez, glissez, brises errantes,
> Changez en cordes murmurantes
> La feuille et la fibre des bois.
> Nous sommes l'instrument sonore
> Où le nom que la lune adore
> A tous moments meurt pour éclore
> Sous nos frémissantes parois.
> Venez, des nuits tièdes haleines ;
> Tombez du ciel, montez des plaines ;
> Dans nos branches, du grand nom pleines,
> Passez, repassez mille fois !
> Si vous cherchez qui le proclame,
> Laissez là l'éclair et la flamme,
> Laissez là la mer et la lame !
> Et nous, n'avons-nous pas une âme
> Dont chaque feuille est une voix ?
>
> (La Chute d'un Ange.)

Dans son ode *le Jeu de Paume*, inspirée par le fameux Serment du 20 janvier 1789, André Chénier emploie d'un bout à l'autre une strophe hétérométrique de dix-neuf vers (alexandrins, décasyllabes et octosyllabes mêlés), la plus longue, croyons-nous qu'on ait tentée encore :

> C'est bien : fais-toi justice, ô peuple souverain,
>   Dit cette cour lâche et hardie.
> Ils avaient dit : C'est bien, quand, la lyre à la main,
> L'incestueux chanteur, ivre de sang romain,
>   Applaudissait à l'incendie.

> Ainsi des deux partis les aveugles conseils
>   Chassent la paix. Contraires, mais pareils,
> Dans un égal abîme, une égale démence
>   De tous deux entraîne les pas.
> L'un, Vandale stupide, en son humble arrogance,
>   Veut être esclave et despote, et s'offense
>   Que ramper soit honteux et bas ;
> L'autre arme son poignard du sceau de la loi sainte :
>   Il veut du faible sans soutien
>   Savourer les pleurs et la crainte.
> L'un du nom de sujet, l'autre de citoyen,
> Masque son âme inique et de vices flétrie :
> L'un sur l'autre acharnés, ils comptent tout pour rien
>   Liberté, Vérité, Patrie.

Même quand on arrive à la vingt-deuxième et dernière de ces strophes, trop longues et d'un dessin trop compliqué, le retour symétrique du rythme n'est pas devenu encore appréciable à l'oreille.

L'Iambe.

Il convient de parler ici de ce poème, qui tient le milieu entre les poèmes à forme fixe et les odes formées de strophes indépendantes, et dont André Chénier et Auguste Barbier ont donné d'illustres modèles.

On l'appelle *iambe* en souvenir de l'ïambe grec, composé de grands vers alternant avec des petits, et consacré à la satire des personnes ou des mœurs. La virulence des ïambes d'Archiloque est célèbre. Chez les Latins, Horace, en ses Epodes, a plus d'une fois repris ce rythme pour le même usage. Notre ïambe français, satirique aussi, est composé de même : alternance d'un grand vers, l'alexandrin, avec un plus petit, l'octosyllabe, les alexandrins rimant ensemble, et les octosyllabes ensemble, avec croisement.

Au premier aspect, il semble qu'il n'y ait là qu'une succession de quatrains, artificiellement rapprochés par le typographe. En y regardant de plus près, on s'aperçoit d'abord que le sens réunit ces quatrains d'un bout à l'autre de la pièce, écrite comme d'une seule haleine. Serait-ce assez, toutefois, pour qu'on dût classer l'ïambe à part ? Non ; car, si, dans cette poursuite du sens, il y avait, de quatre en quatre vers, un arrêt notable et régulier de la pensée, coïncidant avec l'achèvement du quatrain, c'est encore le quatrain qui serait la véritable unité rythmique : il n'a jamais été défendu, en effet, comme nous le verrons bientôt, de relier par la pensée et par le mouvement plusieurs strophes, fussent-elles typographiquement séparées par des blancs.

Voici un passage de *la Curée*, d'Auguste Barbier, qui n'est, en réalité, qu'une succession de quatrains :

> Ainsi, quand, dans sa bauge aride et solitaire,
>   Le sanglier frappé de mort
> Est là, tout palpitant, étendu sur la terre
>   Et sous le soleil qui le mord,
> Lorsque, blanchi de bave et la langue tirée,
>   Ne bougeant plus en ses liens,
> Il meurt, et que la trompe a sonné la curée
>   A toute la meute des chiens :
> Toute la meute, alors, comme une vague immense
>   Bondit ; alors chaque mâtin
> Hurle en signe de joie et prépare d'avance
>   Ses larges crocs pour le festin ;

> Et puis vient la cohue, et les abois féroces
>   Roulent de vallons en vallons ;
> Chiens courants et limiers, et dogues et molosses,
>   Tout s'élance et tout crie : Allons !

Mais dans tel autre passage de la même satire, la division de quatre en quatre ne coïncide plus du tout avec les haltes de la pensée ; ainsi ces huit vers qui ne sauraient être groupés que de la façon suivante :

> Certe, on ne voyait pas, comme au jour où nous sommes,
>   Tant d'uniformes à la fois ;
>
> C'étaient sous des haillons que battaient les cœurs d'hommes,
>   C'étaient alors de sales doigts
> Qui chargeaient les mousquets et renvoyaient la foudre ;
>
>   C'était la bouche aux vils jurons
> Qui mâchait la cartouche, et qui, noire de poudre,
>   Criait aux citoyens : Mourons !

Et si, dans la période finale du dernier ïambe d'André Chénier, par exemple, nous voulions marquer ces haltes, nous trouverions successivement : une sous-période de trois vers, une de deux, une de trois, une de quatre, mais ne formant pas quatrain, les rimes en étant prises à deux quatrains différents, — nulle part un quatrain véritable, c'est-à-dire fait de deux rimes croisées :

> Nul ne resterait donc pour attendrir l'histoire
>   Sur tant de justes massacrés !
> Pour consoler leurs fils, leurs veuves, leur mémoire !
>
>   Pour que ces brigands abhorrés
> Frémissent aux portraits noirs de leur ressemblance !

Pour descendre jusqu'aux enfers
Nouer le triple fouet, le fouet de la vengeance
Déjà levé sur ces pervers !
Pour cracher sur leurs noms, pour chanter leur supplice !

Allons, étouffe tes clameurs ;
Souffre, ô cœur gros de haine, affamé de justice.
Toi, Vertu, pleure si je meurs.

Voilà encore un exemple frappant de ce principe de la *concordance différée* entre le sens et le rythme, qui est, nous le savons, une des conquêtes de la poétique moderne. La concordance ne se réalise ici qu'à la fin d'une période dont la longueur est indéterminée ; l'unité rythmique n'est plus la strophe, mais cette période, — et c'est la caractéristique de l'ïambe.

[Il est bien surprenant que la nature si particulière de l'ïambe n'ait pas été établie avant nous, tant elle paraît sauter aux yeux. Théodore de Banville, dans son *Petit Traité de Poésie française*, n'y voit qu'une succession de quatrains (nous savons combien cela est faux) et José-Maria de Heredia, dans l'étude qui précède son admirable édition des *Bucoliques* d'André Chénier, commet la même erreur. A ce propos, je ne peux relire sans, mélancolie une lettre qu'il m'écrivait, en avril 1895, au lendemain d'une conversation où nous avions agité diverses questions de métrique : « Cher ami, lorsque je vous ai donné mes définitions et ma petite trouvaille sur l'alexandrin, la rime et les ïambes, je ne savais pas que vous alliez publier le mois prochain un livre sur l'Art des Vers. Comme mon Chénier peut, par suite des retards inhérents aux livres de luxe, ne paraître qu'après vous, je vous serai obligé de ne pas vous servir de ce que je vous ai dit et de ne pas même me citer. J'ai la faiblesse de tenir à ces petites trouvailles qui donneront quelque originalité et quelque nouveauté à cette longue et fastidieuse préface... » Peu de semaines après l'illustre poète mourait, avant d'avoir pu tenir dans ses mains le premier exemplaire de ce premier texte parfait des

Bucoliques, par lui colligé avec tant d'amour et que présentait une préface non point « longue et fastidieuse », mais éloquente, substantielle et de la plus émouvante beauté. Dans la partie où il étudie Chénier en tant qu'inventeur de rythmes (et où il nie que l'ïambe, soit un rythme particulier) je retrouvai la « petite trouvaille » dont il m'avait fait part touchant l'Ïambe, et qui était que, avant André, Jean-Baptiste Rousseau avait employé cette forme. La pièce de Rousseau, — *Ode imitée d'Horace, aux Suisses durant leur guerre civile* en 1712, — présente bien, au premier abord, et si on ne la lit point, le même aspect que les Ïambes ; mais qu'on la lise et on s'apercevra aussitôt que c'est elle seule qui est une simple succession de quatrains réguliers, arbitrairement réunis par l'impression typographique. Les quatrains ne s'y enchaînent même point, loin qu'on y trouve la moindre discordance entre la marche de l'idée et le retour de la rime ; de quatre en quatre vers, la phrase est nettement terminée ; c'est donc tout le contraire de l'ïambe. Rousseau n'a voulu que rappeler aux yeux la physionomie de l'Epode d'Horace qu'il imitait (VII, *Ad Romanos*), d'abord en faisant alterner dans son ode l'alexandrin et l'octosyllabe :

    Où courez-vous, cruels ? quel démon parricide
      Arme vos sacrilèges bras ? ...

comme Horace avait fait alterner les iambiques trimètres avec les iambiques dimètres :

    Quo, quo, scelesti, ruitis ? Ecquid dexteris
      Aptantur enses conditi ? ...

puis en imprimant tous ses vers à la suite, comme on le fait pour le texte latin. Voilà tout. Quatre-vingts ans plus tard, André Chénier *inventait* l'ïambe français.]

Quelques Remarques sur les Strophes.

Il ne fallait pas moins qu'un poète révolutionnaire pour créer le rythme de l'ïambe, dont le principe était si fort en contradiction avec la théorie classique de la concordance immédiate à tous les degrés. Malherbe avait poussé si loin la réglementation de cette concordance que, dans les stances de quatre vers, il exigeait une pause après le second ; dans celles de six, une pause après le troisième ; dans celles de dix, une pause après le quatrième et le septième ; et, bien entendu, le sens devait être fermé à la fin de chaque strophe, sans enchaînement grammatical avec la strophe suivante.

La première contrainte à laquelle les poètes aient quelquefois échappé, en son siècle, est celle de la pause fixe à l'intérieur de la strophe ; et Corneille seul, ce me semble, a su se libérer de l'autre, en liant plusieurs stances en une seule période. Voici, dans son *Imitation de Jésus-Christ*, un bien remarquable exemple de cette double libération des strophes, qui eût mis Malherbe fort en colère. Je citerai six quatrains de ce passage : vous y verrez, dans les deux premiers, le sens franchement suspendu après le premier vers, et non après le second ; au quatrième, c'est après le troisième vers seulement que se fera la halte ; et vous remarquerez enfin la liaison des trois dernières strophes qui donne au morceau sa croissante éloquence :

> Combien dois-je encore attendre ? —
> Jusques à quand tardes-tu,
> O Dieu tout bon, à descendre
> Dans mon courage abattu ?

> Viens, mon Dieu, viens sans demeure : —
> Tant que je ne te vois pas,
> Il n'est point de jour ni d'heure
> Où je goûte aucun appas.
>
> Ma joie en toi seul réside,
> Tu fais seul mes bons destins,
> Et sans toi ma table est vide
> Dans la pompe des festins.
>
> Sous les misères humaines,
> Infecté de leur poison
> Et tout chargé de leurs chaînes, —
> Je languis comme en prison ;
>
> Jusqu'à ce que ta lumière
> Y répande sa clarté
> Et que ta faveur entière
> Me rende ma liberté ;
> Jusqu'à ce qu'après l'orage,
> La nuit faisant place au jour,
> Tu me montres un visage
> Qui soit pour moi tout d'amour.

C'est déjà, très exceptionnellement rencontrée au XVIIe siècle, la souplesse moderne des poèmes en strophes. Mais si on lit le chapitre XXI du livre III, d'où ce passage est extrait, on verra que Corneille a aussi montré, le premier, quel admirable parti un poète pouvait tirer de l'emploi de plusieurs sortes de rythmes dans un même morceau : il y en a là quatre, tous merveilleusement adaptés aux sentiments divers que l'auteur avait à exprimer.

C'est seulement avec les grands lyriques du XIXe siècle que toutes ces libertés sont entrées dans la pratique courante. La place du repos à l'intérieur des strophes y est devenue de plus en plus variable, quoique, selon la loi du moindre effort, qu'il ne faut jamais perdre de vue, les repos indiqués par Malherbe soient encore et doivent encore être les plus fréquents, si l'on considère l'ensemble d'un poème ; — de même que, nous le savons, cette loi nous donnera, toujours, dans une suite d'alexandrins, une majorité de vers à césure médiane.

La liberté de ne plus boucler le sens avec le dernier vers de la strophe, d'enchaîner au contraire, très étroitement, les strophes les unes aux autres, a été, pour Lamartine et Hugo, le moyen d'une puissante exaltation de l'essor lyrique. Lisez, par exemple, ce chef-d'œuvre des *Recueillements* de Lamartine, la *Cloche du Village* ; vous y trouverez une période qui s'élève, avec des battements d'ailes de plus en plus larges, pendant sept strophes de six vers, plane durant la huitième et la neuvième, pour ne s'arrêter, comme un aigle se pose, que sur la dixième.

Et Victor Hugo a su quelquefois, non plus se contenter, comme Corneille, d'employer des strophes de plusieurs rythmes dans une même ode, mais relier entre elles ces strophes diverses pour tirer à la fois de leur enchaînement et de leur diversité, des beautés extraordinaires. Prenez ces deux strophes différentes de *Napoléon II*, dans les *Chants du Crépuscule*, et cherchez où s'arrête vraiment la période. Est-ce au dernier vers de la strophe en douze vers de huit syllabes ? Non, c'est, en réalité, avec le premier alexandrin de la strophe suivante :

> Vous pouvez entrer dans les villes
> Au galop de votre coursier,
> Dénouer les guerres civiles
> Avec le tranchant de l'acier ;

> Vous pouvez, ô mon capitaine,
> Barrer la Tamise hautaine,
> Rendre la victoire incertaine
> Amoureuse de vos clairons,
> Briser toutes portes fermées,
> Dépasser toutes renommées,
> Donner pour astre à des années
> L'étoile de vos éperons !
> **Dieu garde la durée et vous laisse l'espace ;**
> Vous pouvez sur la terre avoir toute la place,
> Etre aussi grand qu'un front peut l'être sous le ciel ;
> Sire, vous pouvez prendre, à votre fantaisie,
> L'Europe à Charlemagne, à Mahomet l'Asie ;
> Mais tu ne prendras pas Demain à l'Éternel !

Bien mauvais lecteur serait celui qui ne laisserait pas la fin de la première strophe comme en suspens, qui ne relèverait pas la voix sur la dernière syllabe de *éperons*, comme pour attendre une réponse, et ne la laisserait pas retomber seulement sur le mot *espace*, où est, par opposition, la conclusion psychique de la période, en retard d'un vers sur la conclusion rythmique. Cet enjambement d'une strophe sur l'autre est un trait de génie.

Ces grandes allures lyriques, comme aussi l'emploi de ces innombrables formules de strophes dont nous n'avons pu passer en revue qu'un très petit nombre, ne sont plus guère en faveur depuis une quinzaine d'années. Mais leur abandon ne prouve rien, chez les poètes des écoles nouvelles, qu'un amoindrissement du sens du rythme et de l'émotion elle-même.

XV
Des Poèmes à forme fixe

Notre ancienne poésie, au temps où elle demandait plus à l'ingéniosité de l'esprit, à la patience des « bateleurs de mots », qu'à l'inspiration véritable qui porte naturellement les poètes vers les formes les plus simples, abondait en poèmes à forme fixe, plus compliqués les uns que les autres et dont un petit nombre est resté en usage. On ne fait plus de *Lai*, de *Virelai*, de *Chant Royal* ou de *Glose*, mais le *Sonnet* continue d'être en grand honneur ; la *Ballade* est encore souvent pratiquée ; la *Terza-Rima* n'a donné que de nos jours ses chefs-d'œuvre ; le *Triolet*, le *Rondel*, le *Rondeau*, le *Huitain*, et le *Dizain* gardent quelque faveur, ainsi que la *Villanelle*.

[Je ne mentionne que pour mémoire l'*Acrostiche*, qui n'est point, à proprement parler, un poème à forme fixe, puisque sa loi unique est que chaque vers y doit commencer par une des lettres, rangées dans leur ordre, du nom de la personne à qui il s'adresse ou dont on parle. Tout le reste — choix du mètre et disposition des rimes — est à volonté.]

Nous ne nous occuperons donc que de ces derniers poèmes, en y ajoutant le *Pantoum*, de création récente. Disons seulement, avant d'en commencer l'étude particulière, que toutes ces formes, à l'exception du sonnet, ne sont guère propres qu'à la poésie légère, étant surtout d'amusants jeux de rimes.

1. Le Sonnet

Inventé au XIIIᵉ siècle par les troubadours provençaux, le sonnet passe en Italie ; il y fleurit avec Dante et Pétrarque. Mellin de Saint-Gelais et Marot le ramènent chez nous, où il s'épanouit dans toute sa gloire au XVIᵉ siècle avec Joachim du Bellay, Pierre de Ronsard et leurs disciples, vers le temps où il triomphe en Espagne avec Herrera, Lope de Vega et Sainte Thérèse, en Portugal avec Camoens, en Angleterre avec Shakespeare.

[Notons que le sonnet tel que Shakespeare le pratique est, par la disposition des rimes de ses quatorze vers, assez différent de tous les autres ; mais les poètes anglais modernes ont adopté à leur tour la forme universelle, dont il faut bien que les vertus soient extraordinaires pour qu'elle se soit imposée dans tous les pays et dans toutes les langues. (Voir notamment les *Sonnets from the Portuguese* d'Elisabeth Browning.)]

Notre XVIIᵉ siècle le cultive encore, mais en l'affadissant, si ce n'est en quelques inspirations de Corneille. Nous l'abandonnons au XVIIIᵉ siècle, car il ne saurait être goûté et cultivé que, comme le dit si bien Charles Asselineau, l'un de ses historiens, « aux époques de forte poésie, où l'imagination des poètes s'inquiète également du sentiment et de la forme, de l'art et de la pensée ». Au XIXᵉ siècle, Sainte-Beuve, le retrouvant, dans sa grâce inaltérée, chez les poètes de la Pléiade qu'il réhabilite, se l'approprie, en compose lui-même d'excellents ; et depuis, le sonnet ne cesse plus d'être une des formes préférées de nos poètes, notamment de Sully Prudhomme, qui y fait tenir, dans les *Épreuves*, toute la profondeur de sa pensée, de sa douleur ou de son rêve, comme José-Maria de Heredia, dans ses *Trophées*, y verse toute la magnificence et toute l'allégresse de son inspiration héroïque.

Quelle est donc cette forme, d'une vertu si grande qu'elle ait pu, presque identique dans toutes les langues, susciter à travers tant de siècles et en tant de pays, tant de chefs-d'œuvre ? Ne faut-il pas que son architecture soit autre chose qu'un ingénieux et traditionnel caprice, et qu'elle fonde sa beauté universelle et durable sur un équilibre sonore traduisant une logique et une raison supérieures ? J'espère vous montrer, dans un instant, qu'il en est ainsi.

Mais d'abord, un exemple.

Ce sera, si vous le voulez bien, cet admirable sonnet de François Coppée, d'un si noble symbolisme et d'une si intense mélancolie, *Ruines du Cœur* :

> Mon cœur était jadis comme un palais romain,
> Tout construit de granits choisis, de marbres rares.
> Bientôt les passions, comme un flot de barbares,
> L'envahirent, la hache ou la torche à la main,
>
> Ce fut une ruine alors. Nul bruit humain.
> Vipères et hiboux. Terrains de fleurs avares.
> Partout gisaient, brisés, porphyres et carrares ;
> Et les ronces avaient effacé le chemin.
>
> Je suis resté longtemps, seul, devant mon désastre.
> Des midis sans soleils, des minuits sans un astre
> Passèrent, et j'ai, là, vécu d'horribles jours.
>
> Mais tu parus enfin, blanche dans la lumière ;
> Et bravement, afin de loger nos amours,
> Des débris du palais j'ai bâti ma chaumière.

(Arrière-Saison.)

Vous connaissez maintenant, dans la formule qui passe généralement pour être la plus parfaite, et que je tiens aussi pour telle, la disposition des parties et des rimes d'un sonnet.

Le sonnet a quatorze vers; il est divisé en deux quatrains et deux tercets.

Les deux quatrains roulent sur deux rimes seulement. Riment ensemble : d'une part, le premier et le quatrième vers du premier quatrain, le premier et le quatrième du second; d'autre part, le second et le troisième du premier quatrain, le second et le troisième du second.

Les deux tercets roulent sur trois rimes. Riment ensemble : le premier et le second vers du premier tercet; le troisième vers du premier tercet et le second du deuxième; le premier et le troisième vers du deuxième tercet.

Cette formule pourrait être figurée ainsi par des lettres, chacune représentant une rime :

— 1er quatrain : A, B, B, A.
— 2e quatrain : A, B, B, A.
— 1er tercet : C, C, D.
— 2e tercet : E, D, E.

Il y en a d'autres, par exemple, celle où les rimes de chaque quatrain, au lieu d'être embrassées, seraient croisées (A, B, A, B).

Enfin les rimes des tercets peuvent être autrement disposées que dans la première formule; présenter, par exemple, la même disposition dans les deux tercets (C, C, D, — E, E, D) :

Plus le vase est grossier de forme et de matière,
Mieux il trouve à combler sa contenance entière ;
Aux plus beaux seulement il n'est point de **liqueur**.

C'est ainsi : plus on vaut, plus fièrement on aime ;
Et qui rêve pour soi la pureté suprême,
D'aucun terrestre amour ne daigne emplir son **cœur** .

(Sully PRUDHOMME, les Vaines Tendresses.)

Ou celle-ci (C, D, C. — D, E, E) :

Tombe, Astre glorieux, source et flambeau du jour !
Ta gloire en nappes d'or coule de ta **blessure**
Comme d'un sein puissant tombe un suprême amour.

Meurs donc, tu renaîtras ! L'espérance en est **sûre**.
Mais qui rendra la vie et la flamme et la voix
Au cœur qui s'est brisé pour la dernière fois ?

(LECONTE DE LISLE, Poèmes barbares.)

Ou encore, les deux tercets, réunis, n'étant plus qu'une succession de trois couples de vers à rimes plates (C, C, D, D, E, E) :

Sous le pavillon d'or que le soleil déploie,
Mes yeux boiront l'éther, dont l'immuable joie
Filtrera dans mon âme au travers de mes cils,

Et je dirai, songeant aux hommes : « Que font-ils ? »
Et le ressouvenir des amours et des haines
Me bercera, pareil au bruit des mers lointaines.

(Sully PRUDHOMME, les Épreuves.)

Ces diverses formules, encore qu'elles aient donné des sonnets remarquables, ne me paraissent pas avoir les vertus réunies de la première, parce qu'elles dérangent en quelque façon, la dernière surtout, l'équilibre, dans sa perfection, que la première me semble réaliser seule. Expliquons-nous.

Théodore de Banville a écrit : « La forme du sonnet est magnifique, prodigieusement belle, — et cependant infirme en quelque sorte : car les tercets, qui à eux deux forment six vers, étant d'une part *physiquement* plus courts que les quatrains, qui à eux deux forment huit vers, — et d'autre part *semblant* infiniment plus courts que les quatrains, à cause de ce qu'il y a d'allègre et de rapide dans le tercet et de pompeux et de lent dans le quatrain ; — le sonnet ressemble à une figure dont le buste serait trop long et dont les jambes seraient trop grêles et trop courtes. Je dis *ressemble*, et je vais au delà de ma pensée. Il faut dire que le sonnet *ressemblerait* à une telle figure, si l'artifice du poète n'y mettait bon ordre. » Et Banville fait consister cet artifice à grandir les tercets en leur donnant de la pompe et de l'ampleur, et surtout à trouver, pour le dernier vers, un trait excitant l'admiration par sa justesse et sa force.

Il y a, dans cette analyse, des remarques justes et d'autres qui ne le sont point. S'il faut soigneusement retenir les conseils relatifs à l'élargissement des tercets et au trait final, il faut se garder de croire qu'il y ait, dans le sonnet, une disproportion entre les deux parties, les quatrains d'une part, les tercets de l'autre. Certes, il y a inégalité entre les deux nombres de vers, mais cette inégalité est compensée — et c'est là l'une des merveilles du sonnet — par la disposition des rimes dans chacune de ces deux parties et par les deux états d'esprit différents que créent ces dispositions diverses, d'où résulte, finalement, le parfait équilibre, tant intellectuel que sonore, de la composition entière.

Le sonnet a, par sa progression, sa marche vers le trait final, quelque chose d'une œuvre dramatique. Les deux quatrains en seraient l'exposition, le premier tercet le nœud, le dernier le dénouement.

Dans les deux quatrains, il s'agit de faire naître et grandir l'*attente*; dans le premier tercet, de relier cette attente à la marche vers une solution sentie approchante; dans le dernier tercet, de donner à l'attente une solution définitive, qui ravisse l'esprit à la fois d'aise par sa logique et de surprise par son imprévu.

Or, les combinaisons de rimes d'un sonnet correspondent exactement à ces deux états de l'esprit, l'état *statique* de l'attente, l'état *mobile* de la marche vers le dénouement.

L'état *statique* de l'attente est réalisé par la répétition, dans le même ordre, des rimes du premier quatrain dans le second; et je préfère la première formule, celle des rimes *embrassées*, à celle des rimes *croisées*, parce que, dans le second cas, il y a bien la succession de quatrains pareils, mais non plus l'étroite liaison qui existe entre les deux quatrains quand la rime du quatrième vers est la même que celle du cinquième.

L'état *mobile* de la marche vers le dénouement se réalisera d'autant mieux, au contraire, dans les tercets, qu'ils n'offriront pas la même disposition de rimes, et qu'ils *s'enchaîneront sans se ressembler*, sans se répéter, et donneront ainsi au dernier vers du dernier tercet, cette grâce d'être moins attendu que s'il occupait, dans la combinaison des rimes, la même place que le troisième vers du premier tercet.

Et, au total, la beauté formelle du sonnet vient de cet équilibre compensateur entre l'état d'attente, causé par le parallélisme des rimes des deux quatrains, et l'état de marche vers le trait final, accéléré par la diversité des dispositions de rimes des deux tercets. Et si la première formule que j'ai donnée me semble préférable aux autres, c'est, comme je l'avançais avant de l'avoir prouvé, que, seule, elle réalise *complètement* ce double idéal.

Ainsi en est-il dans ce sonnet de José-Maria de Heredia, *Sur l'Othrys*, que je prends, presque au hasard, parmi les chefs-d'œuvre des *Trophées*, et où l'on verra cette sorte de ressemblance que j'ai dite entre le déroulement d'un sonnet et celui d'une pièce de théâtre :

> L'air fraîchit. Le soleil plonge au ciel radieux.
> Le bétail ne craint plus le taon ni le bupreste.
> Aux pentes de l'Othrys l'ombre est plus longue. Reste,
> Reste avec moi, cher hôte envoyé par les Dieux.
>
> Tandis que tu boiras un lait fumant, tes yeux
> Contempleront du seuil de ma cabane agreste,
> Des cimes de l'Olympe aux neiges du Tymphreste,
> La riche Thessalie et les monts glorieux.
>
> Vois la mer et l'Eubée et, rouge au crépuscule,
> Le Callidrome sombre et l'Œta dont Hercule
> Fit son bûcher suprême et son premier autel ;
>
> Et là-bas, à travers la lumineuse gaze,
> Le Parnasse où, le soir, las d'un vol immortel,
> Se pose, et d'où s'envole, à l'aurore, Pégase !

O la merveille d'art que cette « exposition » du sujet, où, en des vers inspirés des derniers hexamètres de la première Églogue de Virgile, cette hospitalité est offerte ! On ne sait ce qu'il faut le plus admirer, dès le premier quatrain : ces deux vers initiaux, si simples, si calmes, ou le suivant qui, parce qu'il ne s'achève pas avec la pensée, mais la laisse finir avant la rime, comme en point d'orgue, sur la complète expiration d'un e muet, n'en donne que mieux l'impression de cet allongement de l'ombre :

>Aux pentes de l'Othrys, l'ombre est plus longue...

Puis, voyez la pensée nouvelle commencer sur la dernière syllabe du vers pour s'étendre à tout le vers suivant :

>Reste,
>Reste avec moi, cher hôte envoyé par les Dieux,

comme une note attaquée par un archet à la fin de sa course montante, et soutenue, après un léger sursaut d'appui, par ce même archet, pendant toute sa course descendante.

Au second quatrain, voici qu'à l'invitation succèdent les tentantes promesses, déjà évocatrices des joies qu'elles annoncent. Et c'est l'exposition qui s'achève.

Mais, dès le premier tercet, nous voilà en face du paysage. Nous avons marché ; nos regards, maintenant, cherchent, de proche en proche, cette mer, ces montagnes aux noms magnifiques, auxquelles se joignent bientôt les souvenirs illustres qu'ils rappellent.

Quand nous arrivons au second tercet, un vers fait de deux incidentes :

>Et là-bas, à travers la lumineuse gaze,

nous fait espérer, souhaiter davantage encore ; et ce n'est pas en vain, car au vers suivant ce magnifique rejet, « Le Parnasse... », est comme l'apparition, dans une brume d'or, soudain déchirée, de la montagne chère aux Muses... Est-ce tout ? Non. Notre attente du dénouement va être encore successivement exaltée — par ces mots qui le retardent : « où, le soir, las d'un vol immortel » ; — par ce rejet imitatif qui continue de le suspendre : « Se pose » ; — par ces autres mots de retardement : « Et d'où s'envole, à l'aurore », — jusqu'à ce que se détache enfin et bondisse, les ailes toutes grandes, dans un essor que semble prolonger à l'infini la syllabe muette de son nom, le cheval sublime « Pégase ! »

Voilà — car je n'ai pas eu la prétention de tout montrer — un peu de ce qu'un grand artiste peut arriver à mettre dans les quatorze vers d'un sonnet de stricte observance.

Lisez maintenant, dans nos Symbolistes, ces à peu près de sonnets où un quatrain est à rimes croisées, l'autre à rimes embrassées ; où l'on passe d'une rime féminine à une autre rime féminine, d'une rime masculine à une autre de même sexe, quand on ne se contente pas d'accoupler des assonances pour les mélanger à des rimes véritables ; où, de toutes les manières, on s'ingénie à donner une forme inconsistante à ce poème aux contours à la fois si souples et si fermes, — à parodier ce marbre avec de la gélatine. Et comparez.

« Pourquoi, — disait déjà Théophile Gautier, dans sa notice sur Baudelaire, — pourquoi, si l'on veut être libre et arranger les rimes à sa guise, aller choisir une forme rigoureuse qui n'admet aucun écart, aucun caprice ? L'irrégulier dans le régulier, le manque de correspondance dans la symétrie, quoi de plus illogique et de plus contrariant ? Chaque infraction à la règle nous inquiète comme une note douteuse ou fausse. Le sonnet est une sorte de fugue poétique dont le thème doit passer et repasser jusqu'à sa résolution par les formes voulues. Il faut donc se soumettre absolument à ses lois, ou bien, si l'on trouve ces lois surannées, pédantesques et gênantes, ne pas écrire de sonnets du tout. » Cela est la sagesse même.

2. La Ballade

Vous vous rappelez, au troisième acte des *Femmes savantes*, la querelle entre Vadius et Trissotin :

VADIUS
Mais laissons ce discours, et voyons ma ballade.

TRISSOTIN
La ballade, à mon goût, est une chose fade :
Ce n'en est plus la mode ; elle sent son vieux temps.

Trissotin a tout à fait tort, ce n'est point une « chose fade », mais au contraire, maniée par un maître-rimeur, une chose fort piquante. Il exagère aussi quand il dit en 1672, que « ce n'en est plus la mode », puisque Voiture et Sarrazin, qui avaient fait de célèbres ballades, étaient toujours très admirés, que La Fontaine n'avait jamais cessé d'en écrire, que Mme Deshoulières les tournait de façon fort galante, et que le docte Conrart lui-même était une fois sorti de son « silence prudent » pour en composer une, on ne peut plus spirituellement rimée. Trissotin n'a raison qu'en ceci, c'est que la ballade « sent son vieux temps ». Oui, car elle se montre dès le XIVe siècle pour s'épanouir au XVe chez François Villon, et au XVIe chez Clément Marot. Le XVIIIe siècle, faute de maîtres artistes, l'a seul délaissée. De nos jours, Théodore de Banville, François Coppée, Jean Richepin, André Theuriet, Edmond Rostand et quelques autres se sont plu de nouveau à ce gracieux et spirituel jeu de rimes, dont voici les règles excellemment formulées par Banville :

« La Ballade peut être écrite en vers de dix syllabes (avec césure après la quatrième) ou en vers de huit syllabes. Elle peut commencer par un vers masculin ou par un vers féminin.

La Ballade en vers de dix syllabes n'est autre chose qu'un poème formé de trois Dizains écrits sur des rimes pareilles. Après les trois Dizains vient — non une quatrième strophe, mais une *demi-strophe* de cinq vers, appelée *Envoi* et qui est comme la seconde moitié d'un quatrième Dizain qui serait écrit sur des rimes pareilles à celles des trois premiers Dizains.

[Banville n'indique ni le nombre des rimes différentes de chaque couplet, ni leur ordre dans le couplet. Je ferai de même. Plutôt que de chercher à retenir une formule en chiffres, très complexe et qui ne dirait rien à l'oreille, on se reportera aux deux modèles que je donnerai tout à l'heure.]

La Ballade en vers de huit syllabes n'est autre chose qu'un poème formé de trois Huitains écrits sur des rimes pareilles. Après les trois Huitains vient, non une quatrième strophe, mais une demi-strophe de quatre vers, appelée Envoi et qui est comme la seconde moitié d'un quatrième Huitain qui serait écrit sur des rimes pareilles à celles des trois premiers Huitains. »

Ajoutons cette règle capitale, que Banville a omise : Le dernier vers du premier couplet de chaque ballade doit se répéter à la fin des deux autres couplets et de l'envoi. — Et Banville continue :

« L'Envoi, classiquement, doit commencer par le mot : *Prince*, et il peut aussi commencer par les mots : *Princesse, Roi, Reine, Sire*; car, au commencement, les Ballades, comme tout le reste, ont été faites pour les rois et les seigneurs. Il va sans dire que cette règle, même chez Gringoire, Villon, Charles d'Orléans et Marot, subit de nombreuses exceptions, car on n'a pas toujours sous la main un prince à qui dédier sa Ballade. Mais, enfin, telle est la tradition. »

Arrêter le nombre des vers du couplet au nombre des syllabes du vers choisi, et le nombre des vers de l'envoi à la moitié de celui des couplets, c'est la loi stricte ; mais, vu qu'il ne s'agit plus ici, comme dans le sonnet, d'une construction dont le plan est si parfait et si nécessaire qu'on ne peut y changer le moindre détail sans rompre l'harmonie de l'ensemble, j'avoue tout de suite que de fameux rimeurs de ballades ont pris souvent quelques libertés avec cette loi sévère : La Fontaine, par exemple, y met quelquefois quatre couplets au lieu de trois, et quatre ou six vers à l'envoi, quand il en faudrait cinq. Et l'une des plus jolies ballades que je sache, celle du *Loriot*, d'André Theuriet (*Le Livre de la Payse*), n'a que neuf vers au couplet, au lieu de dix qu'elle devrait avoir, étant écrite en vers de dix syllabes. N'importe ! Si nous écrivons des ballades, respectons plutôt la règle, celle des plus anciens maîtres, celle de Villon, ainsi que fait Banville en sa *Ballade de sa Fidélité à la Poésie* :

> Chacun s'écrie avec un air de gloire :
> « A moi le sac, à moi le million !
> Je veux jouir, je veux manger et boire.
> Donnez-moi vite, et sans rébellion,
> Ma part d'argent : on me nomme Lion. »
> Les Dieux sont morts, et morte l'allégresse.
> L'art défleurit, la Muse en sa détresse
> Fuit, les seins nus, sous un vent meurtrier,
> Et cependant tu demandes, maîtresse,
> Pourquoi je vis ? Pour l'amour du laurier.

O Piéride, ô fille de Mémoire,
Trouvons des vers dignes de Pollion !
Non, mon ami, vends ta prose à la foire.
Il s'agit bien de chanter Ilion !
Cours de ce pas chez le tabellion.
Les coteaux verts n'ont plus d'enchanteresse ;
On ne va plus suivre la Chasseresse
Sur l'herbe fraîche où court son lévrier.
Si, nous irons, ô Lyre vengeresse.
Pourquoi je vis ? Pour l'amour du laurier.

Et Galatée à la gorge d'ivoire,
Chaque matin dit à Pygmalion :
Oui, j'aimerai ta barbe rude et noire,
Mais que je morde à même un galion !
Il est venu, l'âge du talion :
As-tu de l'or ? voilà de la tendresse,
Et tout se vend, la divine caresse
Et la vertu ; rien ne sert de prier ;
Le lait qu'on suce est un lait de tigresse.
Pourquoi je vis ? Pour l'amour du laurier.

ENVOI

Siècle de fer, crève de sécheresse ;
Frappe et meurtris l'Ange à la blonde tresse.
Moi, je me sens le cœur d'un ouvrier
Pareil à ceux qui florissaient en Grèce.
Pourquoi je vis ? Pour l'amour du laurier.

(Trente-six Ballades joyeuses.)

Voici maintenant un modèle de ballade en vers de huit syllabes de Clément Marot, *Chant de May et de Vertu* :

Voulontiers en ce mois icy
La terre mue et renouvelle.
Maints amoureux en font ainsi,
Subjetz à faire amour nouvelle
Par légèreté de cervelle,
Ou pour être ailleurs plus contents :
Ma façon d'aymer n'est pas telle,
Mes amours durent en tout temps.

N'y a si belle dame aussi
De qui la beauté ne chancelle ;
Par temps, maladie ou soucy,
Laydeur les tire en sa nasselle ;
Mais rien, ne peut enlaydir celle
Que servir sans fin je prétens ;
Et pour ce qu'elle est toujours belle,
Mes amours durent en tout temps.

Celle dont je dy tout cecy
C'est Vertu, la nymphe éternelle,
Qui au mont d'honneur esclercy
Tous les vrays amoureux appelle.
« Venez, amans, venez (dit-elle),
Venez à moi, je vous attens ;
Venez (ce dit la jouvencelle),
Mes amours durent en tout temps. »

ENVOY

Prince, fais amye immortelle,
Et à la bien aymer entens ;
Lors pourras dire sans cautelle :
« Mes amours durent en tout temps. »
(Chants divers.)

Jules Lemaître, qui s'y connaît, pour avoir rimé lui-même quelques fort jolies ballades, porte sur le genre un jugement assez sévère et, somme toute, assez juste : « Dans la plupart des ballades, dit-il, il n'y a de vers nécessaires, de vers dictés, imposés par une idée ou un sentiment initial, que celui du refrain et un vers, au plus, pour chacune des autres rimes, en tout trois ou quatre vers... Les autres vers, étant commandés par la rime, sont ce qu'ils peuvent, se rattachent tant bien que mal à l'idée principale... Ces cadres bizarres sont tellement malaisés à remplir qu'on permet au rimeur d'y mettre n'importe quoi ; et dès lors c'est la cheville légitimée, glorifiée, triomphante. »

Oui ; et c'est pourquoi ce ne saurait être qu'un jeu, non sans analogie avec celui des bouts-rimés, avec cette différence qu'on a tout de même *choisi* les rimes parmi celles qui permettaient de rattacher les vers *plutôt bien que mal*, au sujet du poème. Et le triomphe est d'y rattacher, d'une façon plausible et presque nécessaire, celles qui, à première vue, devraient être le plus étonnées de se trouver là.

3. Le Triolet

Ce petit poème, l'un de ceux que nous a laissés le Moyen Age, et dont la contexture n'a point changé depuis ce temps, est tout à fait propre au badinage et à l'épigramme. Il se compose de huit vers sur deux rimes, le premier répété après le troisième, et le sixième suivi des deux premiers répétés. Il commence ordinairement par un vers masculin. Les vers masculins sont : le 1er, le 3e, le 4e, le 5e et le 7e ; les autres sont féminins.

Voici un triolet de Léon Valade, *Distribution des Prix Montyon* :

> Doit-elle rougir, la Vertu,
> Quand la baise au front et la rente
> L'Institut tout de vert vêtu !
> Doit-elle rougir, la Vertu !
> — Chaste Suzanne, qu'en dis-tu ?
> Deux vieillards, passe ! mais quarante ! …
> Doit-elle rougir, la Vertu
> Qu'on baise au front et que l'on rente !
> (Poésies posthumes.)

On peut assembler, comme des strophes, plusieurs triolets pour en former de petits poèmes. Tout le monde connaît celui d'Alphonse Daudet, *les Prunes*. Jacques Normand en a composé plusieurs, d'un spirituel et gracieux caprice ; ainsi les *Triolets de Départ*, qu'on lira dans son recueil : *la Muse qui Trotte*.

4. Le Rondel et le Rondeau

Il faut se garder de les confondre, bien que le *Rondeau* soit insensiblement sorti du *Rondel* par de lentes métamorphoses que les érudits pourraient suivre dans nos vieux rimeurs, comme le *Rondel* était lui-même sorti du *Triolet*, dont il n'est qu'une sorte d'extension. Mais prenons les deux formes telles qu'elles ont été fixées, le *Rondel* par Charles d'Orléans, le *Rondeau* par Marot et par Voiture, telles enfin qu'elles sont pratiquées encore en manière de divertissement.

Le *Rondel* se compose de treize vers de huit syllabes, construits sur deux rimes et divisés en trois strophes : deux de quatre vers et une de cinq.

Le premier quatrain est à rimes embrassées ; Le second est à rimes croisées. Enfin, les deux derniers vers du second quatrain reproduisent les deux premiers vers du premier.

Le quintain se compose de quatre vers à rimes embrassées auxquels on ajoute, pour conclure, le premier vers de la pièce :

> **Te voilà, rire du Printemps !**
> **Les thyrses des lilas fleurissent.**
> Les amantes qui te chérissent
> Délivrent leurs cheveux flottants.
>
> Sous les rayons d'or éclatants
> Les anciens lierres se flétrissent.
> **Te voilà, rire du Printemps !**
> **Les thyrses des lilas fleurissent.**
>
> Couchons-nous au bord des étangs,
> Que nos maux amers se guérissent !
> Mille espoirs fabuleux nourrissent
> Nos cœurs gonflés et palpitants.
> **Te voilà, rire du Printemps !**
>
> (Théodore DE BANVILLE, Rondels.)

Le *Rondeau* se compose également de treize vers, de huit ou de dix syllabes, écrits sur deux rimes, mais ainsi divisés :

— Une strophe de cinq vers ;
— Une strophe de trois, à laquelle on ajoute, en guise de refrain, le premier mot ou les premiers mots du premier vers de la pièce ;
— Une seconde strophe de cinq vers, après laquelle on répète aussi le refrain.

On peut commencer soit par un vers masculin, soit par un vers féminin.

Le refrain ne compte pas comme vers ; il ne rime pas avec le reste, et rien n'est plus piquant que de lui faire répéter les premiers mots de la pièce avec une acception différente, ou même de les rappeler seulement par une identité de son formant calembour. Oui, on peut aller jusque-là ; mais qu'on y aille ou non, il faut, tout au moins, que le refrain soit ramené d'une façon spirituelle, ingénieuse, imprévue.

Le maître du genre, c'est, sous Louis XIII, le galant Voiture. Louis XIV prend un tel plaisir à ces sortes de bagatelles qu'il commande à Benserade, pour l'amusement du Dauphin, de mettre en rondeaux toutes les *Métamorphoses d'Ovide* ; un rondeau par Métamorphose ! Le spirituel et ingénieux poète de Cour sentait fort bien le ridicule de l'entreprise, qu'il a discrètement exposé lui-même dans un des rondeaux liminaires ; mais il fallut bien s'exécuter. Là-dessus, Chapelle écrivit à son tour un *Rondeau sur les Métamorphoses d'Ovide mises en rondeaux par Benserade*, — et c'est un modèle du genre :

> A la fontaine où l'on puise cette eau
> Qui fait rimer et Racine et Boileau,
> Je ne bois point, ou bien je ne bois guère ;
> Dans un besoin, si j'en avais affaire,
> J'en boirais moins que ne fait un moineau.
>
> Je tirerai pourtant de mon cerveau
> Plus aisément s'il le faut, un rondeau,
> Que je n'avale un plein verre d'eau claire
> A la fontaine.

> De ces rondeaux un livre tout nouveau
> A bien des gens n'a pas eu l'heur de plaire ;
> Mais quant à moi, j'en trouve tout fort beau :
> Papier, dorure, images, caractère,
> Hormis les vers, qu'il fallait laisser faire
>   A La Fontaine.

Il faudra lire, dans Alfred de Musset, le délicieux rondeau qui commence par « Dans son assiette... » ou encore celui qu'il écrivit à Mlle Anaïs, son interprète, après l'échec de sa comédie *Louison* :

> Que rien ne puisse en liberté
> Passer sous le sacré portique
> Sans être quelque peu heurté
> Par les bornes de la critique,
> C'est un axiome authentique.
>
> Pourquoi tant de sévérité ?
> Grétry disait avec gaieté :
> « J'aime mieux un peu de musique
>   Que rien. »
>
> A ma Louison ce mot s'applique.
> Sur le théâtre elle a jeté
> Son petit bouquet poétique.
> Pourvu que vous l'ayez porté
> Le reste est moins, en vérité.
>   Que rien.
>
>   (*Poésies nouvelles.*)

5. La Terza-Rima

Ce rythme est d'origine provençale.

Si le nom italien lui est resté, c'est qu'il a été illustré par Dante en sa *Divine Comédie*, par Pétrarque en ses *Triomphes*, et que c'est d'Italie qu'il nous a été rapporté, à la fin du XVIe siècle, par Etienne Jodelle et par Philippe Desportes.

Délaissé pendant les deux siècles suivants, il a été remis en honneur par Théophile Gautier, dont on lira, notamment, *Ténèbres*, le *Triomphe de Pétrarque* et *Ribeira*, dans les *Poésies Complètes*. Leconte de Lisle a écrit, sur ce rythme, un assez grand nombre de morceaux, entre autres : le *Jugement de Komor*, *A l'Italie*, la *Tête du Comte*, dans les *Poèmes barbares*. Signalons, dans l'*Arrière-Saison*, de François Coppée, deux courtes pièces, réunies en un diptyque, *Flux et Reflux* ; enfin, dans les Trophées, de Heredia, les trois poèmes réunis sous le titre de *Romancero*.

Qu'est-ce donc que ces *Tierces-Rimes* ou *Terzines*, — noms que l'on donne aussi quelquefois à ces *Terza-Rimas*, et qui devraient prévaloir ? Ce sont autant de couplets de trois vers, disposés de telle sorte que le vers du milieu de chaque couplet rime avec le premier et le troisième vers du couplet suivant. Et cet enchaînement continue, de couplet en couplet, jusqu'à ce que le poète, touchant à la fin de son poème, le conclue par un vers isolé, qui rimera avec le vers du milieu de la strophe précédente.

Voici un court exemple de Leconte de Lisle, le *Dernier Souvenir* :

> J'ai vécu, je suis mort. — Les yeux ouverts je coule
> Dans l'incommensurable abîme, sans rien voir,
> Lent comme une agonie et lourd comme une foule.

Inerte, blême, au fond d'un lugubre entonnoir
Je descends d'heure en heure et d'année en année,
A travers le Muet, l'Immobile, le Noir.

Je songe, et ne sens plus. L'épreuve est terminée.
Qu'est-ce donc que la vie ? Étais-je jeune ou vieux ?
Soleil ! Amour ! — Rien, rien. Va, chair abandonnée !

Tournoie, enfonce, va ! Le vide est dans tes yeux,
Et l'oubli s'épaissit et t'absorbe à mesure.
Si je rêvais ! Non, non, je suis bien mort. Tant mieux.

Mais ce spectre, ce cri, cette horrible blessure ?
Cela dut m'arriver en des temps très anciens.
O Nuit ! Nuit du néant, prends-moi ! — La chose est sûre :

Quelqu'un m'a dévoré le cœur, je me souviens.
(Poèmes barbares.)

Vous le voyez, chaque rime revient trois fois, sauf celle qui termine le premier et le troisième vers de la première strophe, et celle qui finit la pièce : ces rimes ne peuvent revenir que deux fois.

Il doit y avoir, de tercet en tercet, un arrêt du sens ; car, pour que nous sentions la beauté particulière de ce rythme, il ne faut pas que, par l'empiétement d'un tercet sur l'autre, notre oreille perde l'impression de la véritable unité rythmique en constituant, par exemple, un quatrain, comme dans ce fâcheux enjambement strophique d'une Terza-Rima de Victor de Laprade :

Heureux qui sur sa route invité par les fleurs,
Passe et n'écarte point leur feuillage ou leurs voiles,
Et, vers l'azur lointain tournant les yeux en pleurs,

Tend ses bras insensés pour cueillir les étoiles.

> Une beauté, cachée aux désirs trop humains,
> Sourit à ses regards, sur d'invisibles toiles, etc.
> (Idylles héroïques.)

La concordance entre le rythme de la strophe et le sens ne doit jamais être différée, sauf, bien entendu, à la conclusion du poème, où le sens déborde de la dernière strophe pour s'achever avec le vers unique.

Il est, enfin, de toute nécessité que le vers final soit un trait frappant en quelque manière, ou par le choc imprévu de la pensée ou par un profond rapport logique avec tout le poème et en tout cas par la beauté lyrique de la forme. Sinon, au lieu de la joie d'un aboutissement, c'est la déception d'un avortement que nous ressentirions.

C'est ce qui arrive, par exemple, au dernier vers de la Terza-Rima où Théophile Gautier nous montre les grands artistes qui, perdus dans leur rêve, sont inaptes à marcher sur la terre.

> Notre jour leur paraît plus sombre que la nuit,
> Leur œil cherche toujours le ciel bleu de la fresque,
> Et le tableau quitté les tourmente et les suit.
>
> Comme Buonarotti, le peintre gigantesque,
> Ils ne peuvent plus voir que les choses d'en haut,
> Et que le ciel de marbre où leur front touche presque.
>
> Sublime aveuglement, magnifique défaut !

Quelle chute que ce petit vers de dialogue, de raisonnement, terminé par un mot sourd et prosaïque, et qui n'a pas même l'enchaînement nécessaire avec le dernier tercet qu'il devrait « boucler » en quelque sorte !

Mais Gautier saura nous donner ailleurs l'exemple de ce que doit être le vers final, — dans la terzine écrite à l'occasion d'un tableau de son ami Louis Boulanger, le *Triomphe de Pétrarque*, et où, après avoir formulé d'admirables conseils aux poètes, il semble s'être rappelé que Dante, le grand maître des rimes-tierces, avait voulu terminer par le mot « stelle », étoiles, les trois poèmes de sa *Divine Comédie* :

>Sur l'autel idéal entretenez la flamme,
>Guidez le peuple au bien par le chemin du beau,
>Par l'admiration et l'amour de la femme.
>
>Comme un vase d'albâtre où l'on cache un flambeau,
>Mettez l'idée au fond de la forme sculptée,
>Et d'une lampe ardente éclairez le tombeau.
>
>Que votre douce voix de Dieu même écoutée,
>Au milieu du combat jetant des mots de paix,
>Fasse tomber les flots de la foule irritée.
>
>Que votre poésie, aux vers calmes et frais,
>Soit pour les cœurs souffrants comme ces cours d'eau vive
>Où vont boire les cerfs dans l'ombre des forêts.
>
>Faites de la musique avec la voix plaintive
>De la création et de l'humanité,
>De l'homme dans la ville et du flot sur la rive.
>
>Puis, comme un beau symbole, un grand peintre vanté
>Vous représentera dans une immense toile,
>Sur un char triomphal par un peuple escorté ;
>
>Et vous aurez au front la couronne et l'étoile !
>
>(Poésies diverses, 1833-1838.)

6. La Villanelle

On appelait ainsi, jusqu'au XVIe siècle, toute chanson faite sur un motif villageois; puis, ce nom générique fut attribué à une certaine forme dont le type est dans une petite pièce de Jean Passerat, qu'on va lire, et dont voici la contexture :

La villanelle est écrite sur deux rimes, en tercets composés de deux vers féminins encadrant un vers masculin. Le premier et le troisième vers du premier tercet servent alternativement de troisième vers à chacun des tercets suivants, et se répètent ensemble à la fin de la dernière strophe, qui devient ainsi un quatrain.

J'ai perdu ma tourterelle.
Est-ce point celle que j'oy ?
Je veux aller après elle.

Tu regrettes ta femelle,
Hélas ! aussi fay-je moy :
J'ai perdu ma tourterelle.

Si ton amour est fidèle,
Aussy est ferme ma foi :
Je veux aller après elle.

Ta plainte se renouvelle,
Toujours plaindre je me doy :
J'ai perdu ma tourterelle.

En ne voyant plus la belle,
Plus rien de beau je ne voy :
Je veux aller après elle.

> Mort, que tant de fois j'appelle,
> Prends ce qui se donne à toi :
> **J'ai perdu ma tourterelle.**
> **Je veux aller après elle.**

Si le jeu durait un peu plus longtemps, il tournerait vite à la « scie ». Bien que quelques poètes modernes s'y soient exercés, je ne crois pas qu'il tarde à rejoindre le Lai, le Virelai, la Glose, le Chant Royal, le Rondeau redoublé, la Double Ballade, et autres exercices dont je ne vous entretiendrai point, dans le Musée rétrospectif des Vieilles Rimes.

7. Le Huitain et le Dizain

On a rangé quelquefois, bien à tort, le distique, le quatrain, le sixain parmi les poèmes à forme fixe : ce sont tout simplement des pièces de deux, de quatre ou de six vers, ne différant en rien, par leur contexture, des strophes correspondantes. Elles offrent, à elles seules, un sens complet, voilà tout. Mais le Huitain et le Dizain existent vraiment comme poèmes à forme fixe et ne peuvent plus être confondus avec les strophes du même nombre de vers, la disposition des rimes y étant régie par des lois précises et particulières. Tous deux sont, je crois, de l'invention de Clément Marot. C'est lui, tout au moins, qui, en de ravissants madrigaux ou en de malicieuses épigrammes, leur donna cette forme définitive.

Le *Huitain*, écrit en vers de huit ou de dix syllabes, se forme de deux quatrains à rimes croisées, mais quatrains inséparables, car la première rime du second est la même que la seconde rime du premier, de sorte qu'il y a quatre vers sur la même rime, et quatre sur deux rimes différentes. Les quatre vers qui riment ensemble sont, ou les quatre vers féminins, si le huitain commence par une rime masculine, ou les quatre vers masculins, si le huitain commence par une rime féminine :

> Lorsque Maillart, juge d'enfer, menoit
> A Montfaucon Samblançay l'âme **rendre**,
> A votre avis lequel des deux tenoit
> Meilleur maintien ? Pour vous le faire **entendre**
> Maillart sembloit homme que mort va **prendre** ;
> Et Samblançay fut si ferme vieillart
> Que l'on cuidoit, pour vrai, qu'il menoit **pendre**
> A Montfaucon le Lieutenant Maillart.
> (Clément MAROT, Épigrammes.)

Quelquefois, l'un des quatrains est à rimes embrassées, mais toujours, ce qui est la condition essentielle — pour qu'on n'ait jamais l'impression de deux quatrains séparables, — avec quatre vers sur la même rime.

Le *Dizain* est généralement écrit en vers de dix syllabes. Riment ensemble : le premier vers et le troisième ; le second, le quatrième et le cinquième ; le sixième, le septième et le neuvième ; le huitième et le dixième.

« Le Dizain, dit Théodore de Banville, est certes moins solidement bâti que le Huitain, car il semble en quelque sorte pouvoir se diviser en deux parties, l'une qui finit après le cinquième vers, l'autre qui commence avec le sixième. Tout l'artifice, toute la gloire du poète consiste à bien attacher sa strophe, précisément là où elle risque de se casser, c'est-à-dire entre le cinquième vers et le sixième. »

Et cet artifice est, en somme, assez simple : il consiste à arrêter le sens, non sur le cinquième vers, mais sur le quatrième, donc avant le troisième retour de la rime triplée. Et ainsi, le cinquième vers étant fatalement rattaché aux suivants par la pensée, et aux précédents par la rime, aucune dissociation à la fois rythmique et psychique ne sera possible à cette place, et l'esprit comme l'oreille devront ainsi attendre le dixième vers pour arriver à la concordance du sens et du rythme.

Le croiriez-vous ? Banville, qui a si bien senti la nécessité de l'attache, n'a jamais aperçu en quoi elle consistait, si bien que, sur les vingt-quatre dizains « à la manière de Clément Marot » qu'il a écrits dans les *Cariatides*, trois seulement, par hasard, ne sont pas coupés au cinquième vers : les vingt et un autres forment deux *quintains*, aux rimes diversement croisées, mais non plus l'indivisible dizain que donne seul l'arrêt du sens au quatrième vers, arrêt auquel ne manquent jamais ni Marot, ni les maîtres plus récents de ce rythme.

Jean-Baptiste Rousseau, faux poète lyrique, mais épigrammatiste de premier ordre, y a excellé ; mais je crois bien que le plus beau dizain est celui qu'Escouchard Lebrun, dit Lebrun-Pindare, décocha un jour à La Harpe, qui s'était permis de parler du grand Corneille avec irrévérence. J'y souligne les rimes d'attache :

> Ce petit homme à son petit compas
> Veut sans pudeur asservir le génie ;
> Au bas du Pinde il trotte à petits pas
> Et croit franchir les sommets d'*Aonie*.
> Au grand Corneille il a fait *avanie* ;
> Mais, à vrai dire, on riait aux éclats
> De voir ce nain mesurer un Atlas,

Et, redoublant ses efforts de Pygmée
Burlesquement raidir ses petits bras
Pour étouffer si haute renommée.

Ainsi attaché, le Dizain n'est plus moins solidement bâti que le huitain, et il a plus de force encore. C'est un rythme à conserver.

8. Le Pantoum

Tous les poèmes à forme fixe que nous venons d'étudier sont originaires de notre terroir et très anciens dans notre poésie. Un seul nous reste à examiner qui est de récent usage et qui nous arrive de la Malaisie : le *Pantoum*.

Dans une des notes de ses *Orientales*, Victor Hugo, en 1828, avait cité, traduite en prose, une poésie malaise de cette forme, d'où se dégageait une séduction singulière, due non seulement à la répétition des vers selon un certain ordre, mais au parallélisme de deux idées se poursuivant de strophe en strophe, sans jamais se confondre, ni pourtant se séparer non plus, en vertu d'affinités mystérieuses.

Un poète érudit, Charles Asselineau, essaya de constituer un poème français sur ce modèle, et y parvint ; Théodore de Banville marcha sur ses traces ; Leconte de Lisle écrivit à son tour quelques pantoums, sur un sujet qui ramenait le poème à son pays d'origine, car il les intitula : *Pantoums Malais*. C'était, en cinq courtes pièces, une histoire d'amour, terminée par les lamentations de l'amant, meurtrier de la femme infidèle. Voici le dernier de ces pantoums, dont le mécanisme rythmique apparaîtra par le soulignement des vers répétés, et où vous retrouverez à chaque quatrain, le parallélisme obligatoire des deux sens : dans les deux premiers vers, la plainte du meurtrier ; dans les deux derniers, le paysage, en merveilleuse harmonie avec la plainte. L'obsession qui se dégage de ce petit poème est vraiment extraordinaire [a] :

> O mornes yeux ! Lèvre pâlie !
> J'ai dans l'âme un chagrin amer.
> Le vent bombe la voile emplie,
> L'écume argenté au loin la mer.
>
> **J'ai dans l'âme un chagrin amer :**
> Voici sa belle tête morte !
> **L'écume argenté au loin la mer,**
> Le praho rapide m'emporte.
>
> **Voici sa belle tête morte !**
> Je l'ai coupée avec mon kriss.
> **Le praho rapide m'emporte**
> En bondissant comme l'axis.
>
> **Je lai coupée avec mon kriss ;**
> Elle saigne au mât qui la berce.
> **En bondissant comme l'axis**
> Le praho plonge et se renverse.
>
> **Elle saigne au mât qui la berce ;**
> Son dernier râle me poursuit.
> **Le praho plonge et se renverse.**
> La mer blême asperge la nuit.

---

a. Trois mots de couleur locale pourraient embarrasser le lecteur. Disons donc que le *praho* est la barque des pirates malais, que le *kriss* est un glaive à lame ondulée, et que l'*axis* est une gazelle.

Son dernier râle me poursuit.
Est-ce bien toi que j'ai tuée ?
La mer blême asperge la nuit.
L'éclair fend la noire nuée.

Est-ce bien toi que j'ai tuée ?
C'était le destin, je t'aimais !
L'éclair fend la noire nuée,
L'abîme s'ouvre pour jamais.

C'était le destin, je t'aimais !
Que je meure afin que j'oublie !
L'abîme s'ouvre pour jamais.
O mornes yeux ! Lèvre pâlie !

(Poèmes tragiques.)

Vous le voyez, le pantoum est écrit en strophes de quatre vers à rimes croisées ; le deuxième et le quatrième vers de chaque strophe passent dans la suivante pour en former le premier et le troisième vers ; enfin, le vers par lequel on a commencé la pièce revient, comme dernier vers, à la dernière strophe.

Pour ménager adroitement les retours de vers, il faut être déjà un excellent ouvrier de poésie ; mais il faut être quelque chose de plus, un poète, pour mener ainsi jusqu'au bout les deux sens, toujours matériellement dissociés et toujours moralement associés. Si l'on ne compte point sur une réussite pareille, on fera bien de laisser cette forme dangereuse et complexe aux nourrissons basanés des Muses javanaises.

XVI
Les Vers libres. — Conclusions

Nous savons maintenant comment les vers se coordonnent en groupes symétriques, avec les strophes, et comment ils s'assujettissent à la rigidité d'un cadre, avec les poèmes à forme fixe. En dehors de ces combinaisons, il ne nous reste plus à étudier que les *Vers libres*, qu'on peut définir : ceux où le poète emploie à son gré, en périodes d'étendue variable, les mètres de différentes longueurs et les diverses combinaisons de rimes.

Puisque je parle d'un mélange de rimes, c'est qu'il y a ici des rimes, non de simples assonances ni, à plus forte raison, des sonorités finales sans répondantes ou simplement doublées par leur propre répétition. Et puisque je parle d'un mélange de mètres, c'est qu'il y a ici des mètres, c'est-à-dire des vers, c'est-à-dire, non pas des cadences quelconques arbitrairement élues par le caprice du poète, mais celles, en petit nombre, qui, sélectionnées depuis des siècles entre les innombrables cadences de la prose par un impérieux et universel besoin de l'oreille, sont, seules, ce que l'on a le droit d'appeler des vers.

Il ne s'agit donc pas du grotesque langage que dans le but de créer une équivoque favorable, quelques poètes récents ont nommé « vers libres », quelques poètes, j'ai hâte de le dire, presque tous venus du Pérou, de l'Uruguay, des États-Unis, de l'Allemagne, de la Scandinavie, de l'Hellénie, de la Néerlande ou de la Pologne, pour nous révéler enfin le véritable génie de la métrique française, qu'ils étaient si naturellement préparés à connaître. Je ne puis pourtant me dispenser d'en dire deux mots, puisque quelques-uns tentent de faire durer encore cette mauvaise plaisanterie.

Quel est l'inventeur du néo-vers libre ? Beaucoup admettent que c'est Jules Laforgue, qui, né à Montevideo, écrivait ses vers (?) à Berlin. En voici quelques-uns, tirés de *Poésies complètes* :

> Blocus sentimental ! Messageries du Levant !…
> Oh ! tombée de la pluie ! Oh ! tombée de la nuit !
> Oh ! le vent !
> La Toussaint, la Noël et la Nouvelle Année,
> Oh ! dans les bruines, toutes mes cheminées
> D'usines… Soleils plénipotentiaires des travaux en blonds Pactoles
> Des spectacles agricoles,
> Où êtes-vous ensevelis ?
> Ce soir, un soleil fichu gît en haut du coteau,
> Gît sur le flanc, dans les genêts, sur son manteau,
> Un soleil blanc comme un crachat d'estaminet
> Sur une litière de jaunes genêts,
> De jaunes genêts d'automne.
> Et les cors lui sonnent !
> Qu'il revienne…
> Qu'il revienne à lui !
> Taïaut, Taïaut et hallali !
> O triste antienne, as-tu fini !
> Et font les fous !…

Et il gît-là, comme une glande arrachée dans un cou,
Et il frissonne, sans personne.

Parmi ceux qui disputent à Jules Laforgue l'invention de ce prétendu vers libre, je dois citer Mme Marie Kryzinska et M. Francis Viélé-Griffin. Il y a surtout M. Gustave Kahn, esprit de vaste culture et qu'il faut écouter, si ce n'est quand il parle de notre métrique, à laquelle il a l'oreille hermétiquement fermée ; car, hélas ! lorsqu'il en a parlé, c'est lui qui n'a pas hésité à dire que le vers libre de sa façon « existait en lui-même par des allitérations de voyelles et de consonnes parentes », tandis que les anciens vers français n'étaient « que des lignes de prose coupées de rimes régulières. » (Textuel.) Voici quelques vers libres de sa façon :

> Sur la même courbe lente,
> Implacablement lente,
> S'extasie, vacille et sombre
> Le présent complexe de courbes lentes,
> A l'identique automne les rouilles s'homologuent,
> Analogue ta douleur aux soirs d'automne,
> Et détonne la lente courbe des choses et les brefs sautillements...

(Les Palais nomades.)

Les Allemands, qui ont, sur cette matière, l'honnêteté de ne point donner le même nom à deux choses tout à fait différentes, appellent cet insupportable langage, bâtard du vers et de la prose, la *Makame.*

Malgré trente années d'efforts, la Makame n'a pu s'introduire définitivement dans la prosodie française, dont elle est, d'ailleurs, la négation ; elle en a été éliminée, comme d'un organisme robuste et sain tout corps étranger s'élimine. Je n'en parle donc ici que pour mémoire, et pour mieux faire sentir, par comparaison, la merveilleuse beauté du vers libre, celui qui est un vers, celui des *Fables* de La Fontaine, de l'*Amphitryon* de Molière, de la *Psyché* qu'écrivit Corneille en collaboration avec le grand comique, celui de l'*Armide* de Quinault, celui de l'adorable *Silvia* d'Alfred de Musset, le vers qu'on a trop délaissé, parce qu'il demande plus de génie, dans sa négligence apparente, que toutes les autres combinaisons rythmiques, mais auquel on reviendra, j'en suis sûr, en s'appuyant sur ces modèles, pour un renouvellement prochain des formes de notre poésie.

Reprenons maintenant les pseudo-vers libres ci-dessus, en supposant que nous en avons compris tout le sel et tout le sens. Pourquoi ces coupes et non pas d'autres ? Si on nous lisait, à voix haute, une page de cette sorte, devinerions-nous où chacun de ces prétendus vers commence et où il finit ? Quelle impression, différente de celle que nous donnerait une prose, — une détestable prose — peuvent-ils procurer à l'oreille, dont l'attente est perpétuellement déçue, et d'une manière d'autant plus cruelle que, çà et là, une ébauche de rime ou un embryon de cadence régulière vient aviver et irriter encore cette attente sans la satisfaire jamais ? Je veux bien croire que le poète a eu ses raisons pour découper ainsi les membres de sa phrase ; mais ces raisons, n'étant fondées sur quoi que ce soit de commun entre sa sensibilité et la nôtre, ni sur aucune convention rythmique d'avance acceptée par nous et par lui, nous sont absolument incommunicables.

Bien vite, à présent, lisons ensemble, quelques vers libres qui soient des vers ! Par exemple, écoutons un instant, dans Corneille, dialoguer l'Amour et Psyché :

PSYCHÉ
Des tendresses du sang peut-on être jaloux ?

L'AMOUR
Je le suis, ma Psyché, de toute la nature.
Les rayons du soleil vous baisent trop souvent ;
Vos cheveux souffrent trop les caresses du vent ;
    Dès qu'il les flatte, j'en murmure.
    L'air même que vous respirez
Avec trop de plaisir passe par votre bouche ;
    Votre habit de trop près vous touche,
    Et sitôt que vous soupirez,
    Je ne sais quoi qui m'effarouche,
Craint, parmi vos soupirs des soupirs égarés...

Quelle musique adorable que cette mélodie qui s'élève, s'enfle, ondule, et vient mourir en une suprême caresse ! Quelle grâce amoureuse dans ces deux rimes, finales, si voluptueusement triplées, pareilles à une approche de plus en plus pressante et tendre ! Et pourrions-nous imaginer un autre choix, un autre entrelacement de cadences ? Nous ne connaissions pas cette combinaison de rythmes ; elle frappe pour la première fois notre oreille, c'est une perpétuelle *surprise...* — et cependant, ô miracle ! c'est aussi la *sécurité* profonde. Ces mouvements inconnus, nous en devinons, nous en souhaitons la suite au moment même où ils s'ébauchent ; et quand la période s'achève, il semble que ce soit moins la conclusion voulue par le poète que l'aboutissement nécessaire et délicieux de notre propre désir.

Pourquoi ? C'est que ces cadences sont des vers et non des lignes ; et c'est que ces vers, à leur tour, sont assemblés selon des lois certaines, auxquelles il a suffi au poète d'obéir, par cet instinct, commun à lui et à nous, d'où vient tout son pouvoir, d'où vient toute notre joie.

Le voilà, le véritable vers libre. Et qui peut être assez barbare pour ne point sentir sa différence d'avec cette contrefaçon qu'on a si bien nommée : « le vers *amorphe* », c'est-à-dire *informe* ?

Ces lois du vers libre, auxquelles obéit d'instinct le poète, n'ont guère été codifiées encore, et ce n'est que par de nombreuses et minutieuses analyses que nous arriverions à les découvrir toutes. Voici, je crois, les essentielles :

Quant aux rimes, — qui pourront être, selon la libre poussée de l'inspiration, tour à tour *suivies, croisées, embrassées, redoublées*, — on devra éviter de prolonger trop longtemps une seule de ces combinaisons, afin que le lecteur ne perde pas le sentiment de la liberté pleine : une suite de vers à rimes plates, tout particulièrement, serait du plus fâcheux effet. Pour le reste, je crois qu'il suffira de ne pas oublier la règle d'alternance des rimes féminines et des masculines. Molière, dans *Amphitryon*, y a manqué quelquefois, mais si rarement qu'il ne faut voir là que négligences involontaires. La Fontaine n'y manque jamais.

Quant aux mètres, on peut seulement chercher, par épreuves successives, quels sont ceux dont le rapprochement plaît le plus ou plaît le moins à l'oreille. Lorsque, au chapitre de la Césure, nous avons étudié les mètres de différentes longueurs, nous avons déjà constaté que tels avaient de l'affinité avec tels autres, et que tels, au contraire, n'en avaient point. Au chapitre des Strophes, vous avez pu remarquer encore, bien que je n'en aie rien dit, que jamais certains mètres ne se trouvaient juxtaposés dans une même stance. Dans les poèmes en vers libres, ce sont les mêmes sympathies et les mêmes antipathies qui feront la période harmonieuse et coulante ou rude et heurtée; et comme le poète n'a plus ici aucun moule éprouvé avant lui pour y donner forme à la pensée, mais qu'il dispose à son gré de tous les mètres ensemble, il courra grand risque de tomber dans les cadences les moins lyriques, les plus voisines de la prose, s'il n'a le sens le plus délicat des antipathies et des sympathies rythmiques dont j'ai parlé.

Sont-elles régies par une loi ? Le mot paraîtrait peut-être bien prétentieux, pour le moment du moins. Contentons-nous de dire, jusqu'à nouvel ordre, qu'il y a quelques principes directeurs, fondés sur l'observation et dont il sera facile à chacun de vérifier la justesse.

1° Les vers d'un nombre pair de syllabes s'allient toujours bien avec n'importe quel autre vers du même genre, à l'exception du vers de dix syllabes césure en 5+5, exception dont nous dirons la raison plus loin. C'est pourquoi la plupart des poèmes en vers libres sont écrits principalement en vers de douze syllabes, de dix (coupés à la quatrième) et de huit, auxquels on peut toujours joindre des mètres plus courts, mais pairs encore :

> Ma protectrice bien-aimée,
> Quand votre lettre parfumée
> Est arrivée à votre enfant gâté,
> Je venais de causer en toute liberté
> Avec le grand ami Shakespeare.
> Du sujet cependant Boccace était l'auteur ;
> Car il féconde tout, ce charmant inventeur

> Même après l'autre il fallait le relire,
> J'étais tout seul, ses Nouvelles en main,
>   Et de la nuit la lueur azurée,
>   Se jouant avec le matin,
>   Étincelait sur la tranche dorée
>   Du petit livre florentin;
> Et je songeais, quoi qu'on dise ou qu'on fasse,
> Combien c'est vrai que les Muses sont sœurs;
> Qu'il eut raison, ce pinceau plein de grâce,
> Qui nous les montre, au sommet du Parnasse,
>   Comme une guirlande de fleurs!
>   La Fontaine a ri dans Boccace,
>   Où Shakespeare fondait en pleurs.
>   Sera-ce trop que d'enhardir ma muse
>   Jusqu'à tenter de traduire à mon tour
> Dans ce livre amoureux une histoire d'amour?
>   Mais tout est bon qui vous amuse.
>   (Alfred DE MUSSET, Poésies nouvelles.)

2° Les vers d'un nombre pair de syllabes s'allient mal à ceux de nombre impair, à l'exception du vers de neuf coupé en 3+3+3 et du vers de trois syllabes, exception dont nous dirons aussi la raison plus loin. Pourtant Corneille, Molière, La Fontaine, Quinault, et Racine dans les admirables chœurs d'*Esther* et d'*Athalie*, mêlent assez souvent le vers de sept syllabes, ou de cinq, à leurs mètres pairs de six à douze syllabes. Oui, mais, sachant que ce rapprochement, s'il était trop intime, serait pénible à l'oreille, ils ne manquent presque jamais de prendre en ce cas certaines précautions, dont la principale consiste à ménager un arrêt notable du sens entre les vers pairs et les impairs, donc à ne point les lier tout en les rapprochant. C'est pourquoi, en général, le poète aura soin de finir une période avec le système pair et d'en commencer une autre, de *plusieurs vers autant que possible*, avec le système impair : par la première précaution, il évitera la discordance, par la seconde, il établira un nouvel accord, qui donnera à l'oreille, tout à la fois une surprise délicieuse et une sécurité parfaite.

Ainsi, écoutez comme chantent ces dix vers de Quinault, dont les huit premiers sont pairs (8, 12 et 10 syllabes) et les deux derniers, après une courte, mais suffisante halte du sens, sont impairs (7 syllabes) :

>   Armide, il est temps que j'évite
>   Le péril éclatant que je trouve à vous voir :
>   La gloire veut que je vous quitte ;
>   Elle ordonne à l'Amour de céder au devoir.
>   Si vous souffrez, vous pourrez croire
>   Que je m'éloigne à regret de vos yeux,
>   Vous régnerez toujours dans ma mémoire ;
>   Vous serez, après la Gloire,
>   Ce que j'aimerai le mieux.
>   (Armide.)

Il va sans dire que le poète peut, en de certaines circonstances, faire une beauté d'un rapprochement plus intime qui, en général, serait une faute. Par exemple Racine, dans le decrescendo de ces quatre vers dont les trois premiers sont pairs — de douze, dix et huit syllabes — et le dernier, étroitement uni aux autres, de cinq :

>   Dieu descend et revient habiter parmi nous.
>   Terre, frémis d'allégresse et de crainte,
>   Et vous, sous sa majesté sainte,
>   Cieux, abaissez-vous !
>   (Esther.)

Mais il faut quelque génie pour provoquer, dans une révolte de l'oreille, une volupté de l'oreille elle-même, associée à une volupté de l'esprit.

3° Les vers d'un nombre impair de syllabes s'allient toujours bien avec ceux d'un autre nombre impair, mais cette alliance se rencontre dans les strophes plutôt que dans les poèmes en vers libres où — nous découvrirons peut-être pourquoi — l'oreille jouit davantage des rythmes pairs et souhaite que les autres ne s'y mêlent que rarement et à des conditions que j'ai déterminées.

4° J'ai dit que, par exception, bien qu'il soit d'un nombre pair de syllabes, le vers de dix, *lorsqu'il est coupé* en 5+5, s'alliait mal avec les autres vers d'un nombre pair de syllabes. Faites-en l'épreuve. Partez de ces deux vers de Malherbe, dont l'un est de douze et l'autre de six, et qui s'accordent si parfaitement :

> Elle était de ce monde où les plus belles choses
> Ont le pire destin...

Modifiez le second en le faisant de dix syllabes *avec césure à la quatrième* :

> Elle était de ce monde où les plus belles choses
> Toujours, hélas! ont le pire destin...

L'oreille est satisfaite encore.

Transformez maintenant ce décasyllabe coupé en 4+6, et faites-en un décasyllabe coupé en 5+5 :

> Elle était de ce monde où les plus belles choses
> Hélas! ont toujours le pire destin...

et aussitôt vous sentez une désharmonie ou, tout au moins, un ébranlement désagréable, une surprise excessive, comme le passage, non préparé, d'un système harmonique à un autre.

5° Par exception aussi, quoiqu'ils aient un nombre impair de syllabes, les vers de neuf, coupés en 3+3+3, et ceux de trois syllabes, s'accordent parfaitement avec les vers de six et de douze.

Avec les vers de six :

> Les Plaisirs ont choisi pour asile
> Ce séjour agréable et tranquille.
>   Que ces lieux sont charmants
>   Pour les heureux amants !
>   (Quinault, Armide.)

Avec les vers de douze :

> Jeunes cœurs, tout vous est favorable ;
> Profitez d'un bonheur peu durable.
> Dans l'hiver de vos ans l'Amour ne règne plus :
> Les beaux jours que l'on perd sont pour jamais perdus.
>   (Quinault, Armide.)

Ces règles générales et ces rares exceptions étant bien établies, je n'hésite plus, à présent, à dire que les unes et les autres sont dominées par une loi unique, dont l'application régit tous les groupements de mètres dans le vers libre, et réalise leur pleine harmonie : c'est cette loi, déjà souvent rencontrée, car elle joue un rôle immense dans la métrique, *la loi du moindre effort*.

L'harmonie la plus aisément, la plus immédiatement saisissable entre plusieurs vers de longueur différente est celle qui résulte d'un assemblage de mètres ayant entre eux un *commun diviseur*. Il en existe toujours au moins un entre les mètres d'un nombre pair de syllabes, c'est le nombre *deux*. Et voilà pourquoi nous jouissons si pleinement de tous les assemblages de ces mètres.

Il n'y a aucun *commun diviseur* entre les mètres pairs et les mètres impairs, à l'exception des vers de neuf coupés en 3+3+3 et des vers de trois syllabes, rapprochés des vers de douze et de six ; c'est pourquoi, à ces exceptions près, les mètres pairs et les mètres impairs ne peuvent être étroitement rapprochés.

Il n'y en a aucun entre divers mètres impairs ; c'est pourquoi l'oreille ne jouit pas longtemps de combinaisons purement impaires [a] et n'aime à les rencontrer mêlées aux combinaisons paires que si le sens ne les force pas à entrer dans une même période.

Il n'y en a aucun entre l'hémistiche de six syllabes de l'alexandrin et l'hémistiche de cinq du décasyllabe césure en 5+5 ; c'est pourquoi le rapprochement de l'alexandrin et du décasyllabe de cette sorte satisfait mal l'oreille ; de même que — disons-le en passant — la coupe intérieure la moins plaisante de l'alexandrin est celle de 5+7, ou en 7+5, nombres premiers entre eux.

Il y a, au contraire, un commun diviseur entre les vers de six et de douze syllabes d'une part, et celui de neuf césure en 3+3+3 de l'autre : ce commun diviseur est 3 ; c'est pourquoi les vers de douze, quoique pairs, s'accordent avec ceux impairs, de neuf, ainsi césurés, et, bien entendu, avec le vers de trois syllabes lui-même. — Il va sans dire que je parle ici de l'assemblage du vers de neuf syllabes césure en 3+3+3 avec l'alexandrin classique césuré en 6+6 ; et que si, comme dans le dernier exemple de Quinault, l'un au moins des hémistiches se subdivise lui-même en 3+3 par la présence d'un accent secondaire, l'union sera plus parfaite encore ; — mais que si, au contraire, l'alexandrin était coupé autre part

---

a. Si ce n'est dans les poèmes en strophes, où le moindre effort est assuré par la symétrie, au lieu de l'être par la présence d'un commun diviseur.

qu'à l'hémistiche, il ne s'accorderait pas plus avec le vers de neuf syllabes coupé en 3+3+3 qu'avec n'importe quel autre vers impair et que nous retomberions alors dans la règle générale qui s'oppose au rapprochement des deux familles de mètres.

Et ainsi, règles générales et exceptions, tout est fondé sur une inébranlable loi mathématique.

Pythagore disait, il y a vingt-cinq siècles, que tout, dans l'univers, était nombre, et depuis vingt-cinq siècles, la science n'a point fait un pas qui n'ait confirmé cette divination dans tous les ordres de la connaissance, qui n'ait montré, partout, le nombre introduisant dans les choses cette alternance du mouvement qui est le rythme, ce rythme qui est, à son tour, le générateur de l'harmonie.

Pour nous, à chaque page de ces études, nous avons vu à quel point tout était nombre dans la métrique, dans notre métrique française. Dès nos premiers entretiens, nous rencontrions cet instinct primordial, d'où sont nées toutes les prosodies, qui nous fait désirer la réalisation de la plus grande jouissance musicale possible par le moindre effort, c'est-à-dire par l'établissement des rapports les plus simples, les plus immédiatement saisissables entre les éléments du rythme. Et voilà qu'au moment de clore ce livre, en étudiant la forme poétique la plus affranchie, en apparence, de toute contrainte, nous retrouvons, plus évidente que jamais, cette présence du nombre ; plus certaine que jamais, cette loi du moindre effort ; plus impérieuse que jamais, encore que plus cachée, cette nécessité de la discipline hors de laquelle, en aucun pays et en aucun siècle, n'a existé la toute-puissante formule incantatoire, l'incomparable instrument de beauté qu'on appelle le vers.

Vous imaginez-vous l'œuvre d'Homère ou celle de Virgile, non pas fixée en ces hexamètres dont le rythme régulier nous ravit encore, mais tracée en lignes inégales dont la loi rythmique échapperait absolument à notre oreille ? Et pouvez-vous supposer *Polyeucte* ou *Phèdre*, les *ïambes* de Chénier, le *Lac de Lamartine*, le *Booz endormi* de Victor Hugo, le *Kaïn* de Leconte de Lisle, écrits en alinéas amorphes, que les auteurs nous auraient demandé de reconnaître, par un acte de foi gratuite, pour des vers ?

Mais l'absurde pensée de les ainsi écrire ne leur serait point venue, à ces hommes qui, par le verbe le plus efficace, avaient à nous transmettre la plus intense, la plus complète, la plus lumineuse expression du génie de leur temps, de leur pays, de leur race, et de leur propre cœur dilaté. Ils savaient trop que, selon la belle expression de Lamartine, il faut couler, pour cela,

    Les divines statues
  Dans le moule des vers, de rythmes revêtues.

Car, poursuit le poète :

 L'immortelle pensée a sa forme ici-bas.
 Langue immortelle aussi, que l'homme n'use pas.
 Tout ce qui sort de l'homme est rapide et fragile,
 Mais le vers est de bronze et la prose d'argile :
 L'une, lorsque la brise et le soleil des jours
 Et les mains du vulgaire ont palpé ses contours,
 Sous la pluie et les vents croule et glisse en poussière,
 S'évanouit en cendre et périt tout entière ;
 L'autre passe éternelle avec les nations,
 De générations en générations,

> Résiste aux feux, à l'onde, et survit aux ruines ;
> Ou, si la rouille attente à ses formes divines,
> L'avenir, disputant ses fragments aux tombeaux,
> Adore encore de l'œil ces sonores lambeaux.
>
> (Recueillements poétiques.)

Dans le superbe sonnet *A Alfred de Vigny*, écrit lors du centenaire du poète, Sully Prudhomme nous dit à son tour :

> Ah ! comme il sied, Vigny, de couronner ton ombre,
> Aujourd'hui que, brisant le joug ailé du nombre,
> Le vers fuit des sommets le jour et la hauteur !
>
> Fier de ton art, docile à ses règles sacrées,
> O poète soldat, flétris ce déserteur,
> Toi qui sais obéir, même alors que tu crées !

Il aurait pu dire : *parce que tu crées*, car ce qu'il y a au fond de la déliquescence de la forme, chez ceux qui brisent le « joug ailé », ce n'est pas autre chose — regardez-y bien — que la vacuité de l'esprit et que la stérilité du cœur.

Parmi ces pages amorphes, dont pas une ne s'est imposée à la mémoire, cherchez — et vous ne les trouverez pas — quelles sont celles qui ont ajouté un peu de tendresse et de pitié au monde, qui ont, fût-ce dans une seule âme, jeté un ferment d'enthousiasme ou de joie, affiné le sens du bien et du mal, affermi la volonté, ennobli la notion de l'amour, — tout cela, bien entendu, non par une prédication voulue et vaine, mais par l'involontaire et invincible émanation de la magnanimité du poète. Pourtant, il n'y a que cela qui compte ; et si le poète ne peut dire de son œuvre ce que Gounod écrivait dans la dédicace latine d'un de ses oratorios : « Ici, j'ai travaillé à l'accroissement de la vie intérieure en mes frères et en moi-même, — ad incrementum vitæ in fratribus meis et in meipso » — il ne mérite pas plus de considération qu'un gymnaste, un équilibriste ou un joueur de boules.

Au reste, rappelons-nous à quel moment a été jeté cet appel à l'anarchie prosodique.

C'est au moment où, sous diverses influences, dont l'une des moindres n'était pas l'influence posthume de Baudelaire, — en qui, à côté d'un rare poète, il y avait un détraqué pervers et un cabotin mystificateur — on vit la poésie abandonner les grandes voies de la pensée, de la conscience et de l'amour, s'éprendre de toutes les déviations morales, de toutes les dépravations physiques, de toutes les aberrations intellectuelles.

C'est au moment où l'on voulut nous apprendre que les maîtres n'étaient plus les Corneille et les Racine, les Lamartine et les Hugo, ni aucun de ceux qui avaient dit nos passions et nos énergies, nos espérances et nos inquiétudes, ceux qu'avaient hantés les hauts problèmes de la vie et de la mort, ceux enfin qui, par leurs actes et par leurs œuvres tout ensemble, avaient montré à l'humanité quelques-uns des plus magnifiques exemplaires de l'Homme, — mais que, désormais, il fallait prendre pour guides tel avorté malsain qu'on exhumait, tel dégénéré lamentable qu'on exaltait, tel incompréhensible graphomane qu'on intronisait, — tous désignés à l'admiration des nouveaux venus par quelque tare.

C'est au moment aussi où l'on proclama que le théâtre en vers n'était pas de la poésie ; que l'éloquence en vers n'était pas de la poésie, — l'éloquence, cette exaltation naturelle du langage, prose ou vers, soulevé par la générosité des pensées ; — qu'une belle histoire contée en vers, à moins que ce fût en vers faux et qu'elle se passât entre personnages vaguement wagnériens ou anglo-préraphaëlites, n'était point de la poésie ; que la poésie consisterait désormais en une vague évocation, autour d'un vague embryon d'idée, de quelques-unes de ces vagues analogies, de ces vagues correspondances, telles qu'il s'en éveille, paraît-il, dans l'esprit vague des intoxiqués, fumeurs d'opium ou éthéromanes ; que la nature, la vie, la passion n'y devaient plus jamais directement apparaître, mais transparaître vaguement, dans un brouillard de symboles, symboles plus glacés et plus obscurs — nous l'avons vu — que les plus froides et les plus compliquées allégories du *Roman de la Rose*.

Oui, c'est alors, au moment où le vers « désertait » à la fois « le jour » et « la hauteur » des sommets, qu'il tentait de secouer aussi « le joug ailé du nombre » : car tout se tient, et ceci ne pouvait point aller sans cela. C'est alors que quelques exotiques, aidés par quelques Français non moins étrangers qu'eux par la sensibilité de l'oreille et la constitution de l'esprit, essayèrent de briser notre métrique, grâce à laquelle est si miraculeusement assurée la communication immédiate de celui qui chante avec l'universalité de ceux qui l'écoutent. Et si le but de l'art est de produire, selon la parole d'un philosophe, « une émotion esthétique d'un caractère social », nous avons, alors, failli voir se réaliser par eux le paradoxe contenu dans ces mots assemblés : *un art antisocial*.

Au reste, ces égoïstes qui n'entendaient obéir qu'à ce qu'ils appelaient leur « rythme personnel », ne pouvaient prétendre éveiller quand même, chez tous leurs auditeurs ou lecteurs, des émotions harmoniques, ce qui ne saurait être le propre que d'une prosodie *réglée, donc, pour une part, impersonnelle*. Et ces orgueilleux, qui revendiquaient si fièrement leur droit à l'obscurité de la pensée, ne pouvaient, en même temps, espérer d'être compris par la foule. Aussi n'y prétendaient-ils point; aussi M. Rémy de Gourmont, l'un de leurs plus intrépides porte-paroles, après avoir, dans son étude sur *Stéphane Mallarmé et l'idée de Décadence*, exprimé le regret qu'il y eût « trop peu d'écrivains obscurs en français », proclamait-il, sans craindre d'être contredit par sa clientèle, que « la littérature qui plaît aussitôt à l'universalité des hommes est *nécessairement* nulle ». — Allusion délicate, je pense, au *Cid* et aux *Méditations*, qui plurent aussitôt à l'universalité des hommes.

Cependant, tandis que ces folies « décadentes » s'élaboraient en quelques cénacles, — inquiétant chez nous et même au dehors, jusque chez Tolstoï, ceux qui ne savaient pas quel nombre infime de personnes y participaient, — nos poètes classiques étaient lus, compris, applaudis plus qu'ils ne l'avaient été depuis deux siècles ; les grands Romantiques étaient admirés chaque jour davantage ; et le public restait immuablement fidèle à ces Parnassiens qui, d'inspiration si diverse, n'avaient jamais essayé d'imposer à personne leur conception de la poésie, mais qui, tout en travaillant eux-mêmes à quelques légitimes libérations, avaient maintenu, pour les chefs-d'œuvre des poètes à venir, l'instrument toujours accordé des anciens chefs-d'œuvre et proclamé seulement que le respect de la métrique était, en poésie, ce que le respect du dessin est en peinture : la probité de l'art. Enfin, l'on voyait tous les dissidents, et jusqu'aux étrangers, les plus excusables de leurs aberrations rythmiques, revenir peu à peu à la prosodie traditionnelle, et cette prosodie reprendre une si universelle créance que, parmi les derniers-nés d'entre les poètes, parmi ceux en qui nous pouvons saluer déjà une aurore de gloire, il n'en est presque plus un seul qui n'y conforme tous ses vers.

C'est que l'égoïsme et l'orgueil ne pouvaient rien créer qui pût vivre. L'art n'est fécond que lorsqu'il est expansion, charité, amour. Et plus d'âmes il est apte à faire communiquer entre elles, plus l'œuvre est grande et plus grand est l'artiste, n'en déplaise aux théoriciens d'une « décadence » satisfaite d'elle-même, à laquelle, grâce à Dieu, l'âme française a su échapper d'un coup d'aile.

Comme j'allais terminer ce livre, j'ai rouvert par hasard mon Shakespeare ; j'ai relu ce drame féerique de la *Tempête* qui est, vous le savez, la dernière œuvre du grand William, une sorte de testament de sa pensée ; et j'y ai retrouvé, — je veux la remettre sous vos yeux avant que nous nous quittions, — la plus magnifique image qu'un poète ait montrée jamais du rôle moral et du rôle social de la Poésie.

Vous vous souvenez de cette Île où l'enchanteur Prospero, chassé de son duché de Milan par un frère, aborde avec la douce Miranda sa fille. Un seul être humain l'habite : Caliban, esclave malfaisant et difforme, en qui Renan voulait voir la personnification d'une démocratie encore enfoncée dans les appétits de la matière. Mais Prospero a soumis les Esprits de l'Air. Par leurs chansons, auxquelles Caliban est déjà sensible, on pressent qu'une âme pourra s'éveiller un jour dans cette brute. Par leurs chansons, une tempête est soulevée et jette sur la côte le vaisseau qui porte l'usurpateur et ses complices. Par leurs chansons l'amour va rapprocher Miranda et le beau Ferdinand, fils du méchant roi de Naples. Par leurs chansons enfin, tous les coupables et tous les traîtres vont être enfermés dans l'infranchissable enceinte du Cercle magique. — Alors Prospero se vengera-t-il ? Non. Le miséricordieux enchanteur n'a pas emprisonné là ses ennemis pour les punir, mais, dit-il, « afin que le jour se glisse furtivement par-dessous la nuit, fondant par degrés ses ténèbres, et que leurs facultés s'éveillant commencent à chasser les vapeurs de l'inconscience qui enveloppaient les clartés de leur raison. » Et, avant d'achever son œuvre : « Vous, dit-il, Elfes des collines, des ruisseaux, des lacs dormants et des bosquets ; et vous, qui de vos pieds qui ne font pas d'empreintes, courez sur le sable après Neptune lorsqu'il se retire et fuyez devant lui lorsqu'il remonte ; et vous, petits êtres nains, qui au clair de lune tracez en dansant ces cercles qui laissent l'herbe amère et que la brebis ne broute pas : vous êtes des maîtres bien faibles ; et cependant, grâce à votre aide, j'ai pu, dans tout l'éclat de son midi, obscurcir le soleil, évoquer les vents à la rage séditieuse, et déchaîner la guerre rugissante entre la vaste mer et la voûte azurée... Oui, voilà, grâce à votre aide, jusqu'où mon Art a pu porter sa puissance. Mais j'abjure ici cette impérieuse magie, et lorsque je vous aurai ordonné — ce que je fais en ce moment — un peu de musique céleste pour opérer, sur les sens de ces hommes, le but que je poursuis, but que ce charme aérien est destiné à me faire atteindre, je briserai ma baguette de commandement, je l'enfouirai à plusieurs toises sous la terre ; et plus avant que n'est encore descendue la sonde, je plongerai mon livre sous les eaux. »

Non, que Prospero, que le Poète, n'abdique pas, qu'il garde toujours sa baguette et son livre, — le livre où sont consignés les secrets des Rythmes. Dans le cercle où les âmes se régénèrent, qu'il ne fasse pas seulement entrer le duc de Milan, le roi de Naples et tous les puissants de la terre — les savants, les lettrés et les dilettantes, — mais jusqu'aux plus ignorants et aux plus humbles, jusques au grossier Caliban lui-même ! Quant à ces Elfes impalpables, quant à ces imperceptibles Nains qui suffisent aux enchantements du Poète, qu'est-ce autre chose que les lettres de l'alphabet, que les cadences, les rimes, les strophes, mais ordonnées, mais dirigées par l'inspiration, selon les lois qu'ont fixées et transmises les exemples ininterrompus des génies ?

En étudiant avec moi ces lois du rythme dans les chefs-d'œuvre des grands maîtres, vous aussi, pendant quelques heures, vous aurez été, ce me semble, les captifs de l'Île enchantée. Mais peut-être bénirez-vous cette servitude, si, connaissant mieux, à présent, les formules magiques, vous savez mieux, à votre tour, évoquer pour les autres, dans tout leur pouvoir, les musiques célestes, et si, par elles, vous vous sentez vous-mêmes plus étroitement associés à l'harmonie du monde, en marche, sur le chemin du Beau, vers l'Amour et vers la Lumière.

Préceptes

Poète qui, veillant dans la nuit calme et noire,
Vois passer des lueurs de génie et de gloire,
Veux-tu pour un instant m'écouter et me croire ?

Tu songes, n'est-ce pas ? tu songes, frémissant,
Combien il serait beau, fût-ce au prix de ton sang,
D'être la voix qui parle au siècle finissant ;

Mais tu cherches peut-être, en ton âme ingénue,
Quels rythmes, quels accords d'une audace inconnue
Pourraient faire au soleil éclater ta venue,

Dans la forêt des mots quels détours, quels combats,
Quels chemins non frayés où sonneraient tes pas…
— Ami, ne cherche plus, tu ne trouverais pas.

Si tu dois être un jour marqué du divin signe,
Rien ne t'approchera de cet honneur insigne
Que de le mériter, que de t'en rendre digne ;

Tu ne peux rien de plus, tu ne peux rien de mieux
Que, des fleurs de ton âme, avec un soin pieux,
Orner la place auguste où descendront les dieux.

I

Et d'abord, sois fidèle à la chambre d'étude ;
Prends-y sur chaque jour, d'une stricte habitude,
Un temps pour la pensée et pour la solitude.

Fais-en le port caché, l'abri sûr et charmant
Où, dans la paix du cloître et le recueillement,
Tu puisses te trouver toi-même à tout moment,

Laisse à ses vanités l'oisif qui te réclame,
Qui, sans même savoir se chauffer à ta flamme,
Pour dorer son néant ferait brûler ton âme.

N'ouvre qu'à peu d'amis ton cœur et ta maison,
Car ils sont rares ceux qui, sans autre raison,
Te cherchent pour toi-même et dans toute saison.

Quelquefois tu t'es plaint qu'il te manquait des heures,
Mais alors fuyais-tu le monde et tous ses leurres
Pour écouter en paix les voix intérieures ? ...

C'est quand le bruit s'est tu, quand le ciel s'est voilé,
Que de son chant profond, dans l'espace envolé,
Le rossignol emplit le silence étoilé.

II

Quant aux muets amis, les livres, fais la somme
De tous ceux qu'en un jour, pour un jour, on renomme,
Et sois, encore ici, de ton temps économe.

Trop de faits et de mots, dans le plus vain écrit,
Obsèdent la mémoire et dissipent l'esprit,
Et sur tant de gravier rien ne germe et fleurit.

Mais rouvre les chefs-d'œuvre où se sont cadencées
La grâce, la vertu, les amours, les pensées
Des siècles abolis et des races passées;

Car du pain des héros ceux-là te nourriront
Et, pour les fiers desseins ébauchés sous ton front,
Ce qu'il te faut savoir, ceux-là te l'apprendront.

Apprends d'eux à choisir le rare et noble thème,
A ne vêtir jamais de la forme suprême
Rien que d'essentiel au regard de toi-même.

N'est-il pas d'art plus digne et de métier plus beau
Que d'aller, jour à jour, et lambeau par lambeau,
Labourer tristement son cœur et son cerveau?

Fais ton œuvre d'or pur et non vaste et d'argile;
Songe au tendre Racine et songe au grand Virgile,
Et que la foi d'un monde est toute en l'Évangile.

— Car, pour unir la force aux sereines douceurs.
Afin que Poésie et Sagesse soient sœurs,
Aux poètes élus tu joindras les penseurs.

Leur âme de lumière ou d'amour, fais-la tienne,
Qu'elle soit d'origine ou païenne ou chrétienne,
Pourvu qu'un grand espoir la hausse et la soutienne.

Ne t'inquiète pas : Pensent-ils comme moi?
S'ils pensent autrement tu comprendras pourquoi,
Et tu transposeras leur croyance à ta foi;

Car si, chacun suivant son rêve solitaire,
Leur essor les disperse au départ de la terre,
Ils se dirigent tous vers le ciel du Mystère.

III

Prends les livres, mais vois des hommes à côté,
Ceux dont la vie, égale au chef-d'œuvre vanté,
Est, à titre pareil, une œuvre de beauté.

Chéris les jeunes gens que rien encor ne lasse,
Et qui, loin des appels de la volupté basse,
Ont gardé pour l'amour la pudeur et la grâce,

Et tes aînés en qui rayonnent, palpitants,
Malgré l'affront de l'âge et le malheur des temps,
L'allégresse et l'ardeur de leurs premiers vingt ans.

Mais écarte, au contraire, écarte de ta voie
La tristesse, où bientôt la volonté se noie,
La stérile ironie et sa gaîté sans joie.

La vie est sérieuse et quelquefois meurtrit.
Pleure alors, mais espère ; et, lorsqu'elle sourit,
Laisse la douce joie alléger ton esprit.

Mais ne viole point l'un ni l'autre domaine,
Et garde que jamais un désir ne t'amène
A jouir bassement de la misère humaine ;

Car des tristes laideurs le jour où tu rirais,
En pensant éblouir, tu n'illuminerais
Que ta propre indigence et tes penchants secrets.

Et ne tiens pas ce monde où sont, dans la souffrance,
Le Bien avec le Mal en âpre concurrence,
Pour un spectacle offert à ton indifférence ;

Regarde vivre, mais qu'il tombe de tes yeux
Un regard pitoyable et non point curieux;
Et d'ailleurs, vis toi-même, et cela vaudra mieux :

Car tu pourrais unir, en lassant ton envie,
Les Lettres, la Science et la Philosophie;
Jamais rien de vivant ne sort que de la vie!

IV

Mais il faut me comprendre et que vivre n'est rien :
Telle vie amoindrit le cœur; je veux le tien
Sans cesse dilaté, joyeux et fort; vis bien.

Vis bien, pour bien aimer, car voici la merveille :
C'est le son de ton cœur qui frappera l'oreille;
Toujours sera ton œuvre à ton amour pareille.

D'un souffle de théâtre en vain l'enflerais-tu,
Rien n'en pourra sortir, si ton cœur n'a battu,
Qu'un bruit sans efficace en des mots sans vertu.

Or, il ne s'agit pas de soulever, une heure,
Une acclamation qui décroisse et qui meure,
Mais de laisser au monde un ferment qui demeure.

Il te faut, quand le monde a besoin de secours,
Non tromper son attente avec de vains discours,
Mais ramasser ta force et lui crier : « J'accours! »

Car c'est là ta noblesse, et ta gloire assurée,
De servir par tes chants à la marche sacrée
De ce monde en travail qui se cherche et se crée.

C'est à toi, si tu veux, de l'avancer d'un jour,
Sur un chemin montant qui n'a point de retour,
Vers la Beauté, la Foi, l'Harmonie et l'Amour ;

C'est à toi d'ajouter, l'entraînant vers la cime,
A son vague penser ton verbe qui l'exprime,
A son obscur désir ta volonté sublime.

Chante donc des chants purs devant les purs autels,
Et les temps à venir les retrouveront tels,
Roulant de cœurs en cœurs en échos immortels.

Et si pourtant la Gloire, absente à leur baptême,
Laissait tomber sur eux l'obscurité suprême,
Ne t'inquiète pas, leur prix sera le même,

Puisque tu les auras, ces chants, ces cris, ces vers,
Avec tes actions et tes pensers divers,
Associés dans l'ombre aux fins de l'Univers.

Table des matières

I. Versification et Poésie   1

II. La Poésie et la Vie   13

III. Le Rythme Poétique : Le Vers entre la Musique et la Prose   21

IV. Les Éléments constitutifs du Vers et l'Accent Tonique   29

V. Compte des Syllabes   47

    1. De l'élision 49

    2. De l'hiatus 55

    3. Distinction des syllabes : Diérèse et Synérèse 72

VI. De la Rime   102

    1. Rimes Masculines et Rimes Féminines 108

    2. De la Qualité des Rimes 120

    3. Du bon et du mauvais usage de la Rime 147

    4. Comment naît la Rime 157

5. Dernières considérations sur la Rime 167

VII. De la Césure   180

1. Vers où la Césure est facultative 183

2. Vers où la Césure est obligatoire sans être fixe 194

3. Vers où la Césure est obligatoire et fixe 208

VIII. De la Césure dans l'Alexandrin   223

1. Alexandrin à Césure fixe 224

2. Alexandrin à Césures mobiles 237

IX. De l'Enjambement   260

X. De la Concordance différée   272

XI. Allitération et Assonance. Harmonie imitative et Suggestion   278

XII. Inspiration et Suggestion   301

XIII. Des Licences poétiques   312

1. Licences d'Orthographe 312

2. Licences de Construction 317

3. Licences de Grammaire 320

4. Des Mots nobles et de la Périphrase 322

XIV. Des Strophes   329

XV. Des Poèmes à forme fixe — 361

1. Le Sonnet 362
2. La Ballade 371
3. Le Triolet 376
4. Le Rondel et le Rondeau 377
5. La Terza-Rima 381
6. La Villanelle 385
7. Le Huitain et le Dizain 386
8. Le Pantoum 389

XVI. Les Vers libres. — Conclusions — 392

Appendice : Préceptes — 413